ARBEITEN AUS DEM IURISTISCHEN SEMINAR
DER UNIVERSITÄT FREIBURG

Begründet von Max Gutzwiller – Fortgesetzt von Felix Wubbe
*Herausgegeben von Peter Gauch*

220

FREIBURGER DISSERTATION
bei Prof. Dr. Peter Gauch

ARBEITEN AUS DEM IURISTISCHEN SEMINAR
DER UNIVERSITÄT FREIBURG SCHWEIZ

*Herausgegeben von Peter Gauch*
Professor an der Universität Freiburg

220

ANDREA TAORMINA

# Innenansprüche in der einfachen Gesellschaft und deren Durchsetzung

UNIVERSITÄTSVERLAG FREIBURG SCHWEIZ
2003

**Bibliografische Information Der Deutschen Bibliothek**

Die Deutsche Bibliothek verzeichnet diese Publikation in der Deutschen Nationalbibliografie; detaillierte bibliografische Daten sind im Internet über *http://dnb.ddb.de* abrufbar.

Herausgegeben mit Hilfe des Hochschulrates Freiburg Schweiz

Die Druckvorlagen der Textseiten
wurden vom Autor als reprofähige Vorlage
zur Verfügung gestellt.

© 2003 by Universitätsverlag Freiburg Schweiz
Herstellung: Paulusdruckerei Freiburg Schweiz

ISBN 3-7278-1424-1
ISSN 1420-3588 (Reihe AISUF)

*Meinen Eltern und Marina*

# VORWORT

Die vorliegende Arbeit wurde am 2. Dezember 2002 von der Rechtswissenschaftlichen Fakultät der Universität Freiburg/Schweiz als Dissertation angenommen.

Ich danke an erster Stelle meinem Doktorvater Prof. Peter Gauch für all seine Zeit, die er meiner Arbeit und mir gewidmet hat. Prof. Marc Amstutz danke ich für die Übernahme des zweiten Referats. Dem Schweizerischen Nationalfonds danke ich für das Forschungsstipendium, das mir den einjährigen Aufenthalt in Heidelberg ermöglicht hat; Prof. Walther Hadding danke ich für die Übernahme der Auslandbetreuung und dem Institut für internationales Privat- und Wirtschaftsrecht in Heidelberg danke ich für das Gastrecht. Marina Rienzo, Benedict F. Christ und Karl Eschenmoser danke ich für die Durchsicht des Manuskripts und für Diskussionen. Alexander Scheiflinger und Katharina Goetz schliesslich danke ich für die Unterstützung in der Textverarbeitung. Gewidmet ist die Arbeit meinen Eltern und meiner Frau Marina.

London, im Dezember 2002

Andrea Taormina

# INHALTSÜBERSICHT

| | |
|---|---|
| Inhaltsverzeichnis | XI |
| Literatur- und Materialienverzeichnis | XIX |
| Abkürzungsverzeichnis | LI |

**Einleitung** ... 1

*1. Kapitel:* **Begriff, Abgrenzungen, Arten und Träger des Innenanspruchs** ... 3

| | | |
|---|---|---|
| I. | Begriff und Abgrenzungen des Innenanspruchs | 3 |
| II. | Arten des Innenanspruchs | 16 |
| III. | Träger des Innenanspruchs | 19 |

*2. Kapitel:* **Die Innenansprüche im Einzelnen** ... 55

| | | |
|---|---|---|
| I. | Primäre Innenansprüche | 55 |
| II. | Schadenersatzansprüche | 81 |
| III. | Exkurs: Gestaltungsrechte und Verhaltensgebote | 107 |

*3. Kapitel:* **Durchsetzung der Innenansprüche** ... 111

| | | |
|---|---|---|
| I. | Übersicht | 111 |
| II. | Durchsetzung von Individualansprüchen | 111 |
| III. | Durchsetzung von Sozialansprüchen | 126 |

*4. Kapitel:* **Zusammenfassung** ... 169

| | |
|---|---|
| Gesetzesregister | 175 |
| Sachregister | 181 |

# INHALTSVERZEICHNIS

| | |
|---|---|
| *Literatur- und Materialienverzeichnis* | XIX |
| *A. Literaturverzeichnis* | XIX |
| *B. Materialienverzeichnis* | XLIX |
| *Abkürzungsverzeichnis* | LI |

| | |
|---|---|
| **Einleitung** | 1 |

## 1. Kapitel:
## BEGRIFF, ABGRENZUNGEN, ARTEN UND TRÄGER DES INNENANSPRUCHS

| | | |
|---|---|---|
| I. | **Begriff und Abgrenzungen des Innenanspruchs** | 3 |
| | 1. Begriff | 4 |
| |    A. Definition | 4 |
| |    B. Einzelne Merkmale | 4 |
| |       a) Schuldrechtlicher Anspruch | 4 |
| |       b) Entstehungsvoraussetzung: gültig abgeschlossener Gesellschaftsvertrag | 5 |
| |       c) Entstehungsgrund im Gesellschaftsverhältnis | 6 |
| | 2. Abgrenzungen | 9 |
| |    A. Gesellschaftsbezogene Rechte ohne Anspruchscharakter | 9 |
| |    B. Gesellschaftsbezogene Ansprüche ausserhalb des Gesellschaftsverhältnisses | 9 |
| |       a) Unterscheidendes Merkmal | 10 |

|  |  |  |  |  | |
|---|---|---|---|---|---|
|  |  | b) Arten |  |  | 11 |
|  |  |  | aa) | Vertragliche Ansprüche | 11 |
|  |  |  | bb) | Ausservertragliche Ansprüche | 12 |
| II. | Arten des Innenanspruchs |  |  |  | 16 |
|  | 1. Einteilung nach der Trägerschaft |  |  |  | 16 |
|  |  | A. Individualansprüche |  |  | 16 |
|  |  | B. Sozialansprüche |  |  | 18 |
|  | 2. Einteilung in primäre Innenansprüche und Schadenersatzansprüche |  |  |  | 18 |
| III. | Träger des Innenanspruchs |  |  |  | 19 |
|  | 1. Einzelne Gesellschafter |  |  |  | 19 |
|  | 2. Gesamthand |  |  |  | 20 |
|  |  | A. Einleitung |  |  | 20 |
|  |  | B. Begriff |  |  | 21 |
|  |  | C. Rechtsnatur nach schweizerischer Auffassung |  |  | 22 |
|  |  |  | a) Entwicklung zur heutigen Auffassung |  | 22 |
|  |  |  |  | aa) Theorie der ungeteilten Gesamtberechtigung | 23 |
|  |  |  |  | bb) Theorie der Trägerschaft der Gesamthänder | 26 |
|  |  |  | b) Einfluss auf die einfache Gesellschaft |  | 28 |
|  |  |  | c) Prozessuale Auswirkungen in der Durchsetzung |  | 33 |
|  |  |  |  | aa) Durchsetzung von Innenansprüchen | 33 |
|  |  |  |  | bb) Exkurs: Durchsetzung von Aussenansprüchen | 36 |
|  |  |  | d) Fazit |  | 38 |
|  |  | D. Rechtsnatur nach hier vertretener Auffassung |  |  | 39 |
|  |  |  | a) Rechtsfähigkeit der Gesamthand |  | 39 |
|  |  |  |  | aa) Grundsätzliches zur Rechtsfähigkeit | 39 |

|  |  |  | |
|---|---|---|---|
| | bb) | Überblick der h.L. und Rechtsprechung in Deutschland | 41 |
| | b) Prozessuale Auswirkungen der Rechtsfähigkeit | | 43 |
| | c) Vorteile der Rechtsfähigkeit | | 44 |
| | | aa) Bessere Durchsetzbarkeit von Innenansprüchen | 44 |
| | | bb) Höhere Rechtssicherheit bei kaufmännischen einfachen Gesellschaften | 47 |
| | | cc) Fortbestand der Rechte bei Mitgliederwechsel | 49 |
| | | dd) Auflösung der dogmatischen Ungereimtheit der gleichzeitigen Berechtigung und Verpflichtung | 52 |

## 2. Kapitel:
## DIE INNENANSPRÜCHE IM EINZELNEN

**I. Primäre Innenansprüche** — 55

1. Individualansprüche — 55

   A. Gegen die Gesamthand — 56

   a) Gewinnanspruch — 56

   b) Anspruch auf Aufwendungsersatz — 57

   c) Abfindungsanspruch bei Ausschliessung — 59

   d) Anspruch auf Rückerstattung der Vermögensbeiträge — 60

   e) Anspruch auf den Überschuss — 60

   f) Ersatzanspruch aus Solidarhaftung im Aussenverhältnis — 61

   g) Anspruch auf Annahme und Verwertung der Beitragsleistung — 62

   h) Anspruch auf Ausübung der Geschäftsführung — 62

   i) Anspruch auf Mitwirkung bei Beschlussfassung — 64

   j) Anspruch auf Einsicht — 65

|  |  |  |
|---|---|---|
| | k) Anspruch auf Liquidation | 67 |
| | B. Gegen einen oder mehrere Gesellschafter | 68 |
| 2. | Sozialansprüche | 69 |
| | A. Anspruch auf Beiträge | 69 |
| | B. Anspruch auf Übernahme des Verlustanteils | 72 |
| | C. Anspruch auf Nachschüsse | 73 |
| | D. Anspruch auf Vornahme von Geschäftsführungshandlungen | 74 |
| | E. Anspruch auf Stimmabgabe | 75 |
| | F. Anspruch auf Unterlassung von konkurrierender Tätigkeit | 76 |
| | G. Anspruch auf Unterlassung der Geschäftsführung nach Entzug aus wichtigem Grund | 76 |
| | H. Anspruch auf Unterlassung der Handlung nach ausgeübtem Vetorecht | 77 |
| 3. | Fälligkeit | 79 |

II. **Schadenersatzansprüche** 81

   1. Erscheinungsformen 81
      A. Einteilung nach ihrem Entstehungsgrund 81
         a) Unmöglichkeit 82
         b) Positive Forderungsverletzung 86
         c) Schuldnerverzug 88
      B. Einteilung nach ihrer Trägerschaft: Individualansprüche und Sozialansprüche 94
   2. Besonderheiten ihrer Entstehung 94
      A. Beim Schaden 94
      B. Bei der Verantwortlichkeit 97
         a) Gesamthand 97
         b) Gesellschafter 99
   3. Fälligkeit 102
   4. Haftpflichtige und Haftungssubstrat 102

|  |  |  |
|---|---|---|
| | A. Haftpflichtige | 102 |
| | B. Haftungssubstrat | 104 |
| III. | **Exkurs: Gestaltungsrechte und Verhaltensgebote** | 107 |
| | A. Gestaltungsrechte | 107 |
| | a) Vetorecht | 107 |
| | b) Recht auf Entzug der Geschäftsführung | 108 |
| | c) Kündigungsrecht | 108 |
| | d) Ausschliessungsrecht der Gesamthand | 109 |
| | B. Verhaltensgebote | 110 |

## 3. Kapitel:
## DURCHSETZUNG DER INNENANSPRÜCHE

|  |  |  |
|---|---|---|
| I. | **Übersicht** | 111 |
| II. | **Durchsetzung von Individualansprüchen: Individualklage** | 111 |
| | 1. Begriff und Abgrenzungen | 112 |
| | 2. Zulässigkeit und Zustandekommen | 112 |
| | 3. Prozessuale Besonderheiten | 113 |
| | A. Parteien | 113 |
| | B. Gerichtsstand | 115 |
| | a) Klage gegen einzelnen Gesellschafter | 115 |
| | b) Klage gegen mehrere Gesellschafter | 122 |
| | c) Klage gegen die Gesamthand | 124 |
| | C. Kostentragung | 126 |
| III. | **Durchsetzung von Sozialansprüchen** | 126 |
| | 1. Regel: Gesellschaftsklage | 127 |
| | A. Begriff und Abgrenzungen | 127 |
| | B. Zulässigkeit | 129 |

|  |  |
|---|---|
| a) Rechtsprechung | 129 |
| b) Lehre | 131 |
| c) Stellungnahme | 133 |
| C. Zustandekommen | 134 |
|    a) Gesellschaftsbeschluss | 134 |
|       aa) Notwendigkeit der Beschlussfassung | 134 |
|       bb) Recht und Pflicht zur Beschlussfassung | 137 |
|       cc) Mangelhafte Beschlussfassung | 141 |
|    b) Klageeinreichung | 142 |
| D. Prozessuale Besonderheiten | 144 |
|    a) Parteien | 144 |
|    b) Gerichtsstand | 145 |
| 2. Ausnahme: Actio pro socio | 146 |
|    A. Begriff | 147 |
|      a) Herkunft | 147 |
|      b) Definition | 148 |
|    B. Zulässigkeit nach schweizerischer Auffassung | 150 |
|      a) Verschiedene Bedeutungen des Begriffs „actio pro socio" | 150 |
|      b) Verschiedene Meinungen zur Zulässigkeit | 151 |
|    C. Zulässigkeit nach hier vertretener Auffassung | 156 |
|      a) Grundsatz: Unzulässigkeit der actio pro socio | 156 |
|      b) Ausnahmen | 156 |
|         aa) Abweichende Vereinbarung | 157 |
|         bb) Unmöglichkeit der Beschlussfassung | 158 |
|         cc) Mangelhafter ablehnender Beschluss | 161 |
|         dd) In der Liquidation | 161 |
|    D. Prozessuale Besonderheiten | 163 |
|      a) Parteien | 163 |
|      b) Gerichtsstand | 164 |

c) Ausnahmesituation als besondere
   Prozessvoraussetzung . . . . . . . . . . . . . . . . 165
d) Ausschluss materiellrechtlicher Verfügungen . . . 166
e) Kein Einwand der Rechtshängigkeit gegenüber
   der Gesellschaftsklage . . . . . . . . . . . . . . . . 166
f) Rechtskraft des Urteils . . . . . . . . . . . . . . . 167

## 4. Kapitel:
## ZUSAMMENFASSUNG

169

**Gesetzesregister** . . . . . . . . . . . . . . . . . . . . . . 175
**Sachregister** . . . . . . . . . . . . . . . . . . . . . . . . 181

# LITERATUR- UND MATERIALIENVERZEICHNIS

## *A. LITERATURVERZEICHNIS*

*Zur Zitierweise: Kommentare werden unter Angabe des Kommentators, des kommentierten Gesetzesartikels und der Randnote (N) zitiert. Die übrigen Werke werden mit dem Familiennamen des Autors (nötigenfalls mit einem schlüssigen Kennwort), der Seitenzahl und/oder der Randnummer (Nr.) bzw. der Randnote (N) zitiert.*

ABEL RALF B., Irrungen und Wirrungen – Probleme der rechtsfähigen GbR, in: Anwalt: Das Magazin 5/2001, S. 20 ff.

ADDORISIO DE FEO RANIERO, Die Fälligkeit von Vertragsforderungen, Diss., Zürich 2001.

AEPLI VIKTOR, Zur Haftung der Mitglieder einer einfachen Gesellschaft, in: BR/DC 2/1999, S. 42 ff.

ANSAY TUGRUL, Die einfache Gesellschaft oder die Gesellschaft des bürgerlichen Rechts – Aus der Sicht der Rechtsfähigkeit, in: Private law in the international arena: from national conflict rules towards harmonization and unification: Liber amicorum Kurt Siehr, The Hague et al. 2000; S. 1 ff.

BATIFFOL HENRI, Recueil des Cours à l'Académie de Droit International, 1973, II, Tome 139 de la Collection, Leyde 1974.

BAUDENBACHER CARL, Kommentar zum schweizerischen Privatrecht, Obligationenrecht II, Art. 530 – 1186 OR, Basel et al. 1994.

BECKER HERMANN, Berner Kommentar zum schweizerischen Zivilgesetzbuch, Obligationenrecht, II. Abteilung, Die einzelnen Vertragsverhältnisse, Art. 184 – 551 OR, Bern 1934.

BERGER CHRISTIAN, Die subjektiven Grenzen der Rechtskraft bei der Prozessstandschaft, Köln et al. 1992.

BLUNSCHI EDITH, Art. 29 GestG, in: Thomas Müller/Markus Wirth (Hrsg.), Kommentar zum Bundesgesetz über den Gerichtsstand in Zivilsachen, Zürich 2001.

BÖCKLI PETER, Aktionärbindungsverträge, Vinkulierung und statutarische Vorkaufsrechte unter neuem Aktienrecht, in: ZBJV 1993, S. 475 ff.

BRECHER FRITZ, Rezension von: ROMANO KUNZ, Über die Rechtsnatur der Gemeinschaft zur gesamten Hand, in: AcP 166. Band, S. 362 ff.

BUCHDA GERHARD, Geschichte und Kritik der deutschen Gesamthandlehre, Marburg in Hessen 1936, Nachdruck des Verlages Ferdinand Keip 1970.

BUCHER EUGEN, Berner Kommentar zum schweizerischen Privatrecht, Das Personenrecht, 2. Abteilung, Erster Teilband, Art. 11 – 26 ZGB, 3. Auflage, Bern 1976.

-    Schweizerisches Obligationenrecht, Allgemeiner Teil ohne Deliktsrecht, 2. Auflage, Zürich 1988 (zitiert: BUCHER, OR AT).

BUCHNER HERBERT, Zur rechtlichen Struktur der Personengesellschaften, in: AcP 169. Band, S. 483 ff.

BÜHLER THEODOR, Vertragsrecht im Maschinenbau und Industrieanlagebau unter besonderer Berücksichtigung der Schweiz und des Exportgeschäftes, Zürich 1987.

BURCKHARDT WALTHER, Methode und System des Rechts, Zürich 1936.

BYDLINSKI FRANZ, Buchbesprechung: Fritz Fabricius, Relativität der Rechtsfähigkeit, in: RdA 1966, Heft 3, S. 114 f.

CARONI PIO, Zur Geschichte und Dogmatik der Gesamthaftung im Schweizerischen Recht, in: ZBJV Band 103, S. 289 ff.

CHERPILLOD IVAN, La fin des contrats de durée, CEDIDAC 10, Lausanne 1988.

CLOSS HEINZ, Die Doppelnatur der Gesellschaft des bürgerlichen Rechts, Diss., Göttingen 1935.

CORDES ALBRECHT, Die Gesellschaft bürgerlichen Rechts auf dem Weg zur juristischen Person?, in: JZ 11/1998, S. 545 ff.

CORRINTH ERWIN, Wer ist Träger des Anspruches auf die Gesellschafterbeiträge, Diss., Göttingen 1931.

COURVOISIER ROBERT, De la propriété en main commune, Diss., Neuchatel 1904.

CRANE JUDSON A., The Uniform Partnership Act: A Criticism, in: Harv. L. Rev. 28, S. 762 ff. (zitiert: CRANE, Criticism).

– The Uniform Partnership Act and Legal Persons, in: Harv. L. Rev. 29, S. 838 ff. (zitiert: CRANE, Legal Persons).

DALLAFIOR ROBERTO, Durchsetzung des gesetzlichen Anspruchs auf Einberufung der Vereinsversammlung (Art. 64 Abs. 3 ZGB), in: SJZ 85/1989, S. 376 ff.

DASSER FELIX, Art. 3 GestG, in: Thomas Müller/Markus Wirth (Hrsg.), Kommentar zum Bundesgesetz über den Gerichtsstand in Zivilsachen, Zürich 2001.

DIEDERICHSEN UWE, Rezension von WALTHER HADDING, Actio pro socio, in: ZHR 132. Band (1969), S. 290 ff.

DÜBI OTTO, Die Gemeinschaften zur gesamten Hand im schweizerischen und deutschen Recht, ihre Forderungs- und Haftungsverhältnisse, Diss., Bern 1910.

DUTOIT BERNARD, Commentaire de la loi fédérale du 18 décembre 1987, deuxième édition revue et augmentée, Bâle et al. 1997.

EGLI ANTON, Probleme von und mit Baukonsortien, in: BRT 1989, Band II., S. 27 ff.

EICHELE KARL, Sozietätshaftung? Denkbare Folgen zur Rechtsfähigkeit der BGB-Gesellschaft, in: BRAK-Mitt. 4/2001, S. 156 ff.

FABRICIUS FRITZ, Relativität der Rechtsfähigkeit: Ein Beitrag zur Theorie und Praxis des privaten Personenrechts, München et al.1963.

FELLMANN WALTER, Die Ersatzvornahme nach Art. 98 Abs. 1 OR – „Vollstreckungstheorie" oder „Erfüllungstheorie", in: recht 1993, Heft 4, S. 109 ff. (zitiert: FELLMANN, Vollstreckungstheorie).

– Grundfragen im Recht der einfachen Gesellschaft, in: ZBJV 133 (1997), S. 285 ff. (zitiert: FELLMANN, Grundfragen).

FELLMANN WALTER/MÜLLER KARIN, Die Vertretungsmacht des Geschäftsführers in der einfachen Gesellschaft – eine kritische Auseinandersetzung mit BGE 124 III 355 ff.; in: AJP/PJA 5 (2000), S. 637 ff.

– Handkommentar zum Schweizerischen Obligationenrecht, Zürich 2002.

FLACHSMANN WALTER, Die Auswirkung von Vorgängen bei der Gesellschaft auf die Vermögensverschiebung und deren grundbuchliche Behandlung, Diss., Zürich 1929.

FLUME WERNER, Gesellschaft und Gesamthand, in: ZHR 136. Band (1972), S. 177 ff. (zitiert: FLUME, Gesellschaft und Gesamthand).

– Allgemeiner Teil des Bürgerlichen Rechts, Erster Band, Erster Teil, Die Personengesellschaft, Berlin et al. 1977 (zitiert: FLUME, AT I).

– Allgemeiner Teil des Bürgerlichen Rechts, Erster Band, Zweiter Teil, Die juristische Person, Berlin et al. 1983 (zitiert: FLUME, AT II).

FÖGEN MARIE THERES, „Mehr Sein als Schein"? – Anmerkungen zur juristischen Person in Theorie und Praxis, in: SJZ 95 (1999), S. 393 ff.

FORSTMOSER PETER, Aktionärbindungsverträge, in: Innominatverträge: Festgabe zum 60. Geburtstag von Walter R. Schluep, Zürich 1988, S. 359 ff.

FORSTMOSER PETER/MEIER-HAYOZ ARTHUR/ NOBEL PETER, Schweizerisches Aktienrecht, Bern 1996.

FORSTMOSER PETER/UNTERSANDER OLIVER, Entwicklungen im Gesellschaftsrecht – Handelsgesellschaften und Genossenschaften – und im Wertpapierrecht, in: SJZ 95 (1999), S. 470 ff.

FRAEFEL JOSEPH, Die Auflösung der Gesellschaft aus wichtigem Grunde, Diss., Zürich 1929.

FRANK RICHARD/STRÄULI HANS/MESSMER GEORG, Kommentar zur zürcherischen Zivilprozessordnung, 3. Auflage, Zürich 1997.

GALGANO FRANCESCO, Diritto civile e commerciale, Volume Terzo, L'impresa e le società, Tomo primo, 3. Auflage, Padova 1998.

GAUCH PETER, Der Werkvertrag, 4. Auflage, Zürich 1996 (zitiert: GAUCH, Werkvertrag).

– Der Zweigbetrieb im schweizerischen Zivilrecht, Zürich 1974 (zitiert: GAUCH, Zweigbetrieb).

- System der Beendigung von Dauerverträgen, Diss., Freiburg i. Ue. 1968 (zitiert: GAUCH, System).

- Überkommene und andere Gedanken zu Art. 934 OR, in: SAG 1978, S. 77 ff. (zitiert: GAUCH, Gedanken).

- Wirkung des Rücktritts und Verjährung des Rückforderungsanspruchs bei Schuldnerverzug, in: recht 1989, S. 122 ff. (zitiert: GAUCH, Wirkung).

GAUCH PETER/AEPLI VIKTOR/STÖCKLI HUBERT, Präjudizienbuch zum OR, Rechtsprechung des Bundesgerichts, 5. Auflage, Zürich 2002.

GAUCH PETER/SCHLUEP WALTER R./SCHMID JÖRG/REY HEINZ, Schweizerisches Obligationenrecht, Allgemeiner Teil ohne ausservertragliches Haftpflichtrecht, 7. Auflage,
- Band I, Zürich 1998 (zitiert: GAUCH/SCHLUEP/ SCHMID);
- Band II, Zürich 1998 (zitiert: GAUCH/SCHLUEP/ REY).

GEHRI MYRIAM A., Wirtschaftsrechtliche Zuständigkeiten im internationalen Zivilprozessrecht der Schweiz, Diss., Zürich 2002.

GEIGER JÜRG, Streitgenossenschaft und Nebenintervention unter besonderer Berücksichtigung des zürcherischen Zivilprozessrechtes, Aarau 1969.

GEIMER REINHOLD, Das Fehlen eines Gerichtsstandes der Mitgliedschaft als gravierender Mangel im Kompetenzsystem der Brüsseler und Luganer

Konvention – Kritische Bemerkungen zu Art. 16 Nr. 2 GVÜ, in: FS für Helmut Schippel zum 65. Geburtstag, München 1996, S. 869 ff.

GESMANN-NUISSL DAGMAR, Die Rechts- und Parteifähigkeit sowie Haftverfassung der Gesellschaft bürgerlichen Rechts nach dem Urteil des BGH, II ZR 331/00 = WM 2001, 408, in: WM 20, 19. Mai 2001, 55. Jahrgang, S. 973 ff.

GHIDINI MARIO, Società personali, Padova 1972.

GIERKE OTTO, Das deutsche Genossenschaftsrecht, Erster Band: Rechtsgeschichte der deutschen Genossenschaft, Berlin 1868 (zitiert: GIERKE, Genossenschaftsrecht).

– Deutsches Privatrecht, Erster Band, Allgemeiner Teil und Personenrecht, Leipzig 1895 (zitiert: GIERKE, DPR).

GOGOS DEMETRIUS, Die Geschäftsführung der offenen Handelsgesellschaft, Tübingen 1953.

GREGORY WILLIAM A., The Law of Agency and Partnership, Third Edition, Hornbook Series, St. Paul, Minnesota, 2001.

GROSSEN J.-M., Propriété commune et registre foncier, in: ZBGR Heft 1, 40. Jahrgang, S. 1 ff.

GRUNEWALD BARBARA, Die Gesellschafterklage in der Personengesellschaft und der GmbH, 1990 (zitiert: GRUNEWALD, Gesellschafterklage).

–             Die Rechtsfähigkeit der Erbengemeinschaft, in: AcP 197. Band, S. 305 ff. (zitiert: GRUNEWALD, Rechtsfähigkeit).

–             Gesellschaftsrecht, 4. Auflage, Tübingen 2000 (zitiert: GRUNEWALD, Gesellschaftsrecht).

GUHL THEO, Gesamthandverhältnisse und deren grundbuchliche Behandlung, in: ZBJV Band 53, 1. Heft, S. 1 ff.

GUHL THEO/KOLLER ALFRED/SCHNYDER ANTON K./DRUEY JEAN NICOLAS, Das Schweizerische Obligationenrecht, 9. Auflage, Zürich 2000 (zitiert: GUHL/BEARBEITER).

GULDENER MAX, Schweizerisches Zivilprozessrecht, 3. Auflage, Zürich 1979.

HAAB ROBERT/SIMONIUS AUGUST/SCHERRER WERNER/ZOBL DIETER, Zürcher Kommentar zum Schweizerischen Zivilgesetzbuch, Das Sachenrecht, Erste Abteilung, Das Eigentum, Art. 641-729 ZGB, Zürich 1977.

HABERSACK MATHIAS, Die Mitgliedschaft – subjektives und sonstiges Recht, 1996 (zitiert: HABERSACK, Mitgliedschaft).

–             Zur Rechtsnatur der Gesellschaft bürgerlichen Rechts – BAG, NJW 1989, 3034, in: JuS 1990, S. 179 ff. (zitiert: HABERSACK, Rechtsnatur).

HABSCHEID WALTHER J., Schweizerisches Zivilprozess- und Gerichtsorganisationsrecht, Basel et al 1986.

HACMANN M., Beitrag zur Entwicklung der offenen Handelsgesellschaft, in: ZHR Band 68, S. 439 ff.

HADDING WALTHER, Actio pro socio: Die Einzelklagebefugnis des Gesellschafters bei Gesamthandansprüchen aus dem Gesellschaftsverhältnis, Marburg 1966 (zitiert: HADDING, Actio pro socio).

– Die HGB-Klausur, Handels-, Gesellschafts- und Wertpapierrecht in Fallbeurteilungen und Übersichten, 2. Auflage, München 1995 (zitiert: HADDING, HGB-Klausur).

– Die Mitgliedschaft in handelsrechtlichen Personalgesellschaften – ein subjektives Recht?, in: FS für Reinhardt, S. 249 ff., Köln 1972 (zitiert: HADDING, FS Reinhardt).

– Kohlhammer-Kommentar zum Bürgerlichen Gesetzbuch mit Einführungsgesetz und Nebengesetzen, (begr. von HS. TH. SOERGEL), Band 4, Schuldrecht III, §§ 705 – 758, Stuttgart et al. 1985 (zitiert: SOERGEL-HADDING).

– Verfügungen über Mitgliedschaftsrechte, in: FS für Steindorff, S. 31 ff., Berlin et al. 1990 (zitiert: HADDING, FS Steindorff).

– Zum Erlangen von Rechtsfähigkeit nach deutschem Zivilrecht, in: HÖNN/KONZEN/KREUTZ (Hrsg.), Festschrift für Alfons Kraft zum 70. Geburtstag, 1999, S. 137 ff. (zitiert: HADDING, FS Kraft).

– Zur Einzelklagebefugnis des Gesellschafters einer Personalgesellschaft, in: JZ 1975, S. 159 ff. (zitiert: HADDING, Einzelklagebefugnis).

– Zur Rechtsfähigkeit und Parteifähigkeit der (Aussen-)Gesellschaft bürgerlichen Rechts sowie zur Haftung ihrer Gesellschafter für Gesellschaftsverbindlichkeiten, in: ZGR 5/2001, S. 712 ff. (zitiert: HADDING, Rechtsfähigkeit).

HAEFELI FULVIO, Die juristische Konstruktion des Miteigentums, Basel 1985.

HÄFLIGER RUTH, Die Parteifähigkeit im Zivilprozess unter besonderer Berücksichtigung der Wechselbeziehung Zivilprozessrecht – Bundesprivatrecht, Diss., Zürich 1987.

HANDSCHIN LUKAS, Basler Kommentar zum schweizerischen Privatrecht, Obligationenrecht II, Art. 530 – 1186 OR, 2. Auflage, Basel et al. 2002.

– Zu einer Systematik im Personengesellschaftsrecht, in: Die Rechtsentwicklung an der Schwelle zum 21. Jahrhundert, Symposium zum Schweizerischen Privatrecht, Zürich 2001, S. 437 ff.

HANDSCHIN LUKAS/TRUNIGER CHRISTOF, Die Anwaltskanzlei: Einfache Gesellschaft oder Kollektivgesellschaft oder beides?, in: Anwaltsrevue 6-7/2002, S. 6 f.

HARTMANN STEPHAN, Die vorvertraglichen Informationspflichten und ihre Verletzung: Klassisches Vertragsrecht und modernes Konsumentenschutzrecht, Diss., Freiburg i. Ue. 2001.

HARTMANN WILHELM, Berner Kommentar zum schweizerischen Privatrecht, 1. Abteilung, Art. 552 – 619 OR, Bern 1943.

HASSOLD GERHARD, Actio pro socio, in: JuS 20. Jahrgang 1980, S. 32 ff.

HAUSER ROBERT/SCHWERI ERHARD, Kommentar zum zürcherischen Gerichtsverfassungsgesetz, Zürich 2002.

HEIL HANS-JÜRGEN, Das Grundeigentum der Gesellschaft bürgerlichen Rechts – res extra commercium?, in: NJW 2002, Heft 30, S. 2158 ff.

HEINSHEIMER RUDOLF, Über die Teilhaberschaft, Heidelberg 1930.

HELLER ROBERT, Der Zivilprozess der Gesellschaft bürgerlichen Rechts, Diss., Köln et al. 1989.

HENNECKE BERND, Das Sondervermögen der Gesamthand, Diss., Berlin 1976.

HERREN STEPHAN, Verrechnungsprobleme beim Ausscheiden eines zahlungsunfähigen Konsortianten aus mehreren Arbeitsgemeinschaften, in: AJP 3/99, S. 265 ff.

HOCH PATRICK M., Auflösung und Liquidation der einfachen Gesellschaft, Diss., Zürich 2000.

HOCHSTEIN REINER/JAGENBURG WALTER, Arge-Vertrag. Kommentar unter besonderer Berücksichtigung des Mustervertrages der deutschen Bauindustrie, Düsseldorf 1974 (siehe auch JAGENBURG).

HOFMANN MICHAEL A., Gesellschaftsrecht in Italien, 2. Auflage, München 1997.

HOMBURGER ERIC, Zürcher Kommentar zum Schweizerischen Zivilgesetzbuch, Obligationenrecht, 5. Teil, Die Aktiengesellschaft, Teilband V 5b, Der Verwaltungsrat, Art. 707 – 726 OR, Zürich 1997.

HUBER EUGEN, System und Geschichte des Schweizerischen Privatrechtes, Dritter Band, Basel 1889.

HUBER LUCIUS, Das Joint-Venture im internationalen Privatrecht, Diss., Basel et al. 1992 (zitiert: HUBER, Joint Venture).

HUECK ALFRED, Das Recht der offenen Handelsgesellschaft, 4. Auflage, Berlin et al. (zitiert: HUECK, OHG).

– Der Treuegedanke im modernen Privatrecht, Sitzungsberichte der Bayrischen Akademie der Wissenschaften, München 1944/46 (zitiert: HUECK, Treuegedanke).

– Die Geltendmachung von Sozialansprüchen bei der offenen Handelsgesellschaft, in ZAkDR 1944, S. 103 ff. (zitiert: HUECK, Geltendmachung).

IKLÉ MAX, Die Geschäftsführungsbefugnis des einfachen Gesellschafters, Diss., Zürich 1926.

INFANGER DOMINIK, Kommentar zum schweizerischen Zivilprozessrecht, Bundesgesetz über den Gerichtsstand in Zivilsachen (GestG), herausgegeben von KARL SPÜHLER, LUCA TENCHIO, DOMINIK INFANGER, Basel et al. 2001.

JAGENBURG WALTER, Kommentar zum Arbeitsgemeinschaftsvertrag, 2. Auflage, Düsseldorf 1991 (siehe auch HOCHSTEIN/JAGENBURG/WALTER).

JAUERNIG OTHMAR, Zivilprozessrecht, Ein Studienbuch, 26. Auflage, München 2000.

JENNY FRANZ, Gesamteigentum und Grundbuch, in: ZBGR, Heft 4, Juli/August 1959, 40. Jahrgang, S. 193 ff.

JOB HANS, Ansprüche unter Kollektivgesellschaftern, Diss., Zürich 1952.

JÖRGES ERNST, Zur Lehre vom Miteigenthum und der gesammten Hand nach deutschem Reichsrecht, in: ZHR 49. Band (1900), S. 140 ff.

JÖRS PAUL/KUNKEL WOLFGANG, Römisches Privatrecht, 3. Auflage, Berlin et al. 1949.

KASER MAX, Das römische Privatrecht, Erster Abschnitt, Das altrömische, das vorklassische und das klassische Recht, 2. Auflage, München 1971.

KESSLER ERNST, Kommentar zum BGB, 11. Auflage, II. Band, 4. Teil: Schuldverhältnisse, §§ 705 ff. bearbeitet von Ernst Kessler, Berlin 1958.

KOLLER ALFRED, Die Haftung für den Erfüllungsgehilfen nach Art. 101 OR, Diss., Zürich 1980.

KRATZ BRIGITTA, Die Verantwortlichkeit des Geschäftsführers in der einfachen Gesellschaft, in: Neues zum Gesellschafts- und Wirtschaftsrecht, Zum 50. Geburtstag von Peter Forstmoser, Zürich 1993, S. 13 ff.

KROPHOLLER JAN, Europäisches Zivilprozessrecht, Kommentar zum EuGVÜ und Lugano-Übereinkommen, 6. Auflage, Heidelberg 1998
– Europäisches Zivilprozessrecht, Kommentar zu EuGVO und Lugano Übereinkommen, 7. Auflage, Heidelberg 2002.

KUNZ ROMANO, Über die Rechtsnatur der Gemeinschaft zur gesamten Hand Versuch einer dogmatischen Konstruktion, Diss., Zürich 1963.

KURTH CHRISTOPH/BERNET MARTIN, Gerichtsstandsgesetz, Kommentar zum Bundesgesetz über den Gerichtsstand in Zivilsachen, herausgegeben von: FRANZ KELLERHALS, NICOLAS VON WERDT, ANDREAS GÜNGERICH, Bern 2001.

LANGE OLIVER, Haftung des eintretenden GbR-Gesellschafters für Altschulden, in: NJW 2002, Heft 28, S. 2002 ff.

LEUCH GEORG/MARBACH OMAR, Die Zivilprozessordnung für den Kanton Bern, Kommentar samt einem Anhang zugehöriger Erlasse, 5. Auflage, vollständig überarbeitet von Franz Kellerhals und Martin Sterchi, Bern 2000.

LEUENBERGER CHRISTOPH/UFFER-TOBLER BEATRICE, Kommentar zur Zivilprozessordnung des Kantons St. Gallen, Zivilprozessgesetz vom 20. Dezember 1990, Bern 1999.

LIONNET KLAUS, Liefer- und Leistungskonsortien. Rechtliche Zuordnung und Risiken, in: Nicklisch Fritz (Hrsg.), Bau und Anlagenverträge: Risiken, Haftung,

Streitbeilegung/Heidelberger Kolloquium, Technologie und Recht 1983, S. 121 ff.

LIVER PETER, Gemeinschaftliches Eigentum, in: ZBJV Band 100 (1964), S. 261 ff. (zitiert: LIVER, Gemeinschaftliches Eigentum).

– Schweizerisches Privatrecht, Fünfter Band, Sachenrecht, Erster Halbband, Basel et al 1977 (zitiert: LIVER, SPR).

LÖRTSCHER THOMAS, Realerfüllung und vorsorglicher Rechtsschutz beim Aktionärbindungsvertrag, in: Der Schweizer Treuhänder, 5/86, S. 192 ff.

LUTTER MARCUS, Theorie der Mitgliedschaft, in: AcP 180. Band, S. 84 ff.

MARASÀ GIORGIO, Le società, Società in generale, 2. Auflage, Milano 2000.

MEIER-HAYOZ ARTHUR, Berner Kommentar, Kommentar zum Schweizerischen Privatrecht, Das Sachenrecht, 1. Abteilung: Das Eigentum, 1. Teilband: Systematischer Teil und Allgemeine Bestimmungen, Art. 641 – 654 ZGB, 5. Auflage, Bern 1981 (zitiert: MEIER-HAYOZ, 5).

– Berner Kommentar, Kommentar zum Schweizerischen Privatrecht, Das Sachenrecht, 1. Abteilung: Das Eigentum, 1. Teilband: Systematischer Teil und allgemeine Bestimmungen, Art. 641 – 654, 4. Auflage, Bern 1966 (zitiert: MEIER-HAYOZ, 4).

– Berner Kommentar, Kommentar zum Schweizerischen Privatrecht, Das Sachenrecht, 1. Abteilung:

Das Eigentum, I. Abschnitt: Systematischer Teil und allgemeine Bestimmungen, Art. 641 – 654, 3., völlig neu bearbeitete Auflage des von Professor Dr. Hans Leemann begründeten Kommentars zum Sachenrecht, Bern 1959 (zitiert: MEIER-HAYOZ, 3).

MEIER-HAYOZ ARTHUR/FORSTMOSER PETER, Schweizerisches Gesellschaftsrecht, 8. Auflage, Bern 1998.

MERZ HANS, Schweizerisches Privatrecht, Sechster Band, Obligationenrecht, Allgemeiner Teil, Erster Teilband, Basel et al. 1984.

MÜLLER ROBERT, Gesellschaftsvertrag und Synallagma, Diss., Zürich 1971.

MÜLLER THOMAS, Art. 5 und 7 GestG, in: THOMAS MÜLLER/MARKUS WIRTH (Hrsg.), Kommentar zum Bundesgesetz über den Gerichtsstand in Zivilsachen, Zürich 2001.

MÜTHER PETER HENDRIK, Zivilprozessuale Probleme der „neuen" BGB-Gesellschaft, in: MDR 17/2002, S. 987 ff.

NENNINGER JOHN, Der Schutz der Minderheit in der Aktiengesellschaft nach schweizerischem Recht, Diss., Basel 1974.

NITSCHKE MANFRED, Die Geltendmachung von Gesellschaftsforderungen durch den einzelnen Gesellschafter einer Personengesellschaft (Gesamthänderklage), in: ZHR 128. Band (1966), S. 48 ff.

OERTLE MATTHIAS, Das Gemeinschaftsunternehmen (Joint Venture) im schweizerischen Recht, Diss., Zürich 1990.

OSER HUGO/SCHÖNENBERGER WILHELM, Zürcher Kommentar zum Schweizerischen Zivilgesetzbuch, Das Obligationenrecht, Erster Halbband: Art. 1 - 183, 2. Auflage, Zürich 1929.

OTT WALTER, Die unbestrittene Sachlegitimation (Aktiv- und Passivlegitimation), in: SJZ 1982, S. 17 ff.

PEDRAZZINI MARIO, Stille Gesellschaft oder (offene) einfache Gesellschaft? in: SJZ 52. Jahrgang, S. 369 ff.

PERELMAN CHAIM, Juristische Logik als Argumentationslehre, autorisierte deutsche Ausgabe, München et al. 1979.

PETER HENRY/BIRCHLER FRANCESCA, Les groupes de sociétés sont des sociétés simples, in: SZW 3/98, S. 113 ff.

PICHONNAZ PASCAL, Impossibilité et exorbitance, Diss., Freiburg 1997 (zitiert: PICHONNAZ, Impossibilité).

- La Compensation, Habil., Freiburg 2001 (zitiert, PICHONNAZ, Compensation).

PIOTET PAUL, Nature et mutations des propriétés collectives, Bern 1991.

RABEL, Grundzüge des römischen Privatrechts, 2. Auflage, Basel 1955.

RAISER THOMAS, Das Recht der Gesellschafterklagen, in: ZHR 153. Band (1989), S. 1 ff. (RAISER, Gesellschafterklagen).

– Der Begriff der juristischen Person. Eine Neubesinnung; in: AcP (1999) S. 104 ff. (zitiert: RAISER, Begriff).

– Gesamthand und juristische Person im Licht des neuen Umwandlungsrecht, in: AcP (1994), S. 495 ff. (zitiert: RAISER, Gesamthand).

REY HEINZ, Die Grundlagen des Sachenrechts und das Eigentum, 2. Auflage, Bern 2000.

REETZ PETER, Kommentar zum schweizerischen Zivilprozessrecht, Bundesgesetz über den Gerichtsstand in Zivilsachen (GestG), herausgegeben von KARL SPÜHLER, LUCA TENCHIO, DOMINIK INFANGER, Basel et al. 2001.

RIEMER HANS MICHAEL, Berner Kommentar zum Schweizerischen Privatrecht, Das Personenrecht, 3. Abteilung, Die juristischen Personen, Erster Teilband, Allgemeine Bestimmungen, Systematischer Teil und Kommentar zu Art. 52-59 ZGB, 3. Auflage, Bern 1993.

SCHAAD MARIE-FRANCOISE, La consorité en procédure civile, Diss., Neuchâtel 1993.

SCHMID JÖRG, Die Geschäftsführung ohne Auftrag, Freiburg i. Ue. 1992, (zitiert: SCHMID, GoA).

– Sachenrecht, Zürich 1997, (zitiert: SCHMID, Sachenrecht).

– Zürcher Kommentar zum Schweizerischen Zivilgesetzbuch, Obligationenrecht, Teilband V 3a, Die Geschäftsführung ohne Auftrag, Art. 419-424 OR, 3. Auflage, Zürich 1993.

SCHMIDLIN THEODOR, Untersuchungen über ausgewählte Auflösungsgründe der einfachen Gesellschaft, Diss., Bern 1943.

SCHMIDT KARSTEN, Actio pro socio auf Rückzahlung eigenmächtiger Entnahmen, in: JuS 2000, Heft 6, S. 604 f. (zitiert: SCHMIDT, Actio pro socio).

– Die Aussen-Gesellschaft bürgerlichen Rechts als beteiligungsfähige Rechtsträgerin im Verwaltungsrecht, in: JuS 2002, Heft 7; S. 719 (zitiert: SCHMIDT, Rechtsträgerin).

– Die BGB-Aussengesellschaft: rechts- und parteifähig, Besprechung des Grundlagenurteils II ZR 331/00 vom 29. Januar 2001, in: NJW 14/2001, 54. Jahrgang, S. 993 ff. (zitiert: SCHMIDT, Aussengesellschaft).

– Die Personengesellschaft als Rechtsträger, in: Institut der Wirtschaftsprüfer (Hrsg.), Personengesellschaft und Bilanzierung, 1990, S. 41 ff. (zitiert: SCHMIDT, Personengesellschaft).

– Gesellschaftsrecht, 3. Auflage, Köln et al. 1997 (zitiert: SCHMIDT, Gesellschaftsrecht).

– Rechts- und Parteifähigkeit der BGB-Gesellschaft, in: JuS 2001, Heft 5, S. 509 (zitiert: SCHMIDT, Parteifähigkeit).

SCHNYDER ANTON K., Internationale Joint Ventures: verfahrens-, anwendungs und schiedsgerichtsrechtliche Fragen, in: CHRISTIAN J. MEIER-SCHATZ, Kooperations- und Joint-Venture Verträge, Bern et al. 1994.

SCHÖNENBERGER WILHELM/JÄGGI PETER, Zürcher Kommentar zum Schweizerischen Zivilgesetzbuch, Obligationenrecht, Teilband V 1a, Art. 1 – 17 OR, 3. Auflage, Zürich 1973.

SCHRANER MARIUS, Zürcher Kommentar zum Schweizerischen Zivilgesetzbuch, Obligationenrecht, Teilband V 1e, Die Erfüllung der Obligationen, Art. 68 – 83 OR, 3. Auflage, Zürich 1991.

SCHULTE KNUT, Eigene Rechte für die Gesellschaft bürgerlichen Rechts, in: FAZ vom 17. Februar 2001, Nr. 41, S. 23.

SCHUMANN, Die Geltendmachung von Schadensersatzansprüchen aus pflichtwidriger Geschäftsführung bei Personalgesellschaften, in: DR 42, 1670 ff.

SCHÜNEMANN WOLFGANG B., Grundprobleme der Gesamthandsgesellschaft unter besonderer Berücksichtigung des Vollstreckungsrechts, Bielefeld 1975.

SCHÜTZ OLAF, Sachlegitimation und richtige Prozesspartei bei innergesellschaftlichen Streitigkeiten in der Personengesellschaft, Diss., Köln 1994.

SCHWANDER IVO, Einführung in das internationale Privatrecht, Allgemeiner Teil, 2. Auflage, St. Gallen 1990 (zitiert: SCHWANDER, AT).

– Einführung in das internationale Privatrecht, Zweiter Band: Besonderer Teil, 2. Auflage, St. Gallen et al. 1998 (zitiert: SCHWANDER, BT).

SCHWENZER INGEBORG, Schweizerisches Obligationenrecht, Allgemeiner Teil, 2. Auflage, Bern 2000.

SENFT KLAUS, Rechtsfähige GbR – Auswirkungen für Kanzleien, in: Anwalt: Das Magazin, 6/2001, S. 26 ff.

SEIDL ERWIN, Römisches Privatrecht, 2. Auflage, Köln et al. 1963.

SIEGWART ALFRED, Die Stellungnahme der schweizerischen Gerichte zum Problem der juristischen Persönlichkeit der Kollektiv-Gesellschaft und ihre Rückwirkung auf den Inhalt der Entscheide, Separatabdruck aus der Festschrift zum 70. Geburtstag von CARL WIELAND „Beiträge zum Handelsrecht", Basel 1934 (zitiert: SIEGWART, Stellungnahme).

– Kommentar zum Schweizerischen Zivilgesetzbuch, V. Band: Das Obligationenrecht, 4. Teil: Die Personengesellschaften (Art. 530-619).

SIEHR KURT, Das Internationale Privatrecht der Schweiz, Zürich et al. 2002.

SPIRO KARL, Die Haftung für Erfüllungsgehilfen, Bern 1984.

SPRAU HARTWIG, Palandt Bürgerliches Gesetzbuch, Band 7, 2. Buch, 7. Abschnitt, §§ 705 ff., 61. Auflage, München 2002.

SPÜHLER KARL/VOCK DOMINIK, Gerichtsstandsgesetz (GestG), Gesetzesausgabe mit Anmerkungen, Zürich 2000.

STEINAUER PAUL-HENRI, Les droits réels, Tome premier, Trisième édition, Bern 1997.

STÖBER KURT, Grundbuchfähigkeit der BGB-Gesellschaft – Rechtslage nach der neuen BGH-Entscheidung, in: MDR 10/2001, S. 544 ff.

STOBBE N.N., Miteigentum und gesamte Hand, in: Zeitschrift für Rechtsgeschichte 4 (1864), S. 206 ff.

STRITTMATTER RETO, Ausschluss aus Rechtsgemeinschaften, Diss., Zürich 2002.

SWOBODA HANS WOLFGANG, Risiken bei Auslandsbauverträgen aus ökonomisch-technischer Sicht, in: Nicklisch Fritz (Hrsg.), Bau und Anlagenverträge. Risiken, Haftung, Streitbeilegung: Heidelberger Kolloquium, Technologie und Recht 1983, 1984, S. 24 ff.

TAPERNOUX BENJAMIN, Les cartels, thèse, Lausanne 1929.

TEICHMANN ARNDT, Die Personengesellschaft als Rechtsträger, in: AcP 179. Band, S. 475 ff.

TERCIER PIERRE, Les contrats spéciaux, 2. Auflage, Zürich 1995.

TIMME MICHAEL/HÜLK FABIAN, Rechts- und Parteifähigkeit der Gesellschaft bürgerlichen Rechts – BGH, NJW 2001, 1056, in: JuS 2001, Heft 6, S. 536 ff.

TSCHUDI FELIX, Die Beitragspflicht des Gesellschafters und die Folgen ihrer Nichterfüllung in den Personengesellschaften des Schweizerischen Obligationenrechtes, Diss., Zürich 1956.

TUOR PETER/SCHNYDER BERNHARD/SCHMID JÖRG/RUMO-JUNGO ALEXANDRA, Das Schweizerische Zivilgesetzbuch, 12. Auflage, Zürich et al. 2002;
– für die §§ 1–4 und 59–84: TUOR/SCHNYDER;
– für die §§ 5–17 und 85–118: TUOR/SCHNYDER/SCHMID;
– für die §§ 18–58: TUOR/SCHNYDER/RUMO-JUNGO.

ULMER PETER, Die Gesamthandsgesellschaft – ein noch immer unbekanntes Wesen? in: AcP Band 198 (1998), S. 113 ff. (zitiert: ULMER, Gesamthandsgesellschaft).

– Die höchstrichterlich „enträtselte" Gesellschaft bürgerlichen Rechts, in: ZIP Heft 14, S. 585 ff. (zitiert: ULMER, Enträtselte Gesellschaft).

– Grundbuchfähigkeit einer rechts- und parteifähigen GbR, in: NJW 2002, Heft 5, S. 330 ff. (zitiert: ULMER, Grundbuchfähigkeit).

– Münchner Kommentar zum Bürgerlichen Gesetzbuch, Band 5, Schuldrecht, Besonderer Teil III, §§ 705-740 BGB, 3. Auflage, München 1997 (zitiert: MÜNCHKOMM-ULMER).

VISCHER FRANK, Art. 150 ff. IPRG, in: HEINI ANTON/KELLER MAX/SIEHR KURT/VISCHER FRANK/VOLKEN PAUL (Hrsg.), Kommentar zum Bundesgesetz über das internationale Privatrecht (IPRG) vom 1. Januar 1989, Zürich 1993.

VOCK DOMINIK, Kommentar zum schweizerischen Zivilprozessrecht, Bundesgesetz über den Gerichtsstand in Zivilsachen (GestG), herusgegeben von KARL SPÜHLER, LUCA TENCHIO, DOMINIK INFANGER, Basel et al. 2001.

VOGEL OSCAR/SPÜHLER KARL, Grundriss des Zivilprozessrechts und des internationalen Zivilprozessrechts der Schweiz, 7. Auflage, Bern 2001.

VOGELSANG ALFRED E., Essai d'une étude dogmatique de la société simple en droit suisse, thèse, Lausanne 1931.

VOLKART N.N., Die Liquidation der Anteile am Gesellschaftsgut im Falle des Konkurses einzelner oder aller Glieder einer einfachen Gesellschaft, in: ZBGR, 4. Jahrgang, Januar/Februar 1923, 1. Heft, S. 1 ff.

VON BÜREN ROLAND, Schweizerisches Obligationenrecht, Besonderer Teil (Art. 184–551), Zürich 1972.

VON BÜREN ROLAND/HUBER MICHAEL, Warum der Konzern keine einfache Gesellschaft ist – eine Replik, in: SZW 5/98, S. 213 ff.

VON DER CRONE HANS CASPAR, Lösung von Pattsituationen bei Zweimanngesellschaften, in : SJZ 1993, S. 37 ff. (zitiert: VON DER CRONE, Pattsituationen).

VON GAMM OTTO-FRIEDRICH, Das Bürgerliche Gesetzbuch, RGRK-Kommentar, 12. Auflage, Berlin et al. 1978.

VON GERKAN HARTWIN, Die Gesellschafterklage, in: ZGR 1988, 441 ff.

VON PLANTA ANDREAS, Basler Kommentar zum schweizerischen Privatrecht, Internationales Privatrecht, Art. 150 – 155 und Art. 159 IPRG, Basel et al. 1996.

VON STEIGER WERNER, Schweizerisches Privatrecht, Achter Band, Handelsrecht, Erster Halbband, Basel et al 1976.

VON TUHR ANDREAS/PETER HANS, Allgemeiner Teil des Schweizerischen Obligationenrechts, Erster Band, 3. Auflage, Zürich 1979.

VON TUHR ANDERAS/ESCHER ARNOLD, Allgemeiner Teil des Schweizerischen Obligationenrechts, Zweiter Band, 3. Auflage, Zürich 1974.

VONZUN RETO, Rechtsnatur und Haftung der Personengesellschaften, Diss., Basel 2000.

WALDER-RICHLI HANS ULRICH, Zivilprozessrecht nach den Gesetzen des Bundes und des Kantons Zürich unter Berücksichtigung anderer Zivilprozessordnungen, 4. Auflage, Zürich 1996.

WALTER GERHARD, Internationales Zivilprozessrecht der Schweiz, 2. Auflage, Bern et al. 1998.

WEBER RALPH, Die Gesellschaft bürgerlichen Rechts – Begriff, Voraussetzungen, in: JuS 2000, Heft 4, S. 313 ff. (zitiert: WEBER, GbR).

WEBER ROLF H., Berner Kommentar, Band VI, Obligationenrecht, 1. Abteilung, Allgemeine Bestimmungen, 5. Teilband, Die Folgen der Nichterfüllung, Art. 97 – 109 OR, Bern 2000.

WEISS EGON, Institutionen des römischen Privatrechts, 2. Auflage, Stuttgart 1949.

WERRO FRANZ, Le mandat et ses effets, Habil., Freiburg 1993.

WERTENBRUCH JOHANNES, Die Parteifähigkeit der GbR – die Änderungen für die Gerichts- und Vollstreckungspraxis, in: NJW 2002. Heft 5, S. 324 ff.

WESPI CONRAD, Die stille Gesellschaft im schweizerischen Recht, Diss., Zürich 1930.

WICHTERMANN JÜRG, Basler Kommentar zum schweizerischen Privatrecht, Schweizerisches Zivilgesetzbuch II, Art. 457-977 ZGB, Art. 1-61 SchlT ZGB, Basel et al. 1998.

WICKI ANDRÉ ALOYS, Klagbares Informationsrecht? Wie sich ein isolierter Verwaltungsrat wehren könnte, in: NZZ 2./3. September 2000, Nr. 204, S. 29.

WIEACKER FRANZ, Besprechung von Arangio-Ruiz: La società in diritto romano, in: SZ 69 (1952), S. 488 ff. (zitiert: WIEACKER, Besprechung).

– Das Gesellschaftsverhältnis des klassischen Rechts, in: SZ 69 (1952), S. 302 ff. (zitiert: WIEACKER, Gesellschaftsverhältnis).

– Societas: Hausgemeinschaft und Erwerbsgesellschaft; Untersuchungen zur Geschichte des römischen Gesellschaftsrechts, Weimar 1936 (zitiert: WIEACKER, Societas).

WIEDEMANN HERBERT, Gesellschaftsrecht, Band I: Grundlagen, München 1980 (zitiert: WIEDEMANN, Gesellschaftsrecht).

– Rechte und Pflichten des Personengesellschafters, in: WM Sonderbeilage Nr. 7/1992 (zitiert: WIEDEMANN, Rechte und Pflichten).

WIELAND CARL, Zürcher Kommentar zum Schweizerischen Zivilgesetzbuch, Das Sachenrecht, Zürich 1909.

WIELAND KARL, Handelsrecht, Erster Band: Das kaufmännische Unternehmen und die Handelsgesellschaften, München et al. 1921 (zitiert: WIELAND, Handelsrecht).

WIESER EBERHARD, Rechtsfähige BGB-Gesellschaft – Neue Rechtslage nach der BGH-Entscheidung, in: MDR Heft 8/2001, S. 421 ff.

WOHLMANN HERBERT, Die Treupflicht des Aktionärs, Die Anwendung eines allgemeinen Rechtsgrundsatzes auf den Aktionär, Diss., Zürich 1968.

ZÖLLNER WOLFGANG, Rechtsfähigkeit der BGB-Gesellschaft – ein Sachverstands- oder Kommunikationsproblem?, in: Hönn/Konzen/Kreutz (Hrsg.), FS für Alfons Kraft zum 70. Geburtstag, 1999.

## B. MATERIALIENVERZEICHNIS

### a) Gesetzesmaterialien

AMTLICHES STENOGRAPHISCHES BÜLLETIN der schweizerischen Bundesversammlung, Jahrgang XVI, 1906 Nr. 26, Nationalrat, S. 515 ff. (zitiert: STENBÜL ZGB NR).

AMTLICHES STENOGRAPHISCHES BÜLLETIN der schweizerischen Bundesversammlung, Jahrgang XVI, 1906 Nr. 57, Ständerat, S. 1253 ff. (zitiert: STENBÜL ZGB SR).

AMTLICHES STENOGRAPHISCHES BÜLLETIN der schweizerischen Bundesversammlung, Jahrgang XIX, 1909, Nationalrat, S. 702, S. 707, S. 711, S. 719 f. (zitiert: STENBÜL OR NR).

BOTSCH. 04/07 (in: BBl 1904 IV 1, 1907 VI 367).

BOTSCH. 05, S. 44 (in: BBl 57. Jahrgang (1905), II. Band, S. 44).

BOTSCH. 09, S. 755 (in: BBl 61. Jahrgang (1909), III. Band, Nr. 23; S. 755 f.).

ERLÄUTERUNGEN ZUM VORENTWURF des Eidgenössischen Justiz- und Polizeidepartements, Zweite Ausgabe,

- Erster Band, Einleitung, Personen-, Familien- und Erbrecht, Bern 1914 (zitiert: ERLÄUTERUNGEN I);

- Zweiter Band, Sachenrecht und Text des Vorentwurfes vom 15. November 1900, Bern 1914 (zitiert: ERLÄUTERUNGEN II).

Handels- und obligationenrechtliche Materialien, herausgegeben von FASEL URS, Bern 2000.

*b) Weitere Materialien*

Arbeitsgemeinschaftsvertrag für Bauunternehmungen des Schweizerischen Baumeisterverbandes, 5. Auflage, Zürich 1996.

Behelf zum Arbeitsgemeinschaftsvertrag für Bauunternehmungen, herausgegeben vom Schweizerischen Baumeisterverband, Zürich 1997, Nachdruck November 1999.

Gesellschaftsvertrag für Praxisgemeinschaft, herausgegeben von der Verbindung der Schweizer Ärztinnen und Ärzte FMH, Ausgabe 1995.

Gesellschaftsvertrag über die Nutzung der Praxisinfrastruktur, herausgegeben von der Verbindung der Schweizer Ärztinnen und Ärzte FMH, 1999.

United Nations, Economic commission for Europe, guide for drawing up international contracts between parties associated for the purpose of executing a specific project, New York 1979.

# ABKÜRZUNGSVERZEICHNIS

| | |
|---|---|
| Abs. | Absatz |
| aBV | Bundesverfassung der Schweizerischen Eidgenossenschaft vom 29. Mai 1874 (nicht mehr in Kraft) |
| AcP | Archiv für die civilistische Praxis (Tübingen) |
| ABV | Aktionärbindungsvertrag |
| a.E. | am Ende |
| AG | Aktiengesellschaft |
| AJP/PJA | Aktuelle Juristische Praxis, Pratique juridique actuelle (Lachen) |
| a.M. | andere(r) Meinung |
| Amtl.Bull. | Amtliches Bülletin der Bundesversammlung |
| Anm. | Anmerkung |
| aOR | BG vom 14. Juni 1881 über das Obligationenrecht (nicht mehr in Kraft) |
| ARGE | Arbeitsgemeinschaft |
| Art. | Artikel |
| AT | Allgemeiner Teil |

| | |
|---|---|
| Aufl. | Auflage |
| BB | Betriebsberater (Heidelberg) |
| BBl | Bundesblatt der Schweizerischen Eidgenossenschaft |
| BG | Bundesgesetz |
| BGB | (Deutsches) Bürgerliches Gesetzbuch vom 18. August 1896 |
| BGE | Entscheidungen des Schweizerischen Bundesgerichts |
| BGH | Deutscher Bundesgerichtshof |
| BGHZ | Entscheidungen des deutschen Bundesgerichtshofes in Zivilsachen |
| Botsch. 04/07 | Botschaft des Bundesrats vom 28. Mai 1904 zu einem BG, enthaltend das Schweizerische ZGB |
| Botsch. 05 | Botschaft des Bundesrats an die Bundesversammlung (betr. Revision des OR) vom 3. März 1905. |
| Botsch. 09 | Botschaft des Bundesrats an die Bundesversammlung (betr. Revision des OR) vom 1. Juni 1909 (Nachtrag zur Botsch. 05). |
| BR/DC | Baurecht, Droit de la Construction (Mitteilungen des Instituts für Schweizerisches und Internationales Baurecht, Freiburg) |
| BRT | Baurechtstagung |

| | |
|---|---|
| BT | Besonderer Teil |
| CCit. | Codice civile italiano vom 16. März 1942 |
| CEDIDAC | Publications CEDIDAC/Centre du droit de l'entreprise de l'Université de Lausanne |
| cf. | confer (vergleiche) |
| d.h. | das heisst |
| Diss. | Dissertation |
| DPR | Deutsches Privatrecht |
| DR | Deutsches Recht |
| E. | Erwägung(en) |
| et al. | et alteri [loci] (und andere [Orte]) |
| etc. | et cetera (usw.) |
| EuGH | Europäischer Gerichtshof (Luxembourg) |
| FAZ | Frankfurter Allgemeine Zeitung |
| f./ff. | und folgende (Seite/Seiten) |
| FG | Festgabe |
| Fn | Fussnote |
| FS | Festschrift |
| GbR | Gesellschaft bürgerlichen Rechts |

| | |
|---|---|
| GestG | BG über den Gerichtsstand in Zivilsachen (Gerichtsstandsgesetz) vom 24. März 2000 (SR 272) |
| GVP | St. Gallische Gerichts- und Verwaltungspraxis (St. Gallen) |
| Harv. L. Rev. | Harvard Law Review (zitiert nach Jahr und Seite) |
| HGB | (Deutsches) Handelsgesetzbuch vom 10. Mai 1897 |
| h.L. | herrschende Lehre |
| Hrsg. | Herausgeber |
| IPRG | BG über das Internationale Privatrecht vom 18. Dezember 1987 (SR 291) |
| i.V.m. | in Verbindung mit |
| JuS | Juristische Schulung; Zeitschrift für Studium und Ausbildung (München/Frankfurt am Main) |
| JZ | Juristenzeitung |
| lit. | litera (Buchstabe) |
| LugÜ | Übereinkommen über die gerichtliche Zuständigkeit und die Vollstreckung gerichtlicher Entscheidungen in Zivil- und Handelssachen, abgeschlossen in Lugano am 16. September 1988 (SR 0.275.11) |
| MDR | Monatsschrift für deutsches Recht |

| | |
|---|---|
| m.E. | meines Erachtens |
| m.w.H. | mit weiteren Hinweisen |
| N | Randnote |
| NJW | Neue Juristische Wochenschrift (München/Frankfurt am Main) |
| NJW-RR | NJW-Rechtsprechungs-Report Zivilrecht (München/Frankfurt am Main) |
| Nr. | Randnummer |
| NZZ | Neue Zürcher Zeitung |
| OHG | offene Handelsgesellschaft |
| OLG | Oberlandesgericht |
| OR | BG vom 30. März 1911 betreffend die Ergänzung des Schweizerischen Zivilgesetzbuches (Fünfter Teil: Obligationenrecht; SR 220) |
| pFV | Positive Forderungsverletzung |
| Pra | Die Praxis des schweizerischen Bundesgerichts (Basel) |
| RdA | Recht der Arbeit |
| recht | recht, Zeitschrift für juristische Ausbildung und Praxis (Bern) |
| RGZ | Entscheidungen des (deutschen) Reichsgerichts in Zivilsachen |

| | |
|---|---|
| S. | Seite(n) |
| SAG | Schweizerische Aktiengesellschaft (Zürich) bis 1989; seit 1990: Schweizerische Zeitschrift für Wirtschaftsrecht |
| Semjud | La Semaine Judiciaire (Genf) |
| SJZ | Schweizerische Juristen-Zeitung (Zürich) |
| Slg. | Sammlung der Rechtsprechung des Europäischen Gerichtshofs (Luxembourg) |
| SR | Systematische Sammlung des Bundesrechts |
| Sten.Bull. NR/SR | Amtliches stenographisches Bülletin der schweizerischen Bundesversammlung (Nationalrat/Ständerat) |
| StGB | Schweizerisches Strafgesetzbuch vom 21. Dezember 1937 (SR 311) |
| SZW | Schweizerische Zeitschrift für Wirtschaftsrecht (Zürich; seit 1990; bis 1989: Schweizerische Aktiengesellschaft) |
| usw | und so weiter |
| vgl. | vergleiche |
| WM | Wertpapier-Mitteilungen, Zeitschrift für Wirtschafts- und Bankrecht |
| ZAkDR | Zeitschrift der Akademie für Deutsches Recht |
| z.B. | zum Beispiel |

| | |
|---|---|
| ZBGR | Schweizerische Zeitschrift für Beurkundungs- und Grundbuchrecht (Wädenswil) |
| ZBJV | Zeitschrift des Bernischen Juristenvereins (Bern) |
| ZGB | Schweizerisches Zivilgesetzbuch vom 10. Dezember 1907 (SR 210) |
| ZGR | Zeitschrift für Unternehmens- und Gesellschaftsrecht |
| ZHR | Zeitschrift für das gesamte Handelsrecht und Wirtschaftsrecht |
| Ziff. | Ziffer |
| ZIP | Zeitschrift für Wirtschaftsrecht |
| ZPO | Zivilprozessordnung |
| ZR | Blätter für Zürcherische Rechtsprechung (Zürich) |
| ZSR | Zeitschrift für Schweizerisches Recht (Basel) |
| ZvglRW | Zeitschrift für vergleichende Rechtswissenschaft |

# EINLEITUNG

1. Die vorliegende Arbeit handelt vom schweizerischen Gesellschaftsrecht, und zwar vom Recht der *einfachen Gesellschaft*. Diese ist in der zweiten Abteilung des OR unter den einzelnen Vertragsverhältnissen geregelt. Meine Untersuchung befasst sich mit den *Innenansprüchen* in der einfachen Gesellschaft und mit *deren Durchsetzung*. Ich spreche ausschliesslich von der *gesamthänderischen* einfachen Gesellschaft[1] und zwar nur von der *Aussen*gesellschaft[2]. Wenn im Folgenden von der *Gesamthand* die Rede ist, meine ich damit – sofern sich aus dem Zusammenhang nichts anderes ergibt (z.B. *Nr. 67 ff.*) – die gesamthänderische einfache (Aussen-)Gesellschaft[3].

---

[1] Die einfache Gesellschaft ist nach der Konzeption des Gesetzgebers ein Gesamthandverhältnis (HANDSCHIN, Art. 544 N 3). Sie ist eine der gesetzlich bestimmten Erscheinungsformen der Gesamthand (FLUME, Gesellschaft und Gesamthand, 179). Die gesamthänderische Gesellschaft ist der Regelfall, wovon vertraglich abgewichen werden kann (HANDSCHIN, Art. 544 N 5; SCHMID, 794; vgl. CLOSS, 11 zum deutschen Recht). – Das aOR ging hingegen von einer quotenmässigen Berechtigung des einzelnen Gesellschafters am Gesellschaftsvermögen aus (vgl. dazu SIEGWART, Art. 544 N 7 und BBl 1909 III 755). Der Wechsel vom Miteigentum des aOR zum Gesamteigentum des heutigen OR erfolgte vor allem aus der Überlegung, dass bei Vorliegen von Gesamteigentum die Gläubiger im Aussenverhältnis nicht direkt auf die Aktiven, sondern bloss auf das Liquidationsergebnis eines Gesellschafters greifen können (BOTSCH. 09, S. 755; STEN.BULL. OR NR, S. 719).

[2] Der Begriff der *Aussengesellschaft* bezeichnet die Gesellschaft, die als solche am Rechtsverkehr mit Dritten teilnimmt, das heisst nach Aussen als Personenvereinigung in Erscheinung tritt (SOERGEL-HADDING, Vor § 705 N 28; vgl. BECKER, Art. 530 N 17; VON STEIGER, 345).

[3] Vgl. dazu SCHMIDT, Gesellschaftsrecht, 1716: „Wird ein Gesellschaftsvermögen gebildet, so ist die Gesellschaft Gesamthand [...]".

2. Nach der hier vertretenen Ansicht ist die Gesamthand – entgegen der Lehre und Rechtsprechung, die in der Schweiz heute vorherrschen – rechtsfähig. Ihre Rechtsfähigkeit hat Auswirkungen auf die Trägerschaft der Innenansprüche (*Nr. 54 ff.*) und deren Durchsetzung (*Nr. 259 ff.*).

3. Die Arbeit ist in vier Kapitel gegliedert: Im *ersten Kapitel* spreche ich vom Begriff (*Nr. 3 ff.*), den Abgrenzungen (*Nr. 20 ff.*), den Arten (*Nr. 44 ff.*) und den Trägern (*Nr. 54 ff.*) des Innenanspruchs. Im *zweiten Kapitel* geht es um die Innenansprüche im Einzelnen, wobei ich zunächst primäre Innenansprüche (*Nr. 134 ff.*) und danach Schadenersatzansprüche (*Nr. 188 ff.*) behandle. Gegenstand des *dritten Kapitels* ist die Durchsetzung der Innenansprüche (*Nr. 259 ff.*). Im *vierten Kapitel* schliesslich fasse ich die Ergebnisse meiner Untersuchung zusammen (*Nr. 391 ff.*).

*1. Kapitel:*
# BEGRIFF, ABGRENZUNGEN, ARTEN UND TRÄGER DES INNENANSPRUCHS

## I. Begriff und Abgrenzungen des Innenanspruchs

1. Die Innenansprüche[4] in der einfachen Gesellschaft, mit welchen sich die vorliegende Arbeit befasst, sind Ansprüche der Gesellschafter (*Nr. 55 ff.*) und der (gesellschaftlichen) Gesamthand (*Nr. 60 ff.* )[5]. Diese Innenansprüche sind eine Art der gesellschaftsbezogenen Schuldansprüche. Doch sind nicht alle gesellschaftsbezogenen Schuldansprüche Innenansprüche im hier verstandenen Sinne.

1

2. Im Folgenden behandle ich den Begriff des Innenanspruchs (1.) und seine Abgrenzungen (2.).

2

---

[4] Das Gesetz unterscheidet in den Marginalien zu Art. 531 OR und 543 OR zwischen dem Verhältnis der Gesellschafter unter sich und dem Verhältnis der Gesellschafter gegenüber Dritten. Auf dieser Unterscheidung beruht die herkömmliche Einteilung in Beziehungen im *Innen*verhältnis und Beziehungen im *Aussen*verhältnis (beispielsweise: VON STEIGER, 368; SIEGWART, Vorbem. zu Art. 530 – 551 N 82 ff; MEIER-HAYOZ/FORSTMOSER, 260 N 34 und 266 N 60; HARTMANN, Art. 557 N 1 (für die Kollektivgesellschaft); FELLMANN/MÜLLER, 637). Entsprechend lassen sich die gesellschaftsbezogenen Ansprüche in *Innen*ansprüche und *Aussen*ansprüche unterteilen.

[5] Wie bereits in der Einleitung gesagt, spreche ich in der vorliegenden Arbeit ausschliesslich von der *gesamthänderischen (Aussen-)Gesellschaft* (Fn 1 und 2 ). Nach der in dieser Arbeit vertretenen Meinung ist die *Gesamthand als solche* rechtsfähig (*Nr. 94 ff.*). Demgegenüber ist nach der Auffassung, die heute in der Schweiz vorherrscht, nicht die Gesamthand als solche Trägerin der Rechte, sondern alle Gesellschafter sind gemeinsam Träger (*Nr. 61, 64 ff.*).

## 1. Begriff

3 Um den Begriff des Innenanspruchs näher zu bestimmen, definiere ich zunächst den Innenanspruch (A.) und erläutere hernach seine einzelnen Merkmale (B.).

### A. Definition

4 Der Innenanspruch ist ein schuldrechtlicher Anspruch, der nur dann überhaupt entstehen kann, wenn ein Gesellschaftsvertrag gültig zustande gekommen ist, und der seinen Entstehungsgrund im Gesellschaftsverhältnis hat.

### B. Einzelne Merkmale

5 Der Innenanspruch hat drei Merkmale: Es handelt sich um einen schuldrechtlichen Anspruch (a.); dieser schuldrechtliche Anspruch kann nur dann überhaupt entstehen, wenn ein gültiger Gesellschaftsvertrag abgeschlossen worden ist (b.); dieser schuldrechtliche Anspruch hat seinen Entstehungsgrund im Gesellschaftsverhältnis der einfachen Gesellschaft (c.).

#### a) Schuldrechtlicher Anspruch

6 1. In der Lehre besteht keine Einigkeit über die Bedeutung des Anspruchsbegriffs[6]. Gemäss Bundesgericht ist der Anspruchsbegriff identisch mit dem Begriff der Forderung[7]. Dieser Meinung schliesst sich auch ein Teil der Lehre an[8].

7 2. In der vorliegenden Arbeit verwende ich den Begriff des Anspruchs im Sinne des Bundesgerichts, also im Sinne einer

---

[6] Zu den verschiedenen Bedeutungen und zur Verwendung im wissenschaftlichen Sprachgebrauch SCHÖNENBERGER/JÄGGI, Vorbemerkung vor Art. 1 N 85 ff.

[7] BGE 87 II 161 ff.

[8] GAUCH/SCHLUEP/SCHMID, Nr. 80; MERZ, 50.

Forderung. Der Anspruch ist somit ein *klagbares Recht auf Leistung*[9], das heisst auf ein bestimmtes Tun, Dulden oder Unterlassen.

*b) Entstehungsvoraussetzung: gültig abgeschlossener Gesellschaftsvertrag*

1. Durch den Gesellschaftsvertrag verpflichten sich die Gesellschafter zur Verfolgung eines gemeinsamen Zweckes mit gemeinsamen Mitteln (Art. 530 Abs. 1 OR)[10]. Durch seinen gültigen Abschluss entsteht einerseits ein Vertragsverhältnis und andererseits, soweit nichts Abweichendes vereinbart wird, eine Gesamthand (*Nr. 60*)[11]. Dementsprechend ist der Gesellschaftsvertrag sowohl Schuldvertrag als auch Organisationsvertrag und hat insofern eine Doppelnatur[12].

8

2. Als Schuld- und Organisationsvertrag begründet der Gesellschaftsvertrag Beziehungen unter den Gesellschaftern und (vor allem) Beziehungen zwischen dem einzelnen Gesellschafter und der Gesamthand[13]. Diese Beziehungen umfassen Innenansprüche und andere gesellschaftsbezogene Rechte (z.B. Vertretungsrechte, Gestaltungsrechte, vgl. *Nr. 248 ff.*) des Gesellschafters oder der Gesamthand.

9

---

[9] GAUCH/SCHLUEP/SCHMID, Nr. 29.

[10] TERCIER, Nr. 5526.

[11] MÜLLER, 33 ff.; VON STEIGER, 326; FLUME, Gesellschaft und Gesamthand, 179; SOERGEL-HADDING, Vor § 705 N 24 und § 705 N 43; LARENZ, 291, spricht von einem personenrechtlichen, gemeinschaftsbegründenden Vertrag.

[12] VON STEIGER, 271 ff.; MÜLLER, 31; TERCIER, Nr. 5523; SOERGEL-HADDING, Vor § 705 N 22–N 24; CLOSS, 12; vgl. auch PEDRAZZINI, 370 Fn 3.

[13] SOERGEL-HADDING, Vor § 705 N 22 und § 705 N 42 f.; MÜLLER, 32 f.

10      3. Der gültige Gesellschaftsvertrag lässt das Gesellschaftsverhältnis entstehen (*Nr. 11*).

   c)   *Entstehungsgrund im Gesellschaftsverhältnis*

11      1. Innenansprüche haben ihren Entstehungsgrund im Gesellschaftsverhältnis[14]. Das Gesellschaftsverhältnis ist ein Schuldverhältnis[15], das die schuldrechtlichen Beziehungen zwischen den Gesellschaftern sowie zwischen jedem Gesellschafter und der Gesamthand in ihrer Gesamtheit umfasst[16]. Das Gesellschaftsverhältnis kann, wie bereits erwähnt (*Nr. 8 ff.*), nur dann entstehen, wenn die Gesellschafter einen Gesellschaftsvertrag gültig abschliessen.

12      2. Welche Innenansprüche im Einzelfall bestehen, beurteilt sich nach dem jeweiligen *Inhalt des Gesellschaftsverhältnisses*. Dieses erhält seinen Inhalt durch zwingendes Gesetzesrecht, Vereinbarung, Gesellschaftsbeschluss, dispositives Gesetzesrecht (und Gewohnheitsrecht) und Richterrecht. Im Einzelnen:

13      a. Das Gesellschaftsverhältnis erhält seinen Inhalt vorab durch *zwingendes Gesetzesrecht*. Die Gesellschafter können von zwingendem Recht weder im Gesellschaftsvertrag noch durch nachträgliche Vereinbarung oder Gesellschaftsbeschluss abweichen. Beispielsweise ist die Pflicht zur Beitragsleistung in Art. 531 Abs. 1 OR zwingendes Gesetzesrecht (vgl. auch *Nr. 164 ff.*)[17]. Die Gesamthand

---

[14]  Dazu HADDING, HGB-Klausur, 156; vgl. auch HUECK, OHG, 256.

[15]  Das Schuldverhältnis ist ein schuldrechtlicher Sachverhalt. Es umfasst ein Rechtsverhältnis in seiner Gesamtheit, also nicht nur die daraus entstehenden Ansprüche, sondern auch daraus entstehende Gestaltungsrechte, Vertretungsrechte etc. (zum Ganzen: GAUCH/ SCHLUEP/SCHMID, Nr. 116).

[16]  SOERGEL-HADDING, Vor § 705 N 20.

[17]  MEIER-HAYOZ/FORSTMOSER, 260 N 34 m.w.H. **A.M.** BECKER, Art. 531 N 1.

hat einen Anspruch auf Erfüllung der Beitragspflicht. Des Weiteren ist der Anspruch auf Einsicht (*Nr. 156 ff.*) nach Art. 541 Abs. 2 OR zwingendes Gesetzesrecht.

b. Das Gesellschaftsverhältnis erhält seinen Inhalt weiter durch *Vereinbarungen* der Gesellschafter im Gesellschaftsvertrag. Vereinbarungen der Gesellschafter können anlässlich des Vertragsabschlusses, aber auch noch nachträglich[18] getroffen werden. Solche Vereinbarungen gehen dispositivem Gesetzesrecht (und allfälligem Gewohnheitsrecht) vor.

Beispiel: Gesellschafter A, B und C vereinbaren im Gesellschaftsvertrag, dass A und B je 45 % des erwirtschafteten Gewinnes erhalten. Die restlichen 10 % erhält C. Durch diese Vereinbarung wird die dispositive Regel in Art. 533 Abs. 1 OR abgeändert, nach welcher jeder Gesellschafter, ohne Rücksicht auf die Art und Grösse seines Beitrages, gleichen Anteil an Gewinn und Verlust hat.

c. Das Gesellschaftsverhältnis kann seinen Inhalt auch durch *Gesellschaftsbeschlüsse* erhalten[19]. Von Gesetzes wegen ist die Beschlussfassung in allen Angelegenheiten notwendig, die nicht unter die gewöhnliche Geschäftsführung fallen[20]. Insbesondere bedürfen *Grundlagengeschäfte* eines vorgängigen Gesellschaftsbeschlusses[21]. Grundlagengeschäfte sind Massnahmen, die das

---

[18] Der Unterschied zwischen einer nachträglichen Vereinbarung und einem Gesellschaftsbeschluss (*Nr. 16*) ist, dass einer Vereinbarung notwendigerweise alle Gesellschafter zustimmen müssen, ein Gesellschaftsbeschluss hingegen kann – bei Vorliegen des Mehrheitsprinzips in der Beschlussfassung – unter Umständen auch gegen den Willen eines oder mehrerer Gesellschafter gültig gefasst werden.

[19] FELLMANN/MÜLLER, Art. 534 N 3.

[20] VON STEIGER, 391.

[21] FELLMANN/MÜLLER, Art. 535 N 2.

*Gesellschaftsverhältnis verändern (Nr. 150)*[22]. Zu den so verstandenen Grundlagengeschäften gehört auch der Entscheid über die Anhebung der Gesellschaftsklage (dazu *Nr. 312 ff., 318 ff.*).

17  d. Fehlen in einer Rechtsfrage, die den Inhalt des Gesellschaftverhältnisses betrifft, zwingendes Recht (*Nr. 13*), Vereinbarung (*Nr. 14*) oder Gesellschaftsbeschluss (*Nr. 16*), dann liegt eine Lücke im Gesellschaftsverhältnis vor[23]. Die Ausfüllung der Lücke geschieht durch dispositives Recht, selten Gewohnheitsrecht und schliesslich durch den Richter mit einer von ihm selbst gesetzten Regel (Art. 1 Abs. 2 ZGB)[24].

18  Beispiel: Gesellschafter A will, dass ihm anlässlich der Liquidation sein Gewinnanteil ausbezahlt wird. Der Gesellschaftsvertrag regelt die Frage des Gewinnanteils nicht. Gleichwohl hat A, gestützt auf Art. 533 Abs. 1 OR, Anspruch auf Auszahlung des Gewinnanteils.

19  3. Bisweilen verweist das Gesetz auf Rechtsnormen ausserhalb des Rechts der einfachen Gesellschaft. Beispielsweise gilt nach Art. 540 Abs. 1 OR, dass auf das Verhältnis der geschäftsführenden Gesellschafter zu den übrigen Gesellschaftern die Vorschriften über den Auftrag zur Anwendung kommen[25]. Soweit solche Vorschriften tatsächlich Ansprüche begründen (dazu aber *Nr. 43*), sind diese mindestens in Bezug auf ihre prozessuale Durchsetzung, meines Erachtens wie Ansprüche aus dem Gesellschaftsverhältnis, also Innenansprüche, zu behandeln (dazu *Nr. 41 ff.*).

---

[22]  Vgl. MÜNCHKOMM-ULMER, § 709 N 10.
[23]  Vgl. GAUCH/SCHLUEP/SCHMID, Nr. 1248.
[24]  GAUCH/SCHLUEP/SCHMID, Nr. 1248.
[25]  Vgl. SIEGWART, Art. 540 N 1 ff.; FELLMANN/MÜLLER, Art. 540 N 1 ff.

## 2. Abgrenzungen

1. Nicht alle gesellschaftsbezogenen Rechte und Ansprüche sind Innenansprüche im hier verstandenen Sinn. Deswegen sind die Innenansprüche, wie ich sie in der vorliegenden Arbeit verstehe, von anderen gesellschaftsbezogenen Rechten und Ansprüchen der Gesellschafter oder der Gesamthand abzugrenzen. 20

2. Von Bedeutung ist insbesondere die Abgrenzung der Innenansprüche gegenüber gesellschaftsbezogenen Rechten, die keine Ansprüche sind (A.) und die Abgrenzung gegenüber gesellschaftsbezogenen Ansprüchen ausserhalb des Gesellschaftsverhältnisses (B.). 21

### A. *Gesellschaftsbezogene Rechte ohne Anspruchscharakter*

Innenansprüche sind Forderungen (*Nr. 6 f.*). Sie geben dem Berechtigten ein klagbares Recht auf Leistung. Davon zu unterscheiden sind gesellschaftsbezogene Rechte ohne Anspruchscharakter, wie beispielsweise Gestaltungsrechte und Verhaltensgebote (*Nr. 248 ff.*). Die Abgrenzung ist deswegen von Bedeutung, weil das Wort Innenanspruch bisweilen auch zur Bezeichnung solcher Rechte verwendet wird. Gesellschaftsbezogenen Rechte ohne Anspruchscharakter sind beispielsweise das Vetorecht (*Nr. 251*), das Recht auf Entzug der Geschäftsführung (*Nr. 252*), das aussergerichtliche Kündigungsrecht des Gesellschafters (*Nr. 213, 253*) und der Gesamthand (*Nr. 211, 253*) und das Ausschliessungsrecht der Gesamthand bei Schuldnerverzug (*Nr. 211, 256*). 22

### B. *Gesellschaftsbezogene Ansprüche ausserhalb des Gesellschaftsverhältnisses*

Neben den Innenansprüchen (*Nr. 4*) gibt es gesellschaftsbezogene Ansprüche ausserhalb des Gesellschaftsverhältnisses. Nachfolgend gehe ich näher auf das unterscheidende Merkmal (a.) und ihre Arten (b.) ein. 23

*a)  Unterscheidendes Merkmal*

24    1. Innenansprüche haben ihren Entstehungsgrund im Gesellschaftsverhältnis (*Nr. 11 ff.*). Davon zu unterscheiden sind gesellschaftsbezogene Ansprüche, die nicht im Gesellschaftsverhältnis begründet sind, also Ansprüche ausserhalb des Gesellschaftsverhältnisses.

25    2. Schuldrechtliche Ansprüche aus anderen Rechtsverhältnissen sind in verschiedener Hinsicht anders zu behandeln als Ansprüche aus dem Gesellschaftsverhältnis: Beispielsweise können sie einer anderen Verjährung unterliegen oder ein anderer Sorgfaltsmassstab ist bei ihrer Erfüllung geschuldet[26]. Für die vorliegende Untersuchung ist von Bedeutung, dass die prozessuale Durchsetzung von Ansprüchen ausserhalb des Gesellschaftsverhältnisses nicht (immer) den in dieser Arbeit dargestellten Regeln folgt[27].

---

[26]  Beispielsweise verjährt der Anspruch der Gesamthand gegen einen Gesellschafter aus unerlaubter Handlung nach Art. 60 Abs. 1 OR innerhalb eines Jahres, während ein Anspruch der Gesamthand wegen der Verletzung einer Gesellschafterpflicht (also ein Anspruch aus dem Gesellschaftsverhältnis) nach Art. 127 OR in zehn Jahren verjährt (vgl. FELLMANN/MÜLLER, Art. 538 N 10). Eine Handlung oder Unterlassung eines Gesellschafters kann beispielsweise eine unerlaubte Handlung nach Art. 41 OR sein und somit einen ausservertraglichen Schadenersatzanspruch begründen, während dieselbe Handlung keine Verletzung der *diligentia quam in suis* (Art. 538 OR) ist und somit kein Schadenersatzanspruch aus dem Gesellschaftsverhältnis entsteht.

[27]  In der deutschen Lehre wird diskutiert, ob (gewisse) Ansprüche der Gesamthand ausserhalb des Gesellschaftsverhältnisses wie Sozialansprüche durch die Gesamthand auf dem Wege der Gesellschaftsklage (*Nr. 296 ff.*), ausnahmsweise durch einen Gesellschafter mit der *actio pro socio* (*Nr. 342*), durchgesetzt werden müssen (vgl. SOERGEL-HADDING, § 705 N 55 ff.).

*b) Arten*

Es gibt verschiedene Arten gesellschaftsbezogener Ansprüche. Ihrem Entstehungsgrund nach können vertragliche Ansprüche (aa.) und ausservertragliche Ansprüche (bb.) unterschieden werden. 26

*aa) Vertragliche Ansprüche*

Vertragliche Ansprüche der *Gesamthand* (*Nr. 60*) oder eines *Gesellschafters* (*Nr. 55*) treten in verschiedenen Konstellationen auf: 27

1. Die *Gesamthand* kann mit Dritten oder mit einem oder mehreren Gesellschaftern im Aussenverhältnis[28] Verträge abschliessen. Solche Verträge gehören nicht zum Inhalt des Gesellschaftsverhältnisses. Ansprüche der Gesamthand aus Verträgen im Aussenverhältnis sind keine Innenansprüche (*Nr. 4*). 28

Beispiel: A ist Gesellschafter in einer Anwaltskanzlei, welche die Form einer einfachen Gesellschaft gewählt hat[29]. Er vermietet der Gesamthand Büroräumlichkeiten, in welchen das Anwaltsbüro geführt wird. Ansprüche aus diesem Rechtsverhältnis sind keine Ansprüche aus dem Gesellschaftsverhältnis (ausser die Überlassung 29

---

[28] Der Begriff *Aussenverhältnis* bezeichnet – entgegen dem missverständlichen Wortlaut der Marginalie von Art. 543 OR – nicht nur Beziehungen zu Dritten, sondern auch Beziehungen zu Gesellschaftern (soweit solche Beziehungen ihren Entstehungsgrund nicht im Gesellschaftsverhältnis haben (vgl. VON STEIGER, 370).

[29] Zur Kontroverse, ob eine einfache Gesellschaft, die eine Anwaltskanzlei betreibt, ipso iure zur Kollektivgesellschaft wird vgl. HANDSCHIN/TRUNIGER, 6; FORSTMOSER/UNTERSANDER, 475; MEIER-HAYOZ/FORSTMOSER, 111 N 58 und GUHL/DRUEY, 861 N 13; vgl. dazu auch SENFT, 26, für das deutsche Recht.

von Gebrauch und Nutzung der Räume sei ein Beitrag des Gesellschafters A)[30].

30  2. Ein *Gesellschafter* kann gegen einen oder mehrere Gesellschafter vertragliche Ansprüche haben, deren Rechtsgrund nicht im Gesellschaftsverhältnis liegt. Wiederum (dazu, Fn 30) kann im Einzelfall die Abgrenzung schwierig sein, ob ein Vertrag vorliegt, der dem Gesellschaftsverhältnis seinen Inhalt gibt.

31  Beispiel: A betreibt mit mehreren Ärzten gemeinsam eine Arztpraxis. Er vereinbart mit einem seiner Partner, dass er während der Ferien dieses Partners die Stellvertretung übernimmt und dafür eine pauschale Vergütung erhält. Der Anspruch von A gegen diesen Partner aus Vertrag ist kein Innenanspruch. Treffen die Gesellschafter hingegen einen Gesellschaftsbeschlus, der die Pflicht zur Stellvertretung während den Ferien vorsieht, entsteht ein Innenanspruch.

*bb) Ausservertragliche Ansprüche*

32  Von den Innenansprüchen sind die *ausservertraglichen* Ansprüche der Gesamthand oder eines Gesellschafters (untereinander oder gegen Dritte) abzugrenzen. Ausservertragliche Ansprüche können aus *unerlaubter Handlung (Nr. 33 ff.)*, aus *ungerechtfertigter Be-*

---

[30] Insbesondere kann es mitunter schwierig sein zu bestimmen, ob eine Leistung als Beitrag geschuldet ist, oder ob die Leistung aus einem anderen Rechtsgrund herrührt. Hiefür muss der Gesellschaftsvertrag ausgelegt werden. Zur Abgrenzung ist auf verschiedene Kriterien abzustellen. Beispielsweise auf den Zweck der Gesellschaft, auf allfällig explizit stipulierte Gegenleistungspflichten, auf die Parteienbezeichnung, etc. Mit SOERGEL-HADDING, § 705 N 55, kann man allgemein formulieren, dass zu prüfen ist, ob die geschuldete Leistung in einem rechtlichen Zusammenhang mit dem Gesellschaftsvertrag steht, also als Beitrag geschuldet wird.

*reicherung (Nr. 36 ff.)* und schliesslich aus *Geschäftsführung ohne Auftrag (Nr. 39 ff.)* entstehen. Im Einzelnen:

1. Aus *unerlaubten Handlungen* der Gesellschafter (oder der Gesamthand) können Ansprüche auf Schadenersatz entstehen. Soweit solche *unerlaubten Handlungen* keine Gesellschafterpflicht verletzen, kann kein *Innenanspruch* auf Schadenersatz entstehen. 33

Beispiel: A und B sind Aktionäre der X-AG. Sie vereinbaren, ihr Stimmrecht gemäss gemeinsamem Beschluss koordiniert auszuüben. Eine Hilfsperson von Gesellschafter A beschädigt vor der Sitzung der Generalversammlung den Wagen von B. B hat einen Anspruch gegen A auf Ersatz des Schadens aus unerlaubter Handlung. Aus Gesellschaftsverhältnis hingegen steht ihm kein Ersatzanspruch zu, weil keine Pflicht aus dem Gesellschaftsverhältnis durch die Beschädigung des Fahrzeugs verletzt wurde. 34

Freilich kann eine unerlaubte Handlung auch (gleichzeitig) eine Gesellschafterpflicht verletzten, sodass ein *Innenanspruch* auf Schadenersatz entsteht. Schliesslich kann eine Handlung eine Gesellschafterpflicht verletzten, ohne dass sie den Tatbestand von Art. 41 OR erfüllt, oder aber der Anspruch daraus kann, beispielsweise durch Verjährung, entkräftet sein. 35

2. Gesellschafter und Gesamthand können Ansprüche aus *ungerechtfertigter Bereicherung* zustehen. 36

Beispiel: Die Gesamthand bezahlt am Ende eines Geschäftsjahres dem Gesellschafter A als Gewinnanteil irrtümlicherweise CHF 1500.-- anstatt nur CHF 1000.--. Nun hat die Gesamthand gegen Gesellschafter A einen Anspruch auf Rückerstattung von CHF 500.-- aus ungerechtfertigter Bereicherung (Art. 62 OR). 37

38  Einen Sonderfall stellen meines Erachtens Ansprüche aus der Rückabwicklung eines ursprünglich objektiv unmöglichen Gesellschaftsvertrages dar. Wird eine Gesellschaft trotz nichtigem Gesellschaftsvertrag tätig, dann gilt im Innenverhältnis[31] der Gesellschaft, dass eingegangene Verpflichtungen ex tunc dahinfallen und erfolgte Leistungen zurückzuerstatten sind[32]. Die Rückerstattung von Leistungen ist meines Erachtens nicht nach bereicherungsrechtlichen Regeln vorzunehmen[33]. Obwohl *de iure* gar kein Gesellschaftsverhältnis besteht, sind bei *tatsächlich gelebtem* Gesellschaftsverhältnis Ansprüche auf Rückerstattung zumindest in Bezug auf die prozessuale Durchsetzung (*Nr. 261*) wie Innenansprüche zu behandeln[34].

39  3. Ein Gesellschafter und die Gesamthand können Ansprüche aus *Geschäftsführung ohne Auftrag* untereinander oder gegen Dritte haben.

---

[31] Im Aussenverhältnis wirkt das Prinzip des Vertrauensschutzes des Rechtsscheines. Die Ungültigkeit des Gesellschaftsvertrages kann dem gutgläubigen Dritten nicht entgegengehalten werden. Die mit dem Dritten abgeschlossenen Geschäfte bleiben wirksam (VON STEIGER, 365; vgl. auch SCHMID, GoA, 1801).

[32] VON STEIGER, 365. – Allerdings ist nach diesem Autor unter Umständen eine Liquidation nach gesellschaftsrechtlichen Grundsätzen (Art. 548 OR), das heisst ex nunc, sachgerechter. Dies zum Beispiel, wenn die Gesellschaft auch im Innenverhältnis bereits tätig geworden ist und zum Beispiel Beiträge umgesetzt und in andere Werte umgewandelt hat, Rechte und Pflichten begründet oder Gewinne und Verluste erzielt hat. **A.M.** HARTMANN, Art. 552 N 18. Vgl. im deutschen Recht: MÜNCHKOMM-ULMER, § 706 N 21; § 705 N 43; SOERGEL-HADDING, § 705 N 70 ff. insbes. 76 ff.

[33] Ähnlich SCHMID, GoA, N 1756, 1757 und 1800, nach welchem die *reale* Rücknahme der Leistungen aus tatsächlichen Gründen ausscheidet und eine bereicherungsrechtliche Rückabwicklung auf Schwierigkeiten stossen kann.

[34] Vgl. GAUCH/SCHLUEP/SCHMID, Nr. 1189.

| | | |
|---|---|---|
| Beispiel: | A und B betreiben gemeinsam ein Anwaltsbüro. In der Freizeit sieht Gesellschafter A, dass Gesellschafter B vergessen hat, während seiner Ferienabwesenheit seine Katze zu füttern. A übernimmt diese Aufgabe. Der Anspruch auf Ersatz der Verwendungen nach Art. 422 Abs. 1 OR ist kein Anspruch aus dem Gesellschaftsverhältnis. | 40 |

4. *Besonderer Erwähnung* bedürfen die Ansprüche, die sich aus der Verweisung in Art. 540 Abs. 2 OR ergeben. Nimmt ein Gesellschafter für die Gesellschaft Geschäftsführungshandlungen vor, ohne dass er dazu befugt ist, oder überschreitet er seine Befugnis, so finden die Vorschriften über die Geschäftsführung ohne Auftrag Anwendung (Art. 540 Abs. 2 OR). Hierzu sind zwei Bemerkungen notwendig: 41

a. Entstehen aus solchen unbefugten Handlungen Ansprüche aus Geschäftsführung ohne Auftrag, so sind diese Ansprüche meiner Auffassung nach – zumindest in Bezug auf ihre prozessuale Durchsetzung (*Nr. 259 ff.*) – wie Innenansprüche zu behandeln. Durch den Verweis des Gesetzes in Art. 540 Abs. 2 OR bringt der Gesetzgeber zum Ausdruck, dass die Bestimmungen über die Geschäftsführung ohne Auftrag bei unbefugter oder überschreitender Geschäftsführung dem Gesellschaftsverhältnis seinen Inhalt geben. Es kann unter Wertungsgesichtspunkten nicht sein, dass der Schadenersatzanspruch der Gesamthand gegen einen Gesellschafter wegen Schlechterfüllung der Pflicht zur Geschäftsführung (*Nr. 174*) prozessual anders durchgesetzt werden müsste als der Schadenersatzanspruch der Gesamthand wegen Überschreiten der Geschäftsführungsbefugnis. 42

b. Die unbefugte und überschreitende Geschäftsführung im Sinne von Art. 540 Abs. 2 OR ist unberechtigte Fremdgeschäftsführung, da sie gegen ein wirksames Einmischungsverbot verstösst[35]. In den Fällen der unberechtigten Fremdgeschäftsführung entsteht (im 43

---

[35] FELLMANN/MÜLLER, Art. 540 N 6.

Unterschied zur echten berechtigten Fremdgeschäftsführung) das besondere gesetzliche Schuldverhältnis von Art. 422 OR nicht[36]. Die Bestimmungen über die Geschäftsführung ohne Auftrag kommen deswegen nur insoweit zur Anwendung als sie auch für die *unberechtigte Fremdgeschäftsführung* gelten[37].

## II. Arten des Innenanspruchs

44 Innenansprüche in der einfachen Gesellschaft kommen in mannigfachen Erscheinungsformen vor. Je nach dem gewählten Unterscheidungskriterium lassen sich verschiedene Arten von Innenansprüchen unterscheiden. Die im vorliegenden Zusammenhang wichtigsten Unterscheidungen sind die Einteilung nach der Trägerschaft des Innenanspruchs (1.) und die Einteilung in primäre Innenansprüche Schadenersatzansprüche (2.).

### 1. *Einteilung nach der Trägerschaft*

45 Innenansprüche können nach ihrer Trägerschaft in Individualansprüche (A.) und Sozialansprüche (B.) eingeteilt werden[38].

#### A. *Individualansprüche*

46   1. Träger eines Individualanspruchs ist der einzelne Gesellschafter (*Nr. 55 ff.*). Individualansprüche richten sich regelmässig gegen die Gesamthand (*Nr. 60*). Auf der Gegenseite steht einem Individual-

---

[36] SCHMID, Vorbem. OR 419 – 424, N 19.

[37] FELLMANN/MÜLLER, Art. 540 N 6.

[38] BECKER, Art. 530 N 13 (gemäss BECKER sind Individualansprüche „Ansprüche der einzelnen Gesellschafter als Gläubiger[n]" und Sozialansprüche „Ansprüche, die zum Gesellschaftsvermögen gehören, deren Erfüllung dem Gesellschaftsvermögen zugut kommt"); KESSLER, § 705 N 54 ff.; MÜNCHKOMM-ULMER, § 705 N 162 ff.; JOB, 98; WIEDEMANN, Rechte und Pflichten, 4; *ähnlich* SOERGEL-HADDING, § 705 N 46 ff., *kritisch* zur Terminologie: HEINSHEIMER, 41; TSCHUDI, 87.

anspruch diesfalls eine Sozialverpflichtung[39] gegenüber, das heisst der Anspruch belastet das Gesellschaftsvermögen (vgl. aber *Nr. 238 ff., 242 ff.*)[40].

2. Ein Individualanspruch kann sich aber auch gegen einen einzelnen Gesellschafter richten[41]. In diesem Fall steht dem Individualanspruch eine Individualverpflichtung[42] gegenüber, das heisst er belastet das Privatvermögen des Gesellschafters (*Nr. 241, 245 ff.*)[43].

47

Beispiel[44]: A mietet von B Räumlichkeiten für den Betrieb eines Geschäftes. In der Folge schliessen sich A und B zu einer einfachen Gesellschaft zum Betrieb dieses Geschäftes zusammen. Gesellschafterin B verlegt daraufhin eigenmächtig den Betrieb des Geschäftes an einen anderen Ort. Die Verlegung des Betriebes ist eine Handlung, die gemäss Gesellschaftsvertrag der Zustimmung durch die Gesellschafterin A bedurft hätte. Die Verlegung des Betriebes hat keine Auswirkung auf den Gang der Geschäfte. Der Gesellschaft entsteht dadurch kein Scha-den. Geschädigt ist indes Gesellschafterin A. A kann auf Ersatz des ihr entstandenen Schadens wegen Nichterfüllung der Gesellschafterpflichten gegen B klagen.

48

---

[39] Eine Sozialverpflichtung ist eine Verpflichtung der Gesamthand.

[40] BECKER, Art. 530 N 13.

[41] BECKER, Art. 530 N 13; SOERGEL-HADDING, § 705 N 51.

[42] Eine Individualverpflichtung ist eine Verpflichtung eines einzelnen Gesellschafters.

[43] BECKER, Art. 530 N 13.

[44] Dem folgenden Beispiel liegt der Entscheid des deutschen Bundesgerichtshofes vom 8. Februar 1962 (zusammengefasst in WM 1962 390 f.) zugrunde.

49  3. *Individualansprüche* gegen den einzelnen Gesellschafter kommen in verschiedenen Erscheinungsformen vor. Häufig kommen sie als Schadenersatzansprüche (*Nr. 188 ff., 222*) vor[45]. Sie können aber auch *vereinbart* (*Nr. 14*) oder *beschlossen* (*Nr. 16*) werden. Schliesslich ist im *dispositiven Gesetzesrecht* der Regressanspruch gegen die übrigen Gesellschafter infolge von Inanspruchnahme wegen Solidarhaftung im Aussenverhältnis (*Nr. 161, 145 f.*) vorgesehen.

## B. Sozialansprüche

50  Sozialansprüche sind Ansprüche der Gesamthand (*Nr. 60 ff.*) gegen einen (oder mehrere) Gesellschafter (*Nr. 55 ff.*) aus dem Gesellschaftsverhältnis (*Nr. 11*)[46]. Trägerin eines Sozialanspruchs ist die Gesamthand[47], Schuldner ist ein einzelner Gesellschafter; auch mehrere Gesellschafter gemeinsam können Schuldner sein[48]. Die Sozialansprüche gehören zum Gesellschaftsvermögen und ihre Erfüllung kommt dem Gesellschaftsvermögen zugut[49].

*2. Einteilung in primäre Innenansprüche und Schadenersatzansprüche*

51  Innenansprüche können in primäre Innenansprüche (*Nr. 134 ff.*) und Schadenersatzansprüche (*Nr. 188 ff.*) eingeteilt werden[50]:

---

[45] SOERGEL-HADDING, § 705 N 54; MÜNCHKOMM-ULMER, § 705 N 176; JOB, 100.

[46] HASSOLD, 32; NITSCHKE, 49; SOERGEL-HADDING, § 705 N 47; eingeschränkt WEBER, GbR, 317.

[47] HADDING, Einzelklagebefugnis, 162.

[48] JOB, 98; STAUDINGER-KESSLER, § 705 N 54.

[49] BECKER, Art. 530 N 13.

[50] Vgl. SCHWENZER, 63 f.

1. Die *primären Innenansprüche* geben dem Träger einen Anspruch auf Erfüllung der primär geschuldeten Leistung. Ausgewählte gesetzliche primäre Innenansprüche werden im zweiten Kapitel im Einzelnen dargestellt. 52

2. Wird ein Innenanspruch nicht oder nicht richtig erfüllt, oder werden sonstige Pflichten aus dem Gesellschaftsverhältnis verletzt, können *Schadenersatzansprüche* entstehen. Neben Schadenersatzansprüchen können dem Träger des Anspruchs weitere Rechte als Folge von Leistungsstörungen erwachsen (z.B.: *Nr. 194, 206, 210 ff.*). Insbesondere hat die durch Zufall bewirkte Leistungsunmöglichkeit des Beitragsanspruchs (*Nr. 164 ff.*) einen Anspruch auf Wertersatz (*Nr. 194*) zur Folge haben. 53

### III. Träger des Innenanspruchs

Träger des Innenanspruchs ist der Gläubiger, dem der Anspruch zusteht[51]. Mögliche Träger von Innenansprüchen in der einfachen Gesellschaft sind – wie im Zusammenhang mit den Arten des Innenanspruchs bereits gesagt (*Nr. 45 ff.*) – die einzelnen Gesellschafter (1.) und die Gesamthand (2.). 54

*1. Einzelne Gesellschafter*

Ein einzelner oder mehrere Gesellschafter können Träger von Innenansprüchen sein. Folgende Verhältnisse kommen vor: 55

1. Ein einzelner Gesellschafter ist Gläubiger eines Individualanspruchs, der sich gegen einen oder mehrere andere Gesellschafter oder gegen die Gesamthand richtet. 56

---

[51] VOGEL/SPÜHLER, 206 N 91. – Die Trägerschaft ist die Fähigkeit, Zuordnungssubjekt von subjektiven Rechten und Pflichten zu sein (HENNECKE, 45 f.; vgl. JAUERNIG, 70, der von Trägerschaft der Verbindlichkeit spricht; zum Ganzen CLOSS, 64).

57  2. Mehrere einzelne Gesellschafter sind (gemeinsam) Gläubiger desselben Individualanspruchs, der sich wiederum gegen einen oder mehrere andere Gesellschafter oder gegen die Gesamthand richtet.

58  Beispiel: Gesellschafter A und B bringen ein Fahrzeug, das ihnen hälftig zu Miteigentum gehört, als Gesellschafterbeitrag quoad usum ins Gesellschaftsvermögen ein. Gesellschafter C zerstört den Wagen. A und B haben einen Schadenersatzanspruch aus dem Gsellschaftsverhältnis gegen C (allenfalls auch gegen die Gesamthand, wenn der Gesamthand die Handlung von C zugerechnet wird, dazu *Nr. 227 ff.*).

59  Das Rechtsverhältnis der mehreren Gläubiger untereinander ist nicht das Gesellschaftsverhältnis, weshalb daraus entstehende Ansprüche *gegeneinander* keine Innenansprüche sind.

## 2. Gesamthand

60  Von den einzelnen Gesellschaftern zu unterscheiden ist die (gesellschaftliche) Gesamthand. Nachfolgend behandle ich nach einer Einleitung (A.) zunächst den Begriff der Gesamthand (B.). Dann befasse ich mich mit ihrer Rechtsnatur, indem ich zunächst die schweizerischer Auffassung (C.) und danach ihre Rechtsnatur nach hier vertretener Ansicht darlege (D.).

### A. Einleitung

61  Die Gesamthand ist Tägerin von Sozialansprüchen (*Nr. 50*). Allerdings ist die Rechtsnatur der Gesamthand umstritten[52]. Im

---

[52] GROSSEN, 1:"Dans l'ensemble du droit privé suisse, peu d'institutions offrent autant de difficultés que la propriété commune. En doctrine, des points essentiels demeurent controversés."; DÜBI, 15; SCHMIDT, Gesellschaftsrecht, 203; SCHMIDT, Aussengesellschaft, 993, („[...] dogmengeschichtlich bemerkensweteste[n] Streitfrage]n] der letzten Jahrzehnte [...]"). Übersicht der Lehrmeinungen bei SCHMIDT,

vorliegenden Zusammenhang ist umstritten, ob die Gesamthand als solche oder die Gesamtheit der Gesellschafter Träger der Innenansprüche sind[53]. Nach herrschender schweizerischer Lehre und Rechtsprechung ist die einfache Gesellschaft, auch bei gesamthänderischer Ausgestaltung, nicht rechtsfähig (*Nr. 76 ff.*, vgl. aber *Nr. 74 f.*). Daraus ergibt sich, dass sie als solche weder Gläubigerin der Sozialansprüche noch Schuldnerin der Individualansprüche gegen die Gesamthand sein kann. Diese Ansicht wird hier nicht übernommen. Vielmehr bin ich der Auffassung, dass die gesamthänderische einfache Gesellschaft mit Rechtsfähigkeit ausgestattet ist und diese Gesamthand *als solche* Gläubigerin der Sozialansprüche und Schuldnerin der Individualansprüche gegen sie ist.

B. *Begriff*

1. Das Wort *Gesamthand* wird in vielen Bedeutungen verwendet. Bald bezeichnet es Gesellschaftsformen wie die einfache Gesellschaft[54], Kollektivgesellschaft und Kommanditgesellschaft, 62

---

Gesellschaftsrecht, 206 ff; weitere Hinweise auf die Lehrmeinungen bei MÜNCHKOMM-ULMER, § 705 N 129 Fn 370. – Nach VONZUN, 197, ist die typische einfache Gesellschaft nicht rechtsfähig, die atypische einfache Gesellschaft hingegen schon. Atypische einfache Gesellschaften sind solche Gesellschaften, die ein kaufmännisches Unternehmen betreiben (VONZUN, 230 f.; vgl. dazu aber GAUCH, Zweigbetrieb, Nr. 539 f.).

[53] Der Gebrauch der Wendung „die Gesamthand als solche" ist neuerdings umstritten: Der BGH weist darauf hin, dass der Zusatz „als solche" im 19. und beginnenden 20. Jahrhundert als Umschreibung für eine juristische Person verwendet worden ist (BGH NJW 2001 Heft 14, S. 1060). Diese Erkenntnis ist zwar von rechtshistorischer Bedeutung, für „[...] Gegenwart und Zukunft jedoch gilt: Jeder Rechtsträger ist „als solcher" rechts- und parteifähig". Soweit die einfache Gesellschaft rechts- und parteifähig ist, ist sie es deswegen als solche (SCHMIDT, Aussengesellschaft, 997).

[54] Statt vieler: BECKER, Art. 530 N 17.

bald bezeichnet es Gemeinschaften wie die Erbengemeinschaft[55], und die Gemeinderschaft[56], und bisweilen bezeichnet es ein allen gesamthänderischen Verbindungen zugrundeliegendes Prinzip[57].

63    2. Die gesamthänderische einfache Gesellschaft ist eine gesetzlich vorgesehene Erscheinungsform der Gesamthand. Mit Ausnahme des gleich folgenden Abschnitts (*Nr. 64 ff.*) beziehen sich meine Ausführungen zur Gesamthand, soweit sich aus dem Zusammenhang nichts anderes ergibt, nur auf die einfache Gesellschaft. Und ich verstehe die Gesamthand als *eine von den einzelnen Mitgliedern zu unterscheidende Gruppe mit Sondervermögen (Nr. 94 ff., 101)*[58].

### C. *Rechtsnatur nach schweizerischer Auffassung*

64    Nach schweizerischer Auffassung ist die Gesamthand nicht rechtsfähig. Diese Auffassung herrscht allerdings noch nicht seit langer Zeit. Zunächst behandle ich deshalb die Entwicklung zur heutigen Auffassung (a.) und hernach deren Einfluss auf die einfache Gesellschaft (b.). Abschliessend spreche ich von prozessualen Auswirkungen in der Durchsetzung (c.).

*a)*    *Entwicklung zur heutigen Auffassung*

65    Die heutige Auffassung von der Rechtsnatur der Gesamthand ist das Ergebnis eines Theorienstreits zur Rechtsnatur des Gesamteigen-

---

[55]    Zum Beispiel GRUNEWALD, Rechtsfähigkeit, 305 ff. und TUOR/SCHNYDER, 668, 723.

[56]    Zum Beispiel TUOR/SCHNYDER/RUMO-JUNGO, 475.

[57]    Beispielsweise FLUME, AT I, 1 ff.; vgl. auch TUOR/SCHNYDER/SCHMID, 826 („Grundverhältnis"); COURVOISIER, 33.; CARONI, 309 f.; DÜBI, 13.

[58]    Damit schliesse ich mich in der vorliegenden Arbeit der von FLUME begründeten Gruppentheorie an, die von der herrschenden deutschen Lehre und neuerdings auch vom deutschen Bundesgerichtshof vertreten wird (vgl. MÜNCHKOMM-ULMER, § 705 N 129 m.w.H.).

tums[59]. Zunächst folgte die herrschende schweizerische Lehre und Rechtsprechung lange Zeit der Theorie der ungeteilten Gesamtberechtigung (aa.). Erst in der zweiten Hälfte des 20. Jahrhunderts schwenkte die Lehre allmählich auf die Theorie der Trägerschaft der Gesamthänder ein (bb.).

*aa)   Theorie der ungeteilten Gesamtberechtigung*

1. OTTO GIERKE entwickelte im ausgehenden 19. Jahrhundert die *Theorie der ungeteilten Gesamtberechtigung*[60]. Nach GIERKE war die Gesamthand eine „kraft der gesammten Hand [...] verbundene Personenmehrheit [und] als solche rechtsfähig"[61]. Eine solche Personenmehrheit hat dieser Auffassung nach Rechte und Pflichten, die jedoch weder einer von den verbundenen Personen verschiedenen Verbandsperson (juristischen Person), noch den einzelnen Personen für sich zustehen[62]. Die Theorie von GIERKE fasst die Gesamthänder zu einer gedanklichen Einheit zusammen, das heisst einer Trägerin – der Gesamthand – steht *ein* subjektives Recht zu[63]. Nach GIERKE ist die Gesamthand rechtsfähig, ohne dass sie juristische Person ist[64].

2. Die Theorie der ungeteilten Gesamtberechtigung von GIERKE wurde mannigfach weiterentwickelt[65]. In der Schweiz war die

---

[59]   Vgl. statt vieler STEINAUER, 381.

[60]   JÖRGES, 174 f.

[61]   GIERKE, DPR, 682.

[62]   GIERKE, DPR, 682. Vgl. auch PIOTET, 23 f. und COURVOISIER, 33. Ungenau CRANE, Criticism, 763 und CRANE, Legal Persons, 840.

[63]   VONZUN, 60 f.; vgl. auch VOGELSANG, 95.

[64]   CORDES, 546; VONZUN, 61: „[...] rechtsfähige Einheit, jedoch keine Rechtsperson.".

[65]   Vgl. z. B. CLOSS, 64 ff.; VONZUN, 64 ff. Kritisch dazu PIOTET, 23 f.:" La doctrine dominante allemande a été imitée, comme trop souvent, par la doctrine suisse [...]".

Theorie lange die herrschende Auffassung in Lehre[66] und Rechtsprechung[67]. Sie wird in der Schweiz heute zwar noch vertreten[68], kann indessen nicht mehr als herrschend betrachtet werden[69]. Die Theorie der ungeteilten Gesamtberechtigung wurde – im Gegensatz zu Deutschland – vorwiegend als eine *sachenrechtliche* Theorie zur Erklärung der Rechtsnatur des Gesamteigentums diskutiert[70]. Im Einzelnen:

68  a. Bereits vor Erlass des ZGB war die Theorie der ungeteilten Gesamtberechtigung vorherrschend[71]. Es bestand Gesamteigentum „als eine besondere Art des Eigentums in der Gesetzgebung der Kantone Zürich, Schaffhausen und Graubünden, und zwar in dem Sinne, wie [..] in der Wissenschaft des deutschen Rechtes"[72]. Das Eigentum stand dieser Ansicht nach einer dauernden Gemeinschaft zu, welche auf persönlicher Verbindung, wie Gemeindeverband oder Vertragsobligation, oder auf familienrechtlichen Verhältnissen beruht[73]. Nach dieser Konzeption war der persönliche Verbund Träger der Rechte im Gesellschaftsvermögen.

---

[66] MEIER-HAYOZ, 3, Art. 652 N 7, 9; LIVER, SPR, 108; VONZUN, 60.

[67] BGE 50 II 220 (zur Erbengemeinschaft); BGE 51 II 270 (zur Erbengemeinschaft); ZR 18 S. 98; ZR 23 S. 258; ZBJV 52 S. 449; BlZüR, 12, 212; BlZür 18, 117. **A.M.** Schweizer Blätter für Handelsrechtliche Entscheidungen, VI. Band, 1887, S. 368 (im Aussenverhältnis). – Auch der Gesetzgeber neigte zu deutschrechtlichen Anschauungen (CARONI, 311).

[68] HAAB/SIMONIUS/SCHERRER/ZOBL, Vorbem. ZGB 646-654, N 12; vgl. auch: MEIER-HAYOZ, 5, Art. 652 N 14; LIVER, SPR, 108.

[69] MEIER-HAYOZ, 5, Art. 652 N 14.

[70] MEIER-HAYOZ, 3, Art. 652 N 7.

[71] HAAB/SIMONIUS/SCHERRER/ZOBL, Vorbem. zu ZGB 646-654 N 10. Vgl. auch WIELAND, 50.

[72] HUBER, 149.

[73] HUBER, 150.

b. Nach Erlass des ZGB[74] orientierte sich die schweizerische 69 herrschende Lehre und Rechtsprechung weiterhin an der Theorie der ungeteilten Gesamtberechtigung[75]. MEIER-HAYOZ war früher einer der Hauptvertreter der Theorie[76]. Seiner früheren Ansicht nach steht die Trägerschaft der Rechte bei Gesamteigentum den Gesamthändern nicht in der Weise zu, dass jedem ein selbständiges Recht an der gemeinsamen Sache zukommt, sondern die Gemeinschaft aller Gesamthänder ist – einheitlich und ungeteilt – Eigentümerin der Rechte im Gesellschaftsvermögen[77]. Gesamteigentum nach dieser Konzeption vermittelt *ein einziges* subjektives Recht; im Gegensatz dazu bestehen bei Miteigentum *so viele subjektive Rechte* wie es Miteigentümer gibt[78]. Das Gesamteigentum nähert sich damit dem Eigentum einer Körperschaft[79]. Im Unterschied zum Alleineigentum einer juristischen Person ist aber nach MEIER-HAYOZ nicht die

---

[74] Art. 652 ZGB ist *sedes materiae* des Gesamteigentums. Die Materialien zu Art. 652 ZGB vermögen jedoch die Frage der Trägerschaft in der Gesamthand nicht zu klären. Die Erläuterungen des Eidgenössischen Justiz- und Polizeidepartements zum Vorentwurf äussern sich nicht zur Frage der Rechtsträgerschaft in der Gesamthand (vgl. ERLÄUTERUNGEN I und II). Die Botschaft zum ZGB enthält ebenfalls keine Angaben zu dieser Frage (BOTSCH. 04/07, S. 60 ff.); auch in den parlamentarischen Beratungen im National- und im Ständerat scheint die Frage der Rechtsträgerschaft nicht diskutiert worden zu sein (vgl. STENBÜL ZGB NR, 516 ff.; STENBÜL ZGB SR, 1254 ff.).

[75] HAAB/SIMONIUS/SCHERRER/ZOBL, Vorbem. zu ZGB 646-654, N 10; GROSSEN, 4 (die westschweizerische Lehre spricht von der „Théorie de la cotitularité indivise); VONZUN, 60.

[76] Vgl. MEIER-HAYOZ, 3, Art. 652 N 7 ff.

[77] MEIER-HAYOZ, 3, Art. 652 N 9.

[78] VONZUN, 65.

[79] MEIER-HAYOZ, 3, Art. 652 N 9. Vgl. auch FABRICIUS, 118 (dazu auch BYDLINSKI, 114 f.).

Gemeinschaft als solche eigentumsfähig ist, sondern die Gesamtheit der sie bildenden Gemeinschafter[80].

*bb) Theorie der Trägerschaft der Gesamthänder*

70   1. Im Jahre 1963 publizierte ROMANO KUNZ seine Dissertation[81] zur Rechtsnatur der Gesamthand. Im Gegensatz zur Theorie der ungeteilten Gesamtberechtigung (*Nr. 66*) sind nach KUNZ Träger der Rechte im Gesellschaftsvermögen die einzelnen Gesellschafter in ihrer Gesamtheit[82]. Bezüglich der *Verfügungen* über das Vermögen der Gesamthand liegt nach KUNZ zwar eine Einheit vor, bezüglich der *Trägerschaft* der Rechte im Gesellschaftsvermögen hingegen eine Vielheit[83]. Somit bestehen so viele subjektive Rechte wie es Gesamthänder hat[84].

71   2. Im Anschluss an die Publikation der These von KUNZ, leitete MEIER-HAYOZ einen Wechsel in der schweizerischen Auffassung der

---

[80]   MEIER-HAYOZ, 3, Art. 652 N 9. – MEIER-HAYOZ's Unterscheidung zwischen der *Gemeinschaft als solcher* und der *Gesamtheit der sie bildenden Gemeinschafter* ist indes nur sprachlicher Art. Für die Frage der Trägerschaft ist allein massgebend, dass an einer Sache im Gesamteigentum nur *ein* subjektives Recht der Gesamthand und nicht mehrere subjektive (Teil-)Rechte der Gesamthänder bestehen und ein Gesellschafter nicht alleine über das subjektive Recht (oder auch nur einen Teil davon) verfügen kann. – Zur Kritik der Ansicht von MEIER-HAYOZ vgl. HAAB/SIMONIUS/SCHERRER/ZOBL, Vorbem. zu ZGB 646-654, N 12.

[81]   Zur Kritik der in diesem Werk vertretenen Lehrmeinung: SCHÜNEMANN, 96 ff. und LIVER, Gemeinschaftliches Eigentum, 261 ff. insbesondere 266 ff.; zur Rezension der Dissertation: BRECHER, 362 ff. und LIVER, Gemeinschaftliches Eigentum, 261 ff. Vgl. auch PIOTET, 31.

[82]   KUNZ, 71 ff.

[83]   KUNZ, 110.

[84]   MEIER-HAYOZ, 5, Art. 652 N 17.

Rechtsnatur der Gesamthand ein[85]: In der dritten Auflage seines Kommentars zum Sachenrecht führte er noch aus, dass „[...] das Eigentum als einheitliches und ungeteiltes der Gesamthandschaft [...]"[86] zusteht, und berief sich ausdrücklich auf die von GIERKE begründete und von der herrschenden Lehre und Praxis vertretene Theorie der ungeteilten Gesamtberechtigung[87]. In der vierten Auflage desselben Kommentars übernahm er die Theorie von ROMANO KUNZ und vollzog einen Wechsel in Bezug auf die Trägerschaft der Rechte in der Gesamthand[88]. Nach seiner nunmehr neuen Ansicht ist in der Gesamthand jeder einzelne Gesamthänder Träger der Rechte, und die Gesamthand ist nicht eigentumsfähig[89].

---

[85] Vgl. MEIER-HAYOZ, 4, Art. 652 N 7. Dazu auch PIOTET, 30.

[86] MEIER-HAYOZ, 3, Art. 652 N 9. Dazu:„[...] Rechtsträgerin ist die Gemeinschaft aller Gesamthänder; der Einzelne hat keinen abgegrenzten Teil am Vermögen [...]" (MEIER-HAYOZ, 3, Art. 652 N 7). Folgerichtig muss nach MEIER-HAYOZ denn auch der Name der einfachen Gesellschaft, so sie ausnahmsweise einen hat, im Grundbuch zur Bezeichnung des Eigentümers eingetragen werden (MEIER-HAYOZ, 3, Art. 652 N 29).

[87] MEIER-HAYOZ, 3, Art. 652 N 7.

[88] MEIER-HAYOZ, 4, Art. 652 N 7: „Damit wird die von GIERKE (DPR, 660 ff; Genossenschaftstheorie 339 ff) begründete und von der herrschenden Praxis und Doktrin in der Schweiz vertretene Theorie der ungeteilten Gesamtberechtigung (Rechtsträgerin ist die Gemeinschaft aller Gesamthänder; der Einzelne hat keinen abgegrenzeten Teil am Vermögen) z.T. abgelehnt: Betrachtet man die Gesamthand als Trägerin des Gesamthandsvermögens, so liegt eben eine Personeneinheit, also eine juristische Person vor [...]. Man kann nicht einerseits die Einheit bejahen und andererseits die Rechtspersönlichkeit verneinen".

[89] MEIER-HAYOZ, 4, Art. 652 N 9 spricht von mehrfacher Rechtszuständigkeit.

72    3. Soweit die *neuere* sachenrechtliche Literatur die Trägerschaft der Rechte bei Gesamteigentum überhaupt behandelt, folgt sie überwiegend der Theorie der Trägerschaft der Gesamthänder[90].

*b)    Einfluss auf die einfache Gesellschaft*

73    Die schweizerische Auffassung der Rechtsnatur der Gesamthand hatte Einfluss auf das Verständnis der einfachen Gesellschaft[91]. Der *Gesetzgeber* des heutigen OR hat es zwar unterlassen, die Rechtsnatur der einfachen Gesellschaft aufgrund des dannzumal neu eingeführten Gesamthandsprinzips zu regeln[92]. Indessen haben *Lehre* und *Rechtsprechung* die Rechtsnatur der einfachen Gesellschaft behandelt. Die lange Zeit vorherrschende Theorie der ungeteilten Gesamtberechtigung (*Nr. 66*) zeitigte einen gewissen Einfluss auf die ältere Lehre und kantonale Rechtsprechung[93]. Die neuere Lehre und die Rechtsprechung des Bundesgerichts hingegen stehen auf dem

---

[90]    REY, 237 Nr. 980; WICHTERMANN, Art. 652 N 16, 24 (vgl. immerhin N 12). Keine Stellungnahme hingegen bei SCHMID (vgl. SCHMID, Sachenrecht, N 791 und 798); unklar auch TUOR/SCHYDER/SCHMID, 827 f. – vgl. immerhin TUOR/SCHNYDER, 668 und 635 (Erbfähigkeit der Gesamthand). A.M. STEINAUER, 381.

[91]    A.M. VONZUN, 24 nach welchem der Wechsel vom Miteigentumsverhältnis des aOR zum Gesamteigentumsverhältnis des heutigen OR gar keinen Einfluss auf das Verständnis der Rechtsnatur der einfachen Gesellschaft gehabt hat.

[92]    FELLMANN, Grundfragen, 288. – Eine Kritik des Gesetzgebers von VOGELSANG, 29:„Mais il n'est pas moins certain que ses auteurs [i.e.: der historische Gesetzgeber] aient eu le tort de n'entreprendre qu'une réforme incomplète. En donnant à la société simple la même structure patrimoniale qu'à la société en nom collectif, il eût été normale de lui conférer une unité pour le moins externe qui lui eût permis d'ester en justice, en tant que société, de faire inscrire les immeubles sociaux à un chapitre distinct de celui de ses membres et d'avoir un siège social bien déterminé.".

[93]    Vgl. VONZUN, 60.

Boden der Theorie der Trägerschaft der Gesamthänder (*Nr. 70*). Im Einzelnen:

1. Verschiedene frühe Autoren sprechen der einfachen Gesellschaft (in unterschiedlichem Masse) *Rechtsfähigkeit* zu. Nach GUHL steht der *Gesamthand* in erheblichem Umfang Rechtsfähigkeit zu, sie ist Trägerin von Rechten und Pflichten, ohne dass sie juristische Person ist[94]. Ihre Rechtsfähigkeit ergibt sich nach GUHL indessen nicht aus gesetzlichen Bestimmungen, wie sie etwa bei der Kollektiv- und Kommanditgesellschaft vorkommen, sondern ist vielmehr eine „[...] Wirkung des materiellen Gemeinschaftsrechtes [...]"[95]. Deswegen komme die Rechtsfähigkeit auch den andern Gesamthandsverhältnissen (wie etwa der einfachen Gesellschaft) zu, auch wenn dies nicht ausdrücklich im Gesetz stehe[96]. SIEGWART stimmt dieser Ansicht im Zürcher Kommentar zur einfachen Gesellschaft zu und spricht „[...] von einer Art beschränkter Rechtsfähigkeit und Handlungsfähigkeit [...]"[97] der einfachen Gesellschaft[98]. Trotz dieser vereinzelten Voten für die Rechtsfähigkeit der einfachen Gesellschaft wurde deren *Parteifähigkeit* von der h.L. verneint[99]. Nach VOGELSANG schliesslich sind die Nachteile der von der herrschenden Ansicht vertretenen fehlenden Parteifähigkeit der einfachen Gesellschaft derart schwerwiegend, dass man der

74

---

[94] GUHL, 7 f. – Etwa zeitgleich aber a.M. VOLKART, 1, anlässlich eines Referates für die Herbstversammlung der Notare in Winterthur.

[95] GUHL, 8.

[96] GUHL, 7. – *Ausdehnung* und *Umfang* der Rechtsfähigkeit sind dieser Lehrmeinung nach nicht notwendigerweise bei allen Gesamthandsverhältnissen gleich.

[97] SIEGWART, Vorbem. zu Art. 530-551 N 16, vgl. aber N 119.

[98] Trotz dieser Art beschränkter Rechtsfähigkeit akzeptiert SIEGWART, dass die herrschende Ansicht der Gesellschaft in der Regel die Parteifähigkeit versagt und deswegen die einzelnen Gesellschafter klagen oder verklagt werden müssen (SIEGWART, Vorbem. zu Art. 530-551 N 119 f.).

[99] SIEGWART, Vorbem. zu Art. 530-551 N 119.

einfachen (Aussen-)Gesellschaft (vgl. Fn 2) *de lege ferenda* Parteifähigkeit zuerkennen solle.

75     2. In der kantonalen Rechtsprechung wurde die *Parteifähigkeit* der einfachen Gesellschaft (früher) bisweilen anerkannt[100]. Beispielsweise hat das zürcherische Obergericht festgestellt, dass die Rechtswirkung eines von einer einfachen Gesellschaft oder gegen sie erfochtenen Entscheides sich (immerhin auch) auf die Gesellschaft als solche, die im Verfahren Partei war, bezieht[101]. Auch die *Cour de Justice Civile*, das zweitinstanzliche Zivilgericht des Kantons Genf, hat einen Prozess zwischen einer Kollektivgesellschaft mit zwei Mitgliedern als Klägerin und einer einfachen Gesellschaft, in welcher dieselben zwei Kollektivgesellschafter auch Gesellschafter waren, als Beklagte zugelassen[102]. Die Tatsache, dass die beiden Mitglieder einerseits als Kollektivgesellschafter auf der einen Seite und als einfache Gesellschafter auf der anderen Seite am Prozess beteiligt sind, habe keinen Einfluss, denn "[j]uridiquement, ils constituent, en leurs diverses qualités, des personnalités juridiques différentes"[103].

76     3. Das Bundesgericht verneinte die *Rechtsfähigkeit* der einfachen Gesellschaft seit jeher[104]. Die neuere Lehre zur einfachen

---

[100]    Vgl. SIEGWART, Vorbem. zu Art. 530-551 N 119. – Vgl. auch den Fall, der BGE 100 Ia 394 zugrundeliegt: Das Komitee für Indochina, das (wohl) eine einfache Gesellschaft war, wurde im kantonalen Verfahren als Partei und Trägerin von verfassungsmässigen Rechten behandelt. Das Bundesgericht allerdings trat auf die staatsrechtliche Beschwerde des Komitees nicht ein, und zwar mit der Begründung, dass dem Komitee die Legitimation zur selbständigen Einreichung fehle, weil es keine juristische Person sei (vgl. dazu SCHMIDT, Rechtsträgerin, 719).

[101]    BlZüR 18, 117.

[102]    Semjud 20, 407 ff.

[103]    Semjud, 20, 409.

[104]    BGE 41 II 188; 43 III 177 f.; 51 III 98; 71 I 184; 72 III 43; 78 I 106; 79 I 181; 84 II 382; 88 II 230; 96 III 103; 100 Ia 394; BGE vom 6. Oktober

Gesellschaft folgt der bundesgerichtlichen Auffassung fast einhellig[105]. Sowohl Bundesgericht als auch *neuere* Lehre stehen fest auf dem Boden der Theorie der Trägerschaft der Gesamthänder (*Nr. 70*); ihrer Ansicht nach sind die einzelnen Gesellschafter Träger der Rechte im Gesellschaftsvermögen. Soweit das Fehlen von Rechtsfähigkeit überhaupt begründet wird, wird aber eher selten die sachenrechtliche Theorie bemüht[106]. Vielmehr wird gemeinhin ins Feld geführt, dass der einfachen Gesellschaft die Rechtsfähigkeit abgehe, weil sie keine juristische Person sei[107]. Dieser Einwand überzeugt nicht:

– Erstens geht die Schlussfolgerung von der (unausgesprochenen) Prämisse aus, dass es nur zwei Arten von Trägern von Rechten gibt, natürliche und juristische Personen. Indessen gibt es nicht nur zwei, sondern zumindest drei Arten von Rechtsträgern[108]. Dies findet auch in Art. 562 OR und in Art. 602 OR gesetzlich

77

---

2000 (I. Zivilabteilung) Nr. 4C.218/2000/rnd, Erwägung 2b. Vgl. auch BGE 48 II 153 f. – Vgl. auch GAUCH/AEPLI/STÖCKLI, Art. 530 N 2.

[105] VON STEIGER, 446; HANDSCHIN, Art. 530 N 6; MEIER-HAYOZ/FORSTMOSER, 255 N 15; VON BÜREN, 247; FELLMANN/MÜLLER, Art. 530 N 3; FELLMANN, Grundfragen, 288 (vgl. aber immerhin FELLMANN, Grundfragen, 289, nach welchem die Gesamthand den Gesellschaftern die Möglichkeit gewährt, gemeinsam als Personenverband und Zuordnungssubjekt von Rechten und Verbindlichkeiten am Rechtsverkehr teilzunehmen.); vgl. auch SIEGWART, Vorbem. zu Art. 530-551 N 119 (zur Parteifähigkeit). A.M. VONZUN, 231 (für die kaufmännische einfache Gesellschaft).

[106] Vgl. etwa VONZUN, 197 f.

[107] Zum Beispiel: BGE 41 II 188; BGE 100 Ia 394; MEIER-HAYOZ/FORSTMOSER, 255 N 15; HANDSCHIN, Art. 530 N 6; STRITTMATTER, 6. Vgl. auch BECKER, Art. 530 N 3; VON STEIGER, 326, 329; SIEGWART, Vorbem. zu Art. 530 – 551 N 16. – Vgl. neuerdings VOGELSANG 132, 146.

[108] So schon GUHL, und neuerdings ausdrücklich der BGH, vgl. BGH NJW 2001 Heft 14, 996. Weiters auch ULMER, Gesamthandsgesellschaft, 119 ff.; CORDES, 546; FABRICIUS, 118; ausführlich HADDING, FS Kraft, 139.

seinen Ausdruck: Kollektiv- und Kommanditgesellschaften können Trägerinnen von Rechten und Pflichten sein, ohne dass sie juristische Personen sind[109]. Die fehlende juristische Persönlichkeit spricht also nicht gegen die Rechtsfähigkeit der Gesamthand[110].

78 – Und zudem ist auch die (ausgesprochene) Prämisse, dass die Gesamthand keine juristische Person ist, nicht unumstritten[111]. Ohne auf diese Lehrmeinung weiter einzugehen, kann jedenfalls gesagt werden, dass von der herkömmlichen Unterscheidung zwischen juristischen Personen und Personengesellschaften keine Rechtsfolgen (wie das Fehlen von Rechtsfähigkeit) abgeleitet werden können.

---

[109] GUHL, 2, 8; SIEGWART, Stellungnahme, 356 f.; GAUCH, Zweigbetrieb, Nr. 539; GAUCH, Gedanken, 79; vgl. Riemer, Systematischer Teil, N 37 ff.; vgl. auch BGE 56 III 135. A.M. HARTMANN, Art. 562 N 2 m.w.H. ; STRITTMATTER, 8.

[110] So auch SIEGWART, Vorbem. zu Art. 530 – 551 N 16. – Die Zuerkennung juristischer Persönlichkeit ist im Hinblick auf die Rechtsfähigkeit der einfachen Gesellschaft irrelevant; sie ist kein geeignetes Kriterium, um daraus Schlussfolgerungen für die Ordnung von konkreten Einzelfragen abzuleiten (SIEGWART, Vorbem. zu Art. 530–551 N 16). So auch schon GROSSEN, 4: „Le législateur peut ainsi, sans contradiction nécessaire, reconnaître à une communauté déterminée la jouissance et l'exercice de certains droits, sans aller jusqu'à lui conférer la personnalité".

[111] RAISER, Gesamthand, 495; RAISER, Begriff, 104 ff.; GRUNEWALD, Rechtsfähigkeit, 305 ff. – Eine weitere Lehrmeinung betrachtet die Diskussion um die juristische Persönlichkeit immerhin als noch nicht beendet (SCHMIDT, Aussengesellschaft, 996, m.w.H.). Nach herrschender deutscher Lehre hingegen kommt der bürgerlichen Gesellschaft keine juristische Persönlichkeit zu (ANSAY, 7). – Vgl. FÖGEN, 393 ff. zum Wesen der juristischen Person.

*c) Prozessuale Auswirkungen in der Durchsetzung*

Nach der Lehre und Rechtsprechung, die heute in der Schweiz 79
vorherrschen, ist die einfache Gesellschaft – entgegen der hier vertretenen Auffassung (*Nr. 94 ff.*) – aufgrund ihrer fehlenden Rechtsfähigkeit auch nicht parteifähig[112]. Dies hat Auswirkung auf die prozessuale Durchsetzung von Innenansprüchen (aa.) und von Aussenansprüchen (bb.).

*aa) Durchsetzung von Innenansprüchen*

1. Klagen, die aus einem Recht hergeleitet werden, das mehreren 80
Berechtigten gesamthänderisch zusteht, müssen nach der heute herrschenden schweizerischen Meinung von allen Gesamthändern als notwendigen Streitgenossen erhoben werden (vgl. demgegenüber *Nr. 104 ff.*)[113]. Im Einzelnen bedeutet dies:

a. Klagt die *Gesamthand einen Sozialanspruch* gegen einen 81
Gesellschafter ein, dann müsste jeder Gesellschafter als Kläger auftreten, da Sozialansprüche nach der herrschenden Lehre allen Gesellschaftern gesamthaft zustehen[114]. Die Rechtsprechung hat präzisiert, dass bei einem Anspruch mehrerer Gesamtberechtigter gegen einen einzelnen Mitberechtigten letzterer nicht auf der

---

[112] VOGEL/SPÜHLER, 137 N 13 f.; FELLMANN/MÜLLER, Art. 530 N 3; GULDENER, 125 Fn 7; FRANK/STRÄULI/MESSMER, §§ 27/28 N 16; LEUENBERGER/UFFER-TOBLER, Art. 38 Ziff. 4.b; LEUCH/MARBACH, Art. 35 Ziff. 1.b. BGE 96 III 103 und zuletzt: BGE vom 6. Oktober 2000 (I. Zivilabteilung) Nr. 4C.218/2000 rnd, Erwägung 2 und 4. – Anders das italienische Recht, wo die società semplice selbständig partei- und prozessfähig ist (HOFMANN, 5).

[113] GULDENER, 296.

[114] VOGEL/SPÜHLER, 144 N 51

Klägerseite teilnehmen muss, sondern nur als Beklagter aufzutreten hat[115].

82  b. Klagt der einzelne *Gesellschafter einen Individualanspruch* gegen die Gesamthand ein, dann muss er – analog zur Klage der Gesamthand gegen einen Gesellschafter – (nur) alle *übrigen* Gesellschafter (und nicht alle Gesellschafter und sich selbst) einklagen[116]. Insbesondere ist es erforderlich, auch diejenigen Gesellschafter einzuklagen, die bei der Beschlussfassung darüber, ob der Individualanspruch freiwillig zu erfüllen ist, für dessen freiwillige Erfüllung gestimmt haben. Dieses Erfordernis ist deswegen unbillig, weil die Prozesskosten und die Parteientschädigung bei Gutheissung der Klage allen übrigen Gesellschaftern auferlegt werden. Vom Erfordernis, dass alle übrigen Gesellschafter einzuklagen sind, gibt es gemäss Rechtsprechung insofern eine Ausnahme, dass Gesellschafter, welche das Klagebegehren von vorneherein anerkennen, nicht in den Prozess einbezogen werden müssen[117]. Die Anerkennung des Klagebegehrens muss im Prozess aber schlüssig nachgewiesen sein.

83  2. Die Praxis hat zum Erfordernis der notwendigen (aktiven) Streitgenossenschaft Ausnahmen zugelassen:

---

[115] BGE 54 II 243; BGE 74 II 217; vgl. GULDENER, 296 Fn 3; vgl. VOGEL/SPÜHLER, 144 f. N 54. Dazu auch GEIGER, 97, nach welchem die Teilnahme des Beklagten als Kläger „[...] offensichtlich unmöglich [...]" ist.

[116] Ungenau deswegen VOGEL/SPÜHLER, 144 N 52, dessen Aussage nur für das Aussenverhältnis stimmt, im Innenverhältnis hingegen besteht keine Solidarhaftung nach Art. 544 Abs. 3 OR. – Streng genommen müsste man – so man der herrschenden Auffassung über die Trägerschaft der Rechte in der einfachen Gesellschaft folgt – einem erstrittenen Titel *gegen alle übrigen Gesellschafter* die Vollstreckung ins Gesamthandvermögen versagen, da der Kläger, der ja nicht als Beklagter auf dem Titel erscheint, der herrschenden Ansicht nach ebenfalls am Gesamthandvermögen (direkt) berechtigt ist.

[117] BGE 113 II 37; 112 II 310; 86 II 455; 74 II 217.

- Ein einzelner Gesamthänder kann ausdrücklich auf die Teilnahme an einer Klage verzichten und erklären, sich dem Urteil zu unterziehen[118]. Weigert er sich, eine Verzichtserklärung abzugeben, so muss er als (weiterer) Beklagter in den Prozess einbezogen werden[119]. Die Verzichtserklärung ist ungünstig, weil der Verzichtende materiellrechtlich trotzdem am Prozessergebnis beteiligt bleibt: Beispielsweise erhöht sich der Wert seines Gesellschaftsanteils bei erfolgreicher Durchsetzung des Sozialanspruchs, oder aber er ist durch die Auferlegung der Kosten mittelbar geschädigt (zum Reflexschaden: *Nr. 221, 224*). Überdies dürfte es oftmals schwierig sein, einen passiven Gesellschafter zur Abgabe einer Verzichtserklärung zu bewegen. Der Einbezug des sich weigernden Gesellschafter auf der Beklagtenseite indes ist macht wenig Sinn: Der sich weigernde Gesellschafter ist nicht passivlegitimiert, weil er nicht Schuldner des eingeklagten Anspruchs ist. 84

- Ein einzelner Gesamthänder (oder ein Dritter) kann bei zeitlicher Dringlichkeit im Namen aller Gesamthänder klagen[120]. Dabei handelt er als Stellvertreter der übrigen Gesellschafter. Diese Vorgehensweise birgt ein erhebliches Risiko, auch wenn die Zulässigkeit der Stellvertretung gesellschaftsvertraglich vorgesehen ist. Erklärt einer der Gesellschafter, dass er nicht klagen mag, oder nimmt er im Laufe des Prozesse Abstand von der Klage, muss der Richter die Klage wegen fehlender Aktivlegitimation abweisen. Zudem kann der Vollmachtgeber (auch wenn die Vollmacht im Gesellschaftsvertrag erteilt wurde) gemäss Art. 34 Abs. 1 OR die Vollmacht jederzeit widerrufen. Auf das Recht, die Vollmacht jederzeit zu widerrufen, kann der Vollmachtgeber 85

---

[118] VOGEL/SPÜHLER, 145 N 54; BGE 74 II 217; BGE 86 II 455; BGE 112 II 310; BGE 113 II 37.
[119] BGE 113 II 140 Erw. 2c; BGE 109 II 400; ZR 1985 Nr. 67.
[120] BGE 121 III 122; BGE 93 II 11 Erw. 2b; 73 II 170.

gemäss Art. 34 Abs. 2 OR unabhängig vom Zeitpunkt nicht verzichten[121].

*bb) Exkurs: Durchsetzung von Aussenansprüchen*

86  1. Im Aktivprozess der Gesellschaft zur Durchsetzung von *dinglichen* und *obligatorischen* Rechten[122] im Aussenverhältnis bilden nach herrschender Meinung alle Gesellschafter eine notwendige Streitgenossenschaft[123].

87  2. Im Passivprozess eines Dritten gegen die Gesamthand müssen alle Gesellschafter als notwendige Streitgenossen beklagt werden, soweit es sich um *dingliche Rechte*[124] gegen die Gesamthand handelt[125]. Bei der Durchsetzung von *obligatorischen Rechten* gegen die Gesamthand sind zwei Fälle zu unterscheiden:

88  a. Ist zwischen dem Gesellschafter und dem Dritten in Bezug auf die Haftung für die eingegangenen Verpflichtungen nichts vereinbart worden, dann können insbesondere folgende drei Fälle auftreten:

---

[121] GAUCH/SCHLUEP/SCHMID, Nr. 1366 f. m.w.H.

[122] Gleich verhält es sich bei Immaterialgüterrechten und weiteren absoluten Rechten.

[123] VOGEL/SPÜHLER, 137 N 13 f. und 144 N 51 f.; GULDENER, 125 Fn 7; FRANK/STRÄULI/MESSMER, §§ 27/28 N 16; LEUENBERGER/UFFER-TOBLER, Art. 38 Ziff. 4.b; LEUCH, Art. 35 Ziff. 1.b.; GEIGER, 95 und 99, allerdings mit der Einschränkung, dass eine Klage possessorischer Natur gegen den Störer (und nicht notwendigerweise gegen alle Gesamthänder) gerichtet werden muss. – Liegt eine notwendige Streitgenossenschaft vor und klagen nicht alle notwendigen Streitgenossen, so wird der Richter die Klage wegen fehlender Sachlegitimation abweisen (VOGEL/SPÜHLER, 146 N 57; unklar SCHRANER, Art. 70 N 32).

[124] Gleich verhält es sich bei Immaterialgüterrechten und weiteren absoluten Rechten.

[125] VOGEL/SPÜHLER, 144 N 52; GULDENER, 125 Fn 7 und 140 Fn 4; LEUENBERGER/UFFER-TOBLER, Art. 44 Ziff. 3.a.

- Jeder Gesellschafter haftet nach Art. 544 Abs. 3 OR für die gemeinschaftlich oder durch durch Stellvertretung eingegangenen Verpflichtungen solidarisch[126]. Aus diesem Grund kann jeder Gesellschafter alleine für die ganze Schuld eingeklagt werden. Dies ist der Regelfall.  89

- Es kann eine Schuld vorliegen, die nur von allen Gesellschaftern *gemeinsam erbracht werden kann.* Alsdann spricht man von gemeinschaftlicher Schuldnerschaft[127]. Gemeinschaftliche Schuldnerschaft kommt beispielsweise vor, wenn eine Theatergruppe in der Form einer einfachen Gesellschaft einem Veranstalter die Vorführung eines Stückes verspricht, an dem alle Gesellschafter mitspielen[128]. Der primäre Erfüllungsanspruch richtet sich gegen alle Gesellschafter, und diese können die Leistung nur gemeinsam erbringen. Im Prozess müssen alle Gesellschafter als notwendige Streitgenossen eingeklagt werden. Wird der Anspruch – zum Beispiel wegen verschuldeter Unmöglichkeit (der Darsteller der Hauptfigur ist betrunken und kann deswegen nicht auftreten) – nicht erfüllt, dann schuldet indes jeder Gesellschafter solidarisch den ganzen Schadenersatz[129].  90

---

[126] Gemäss einer Lehrmeinung gibt es im Aussenverhältnis gar keine Gesamthandschulden in dem Sinne, dass gegen alle Schuldner (Gesellschafter) gemeinsam auf Erfüllung geklagt werden müsste (GULDENER, 297 Fn 3; VON TUHR/ESCHER, 293). Diese Meinung ist unzutreffend, zutreffend ist aber, dass dies ein seltener Fall ist (GAUCH/SCHLUEP/REY, Nr. 3807).

[127] In der Lehre wird diese Form als „gemeinschaftliche Schuldnerschaft" bezeichnet (GAUCH/SCHLUEP/REY, Nr. 3806 ff.; MERZ, 115; BUCHER, OR AT, 503 f.).

[128] Ähnlich STUDK/MEDICUS, N 3d vor § 420 BGB.

[129] Selbst wo Teamarbeit geschuldet ist, führt – gemäss GAUCH/SCHLUEP/REY, Nr. 3807 – bei verschuldeter Nichterfüllung die Schadenersatzpflicht der mehreren Schuldner zu einer Solidarschuld.

91 – Die Gesellschafter schulden eine unteilbare Leistung[130]. Alsdann ist nach Art. 70 Abs. 2 OR jeder Gesellschafter zur ganzen Leistung verpflichtet. Somit liegt solidarische Haftung jedes Gesellschafters vor.

92 b. Die Gesellschaft kann mit dem Dritten *vereinbaren*, dass die Gesellschafter nur und ausschliesslich gemeinsam haften oder belangt werden können. Alsdann muss die Klage gegen alle Gesellschafter als notwendige Streitgenossen gerichtet werden. Zulässig sind überdies auch andere abweichende Vereinbarungen.

*d) Fazit*

93 Obwohl die *Gesamthand* nach der früher herrschenden *Theorie der ungeteilten Gesamtberechtigung* (*Nr. 66 ff.*) als rechtsfähig erachtet worden war und dementsprechend frühe Autoren (*Nr. 74*) und einige kantonale Gerichte (*Nr. 75*) der *einfachen Gesellschaft* in gewissem Masse Rechtsfähigkeit zuerkannten, verneinen heute neuere Lehre und Bundesgericht (*Nr. 76*) die Rechtsfähigkeit der einfachen Gesellschaft. Als Folge davon müssen die Gesellschafter im Prozess zur Durchsetzung von Sozialansprüchen und Individualansprüchen gegen die Gesamthand grundsätzlich als notwendige Streitgenossen auftreten (*Nr. 81, 82*). In der vorliegenden Arbeit wird jedoch eine davon abweichende Meinung vertreten. Nach der hier vertretenen Ansicht ist die gesamthänderische einfache Gesellschaft mit Rechtsfähigkeit ausgestattet (*Nr. 94*), was namentlich bei der Durchsetzung von Innenansprüchen vorteilhaft ist (*Nr. 107 ff.*).

---

[130] Der Begriff der unteilbaren Leistung ist im Gesetz nicht definiert. Unteilbarkeit einer Leistung beruht in aller Regel auf Vereinbarung, indem die Parteien eine nach der Verkehrsauffassung teilbare Sache für einen bestimmten Zweck als unteilbar betrachten (SCHRANER, Art. 70 N 12). Unteilbare Leistungen sind beispielsweise Forderungen auf Verschaffung eines Speziesschuld, Verpflichtungen zur Abgabe von Willenserklärungen (z. B. Ausübung eines Gestaltungsrechts).

## D. Rechtsnatur nach hier vertretener Auffassung

In der vorliegenden Arbeit schliesse ich mich, wie bereits ausgeführt (*Nr. 61*), nicht der schweizerischen Auffassung der Rechtsnatur der Gesamthand an. Vielmehr bin ich der Auffassung, dass die Gesamthand mit Rechtsfähigkeit ausgestattet ist. Deswegen gehe ich zunächst auf die Rechtsfähigkeit der Gesamthand (a.) und ihre prozessualen Auswirkungen (b.) ein, um schliesslich die Vorteile der Rechtsfähigkeit der Gesamthand darzutun (c.) 94

### a) Rechtsfähigkeit der Gesamthand

Nachfolgend werde ich Grundsätzliches zur Rechtsfähigkeit sagen (aa.) und einen Überblick der herrschenden Lehre und Rechtsprechung in Deutschland geben (bb.). 95

### aa) Grundsätzliches zur Rechtsfähigkeit

1. Rechtsfähigkeit ist die Fähigkeit, Träger von Rechten und Pflichten zu sein[131]. Das objektive Recht bestimmt, wem die Fähigkeit zukommt, Träger von Rechten und Pflichten zu sein. Zweierlei gilt: 96

a. Das *Gesetz* bestimmt in erster Linie, wem Rechtsfähigkeit zukommt. Das Gesetz bezeichnet ausdrücklich zwei Kategorien von Trägern von Rechten und Pflichten: Nach Art. 11 Abs. 1 ZGB sind die natürlichen Personen rechtsfähig und nach Art. 53 ZGB die juristischen Personen im Bezug auf alle Rechte und Pflichten, die nicht eine natürliche Eigenschaft des Menschen voraussetzen. Die gesetzliche Regelung in Art. 11 Abs. 1 ZGB und Art. 53 ZGB ist freilich nicht abschliessend. Das Gesetz bestimmt beispielsweise in Art. 562 OR und Art. 602 OR ausdrücklich, dass die Kollektiv- und die Kommanditgesellschaft rechtsfähig sind. Weiter ist nach Art. 31 Abs. 2 ZGB der nasciturus (unter dem Vorbehalt, dass er lebendig 97

---

[131] TUOR/SCHNYDER/SCHMID, 76; BUCHER, Art. 11 N 8; SCHMIDT, Aussengesellschaft, 997; HÄFLIGER, 6.

geboren wird) rechtsfähig, nach Art. 712l Abs. 1 ZGB erwirbt die Gemeinschaft der Stockwerkeigentümer das sich aus ihrer Verwaltungstätigkeit ergebende Vermögen, und schliesslich ist nach Art. 539 Abs. 1 ZGB jedermann fähig Erbe zu sein und kann aus Verfügungen von Todes wegen erwerben, sobald er nicht nach Vorschrift des Gesetzes erbunfähig ist.

98    b. Des Weiteren wird *aus Zweckmässigkeitsgründen* gewissen Gebilden, die als nicht rechtsfähig gelten, Parteifähigkeit im Prozess zuerkannt[132]. Beispielsweise sind folgende Gebilde (in unterschiedlichem Masse) parteifähig: die Konkursmasse, die Liquidationsmasse beim Nachlassvertrag mit Vermögensabtretung, das Erbschaftsvermögen bei der amtlichen Nachlassliquidation und die Gläubigergemeinschaft bei Anleihensobligationen[133]; und schliesslich sind auch Gebilde, deren Rechtsfähigkeit umstritten ist (im diesbezüglichen Prozess) parteifähig[134]. Sodann wird auch der Verwaltung der Aktiengesellschaft, der GmbH und der Genossenschaft aktive Parteifähigkeit zuerkannt[135]. Man bezeichnet diesen Zustand bisweilen als die Parteifähigkeit rechtsunfähiger Gebilde[136]. Allerdings halte ich es für ungünstig, wenn man von der Parteifähigkeit rechtsunfähiger Gebilde spricht. Denn dadurch, dass das objektive Recht solchen Gebilden prozessuale Rechte und Pflichten zuordnet, verleiht es ihnen eben gerade (mindestens in diesem Umfang) Rechtsfähigkeit[137].

99    2. Die Tatsache, dass sich im Gesetz keine ausdrückliche Bestimmung findet, die der einfachen Gesellschaft Rechtsfähigkeit ver-

---

[132] TUOR/SCHNYDER/SCHMID, 77 Fn 4.

[133] BUCHER, Art. 11 N 79 ff.; VOGEL/SPÜHLER, 135 N 5; WALDER-RICHLI, 130 ff. N 3 ff.

[134] BUCHER, Art. 11 N 84.

[135] VOGEL/SPÜHLER, 136 N 9; BUCHER, Art. 11 N 82.

[136] Zum Beispiel: VOGEL/SPÜHLER, 135 N 4 ff.

[137] Ähnlich TUOR/SCHNYDER/SCHMID, 77 Fn 4.

leiht, spricht also nicht dagegen, dass der Gesamthand gleichwohl Rechtsfähigkeit zukommt.

*bb)    Überblick der h.L. und Rechtsprechung in Deutschland*

Während die neuere Lehre und die bundesgerichtliche Rechtsprechung (*Nr. 76*) in der Schweiz die Rechtsfähigkeit der einfachen Gesellschaft ablehnen, bejahen die herrschende deutsche Lehre und der Bundesgerichtshof mittlerweile die Rechtsfähigkeit der Gesellschaft bürgerlichen Rechts. Ein Überblick: 100

1. Die Rechtsnatur der Gesamthand war in der deutschen Lehre lange Zeit heftig umstritten[138]. In den siebziger Jahren des 20. Jahrhunderts leitete FLUME mit der Publikation des Aufsatzes „Gesellschaft und Gesamthand" endgültig die Anerkennung der Rechtsfähigkeit der Gesamthand ein[139]. Nach der im Aufsatz begründeten *Gruppentheorie* fasste FLUME die Rechtsnatur der Gesamthand als eine Frage des zwischen den Mitgliedern bestehenden Rechtsverhältnisses auf. Nach FLUME ist die Gruppe der Gesamthand als solche ein Rechtssubjekt, ohne dass sie eine juristische Person ist[140]. Die Gruppe ist als solche Trägerin von Rechten und Pflichten[141]. Die Gruppentheorie wurde in Deutschland von zahlreichen Autoren rezipiert[142]. In der Schweiz fand sie indes kaum Beachtung[143]. 101

2. Auf der Gruppentheorie von FLUME aufbauend wurde in den letzten dreissig Jahren in der deutschen Doktrin eine Fülle von Lehrmeinungen entwickelt bzw. weiterentwickelt, die sich in Bezug 102

---

[138] Statt vieler FABRICIUS, 118.

[139] FLUME, Gesellschaft und Gesamthand, 177 ff.; vgl. auch CORDES, 545.

[140] CORDES, 545.

[141] Vgl. TEICHMANN, 476 f. – FLUME bezeichnet die „Gruppe" der Gesamthänder als „Wirkungseinheit" und „kollektive Einheit".

[142] Eine Kurzübersicht dazu findet sich bei ANSAY, 6 f.

[143] VONZUN, 122.

auf die Trägerschaft der Rechte im Gesellschaftsvermögen kaum unterscheiden[144]. Nach nunmehr herrschender Lehre steht das Gesellschaftsvermögen der Gesamthand und nicht den Gesamthändern zu; die GbR wird also als rechtsfähig erachtet[145]. Die Rechtsfähigkeit hat zudem zur Folge, dass die GbR auch parteifähig ist[146].

103    3. Die deutsche Rechtsprechung zur Trägerschaft der Rechte im Gesellschaftsvermögen in der Gesellschaft bürgerlichen Rechts ist reich. Das Reichsgericht und später der Bundesgerichtshof standen zunächst auf dem Standpunkt, dass die bürgerliche Gesellschaft nicht rechtsfähig ist. Im Laufe der Zeit ging der Bundesgerichtshof zunehmend dazu über, die Gesellschaft als Gruppe der in ihr zusammengeschlossenen Gesellschafter selbst als Trägerin der in ihrem Namen begründeten Rechte und Pflichten anzusehen[147]. Nach neuester Rechtsprechung des Bundesgerichtshof kommt der GbR, soweit sie eine (Aussen-)Gesellschaft[148] ist, ausdrücklich Rechts- und Parteifähigkeit zu[149].

---

[144]   Vgl. dazu CORDES, 545 ff.; ZÖLLNER, 701 ff.

[145]   SPRAU, § 705 N 24; MÜNCHKOMM-ULMER, § 714 N 7; SOERGEL-HADDING, § 718 N 3; SCHMIDT, Gesellschaftsrecht, 1717; SCHMIDT, Personengesellschaft, 41 ff.; SCHMIDT, Parteifähigkeit, 509; HABERSACK, Rechtsnatur, 181; SCHÜNEMANN, 110 ff.; HENNECKE, 61 ff.; vgl. auch HADDING, Rechtsfähigkeit, 7113; **a.M.** z.B. WIEDEMANN, Gesellschaftsrecht, § 5 I. 1. A; VON GAMM, Vor § 705 N 4.

[146]   SPRAU, § 705 N 24.

[147]   HADDING, Rechtsfähigkeit, 713; SCHMIDT, Parteifähigkeit, 509.

[148]   Das Urteil des Bundesgerichtshofes spricht nur von der Rechts- und Parteifähigkeit der Aussengesellschaft, also gerade nicht von der Gesamthand in toto (SCHMIDT, Aussengesellschaft, 995). Der Begriff der *Aussengesellschaft* bezeichnet die Gesellschaft, die als solche am Rechtsverkehr mit Dritten teilnimmt, das heisst nach Aussen als Personenvereinigung in Erscheinung tritt (SOERGEL-HADDING, Vor § 705 N 28; vgl. BECKER, Art. 530 N 17; VON STEIGER, 345); dies ist regelmässig dann der Fall, wenn nach Aussen im Namen der Gesellschaft gehandelt wird (BECKER, Art. 530 N 17; VON STEIGER, 345). Demgegenüber kann eine Gesellschaft auch so ausgestaltet sein, dass sie

*b)   Prozessuale Auswirkungen der Rechtsfähigkeit*

Die Rechtsfähigkeit der Gesamthand zeitigt bei der Durchsetzung    104
von Innenansprüchen prozessuale Auswirkungen. Zweierlei ist zu
bemerken:

1. *Hauptwirkung* der Rechtsfähigkeit der Gesamthand ist deren    105
*Parteifähigkeit*, denn wer rechtsfähig ist, ist auch parteifähig[150]. Wie
im Folgenden noch zu zeigen sein wird, bringt die Parteifähigkeit der
Gesamthand Vorteile bei der Durchsetzung von Innenansprüchen
(*Nr. 107*).

2. *Regelmässig* ist der Träger eines Anspruchs auch zur    106
Durchsetzung des Anspruchs *sachlegitimiert*[151]. Die rechts- und

---

nicht am Rechtsverkehr mit Dritten teilnimmt; solche Gesellschaften werden gemeinhin als *Innengesellschaften* bezeichnet (BECKER, Art. 530 N 20; VON STEIGER, 344; SOERGEL-HADDING, Vor § 705 N 28). Die *stille Gesellschaft* ist eine Innengesellschaft (PEDRAZZINI, 370), bei welcher der eine Gesellschafter, der Stille, einem anderen Gesellschafter Mittel zur Verfügung stellt, die dieser zu einem vereinbarten Zweck zu verwenden hat, wobei nach Aussen nur dieser Gesellschafter in Erscheinung tritt (vgl. VON STEIGER, 653).

[149]   BGH, NJW 2001, 1056 = ZIP 2001, 330 = BB 2001, 374. Vgl. dazu: ULMER, Enträtselte Gesellschaft, 585 ff.; ULMER, Grundbuchfähigkeit, 330 ff.; HADDING, Rechtsfähigkeit, 712 ff.; SPRAU, § 705 N 24; SCHULTE, 23; TIMME/HÜLK, 1056 ff.; WERTENBRUCH, 324 ff.; WIESER, 421 ff. – Das wegleitende Urteil des BGH wurde auf einen Erfolgten Einspruch hin, der sich mit der Frage einer Vorlagepflicht an den gemeinsamen grossen Senat befasste, in der Sache nachträglich nochmals bestätigt (MÜTHER, 987). Vgl. zur Tragweite des BGH Urteils in Bezug auf die Haftung des neu eintretenden Gesellschafters für Altschulden: LANGE, 2002 f.; zur Kritik des Entscheides in grundbuchrechtlicher Hinsicht: HEIL, 2159; ABEL, 20 ff.; dazu auch STÖBER, 544.

[150]   Vgl. TUOR/SCHNYDER/SCHMID, 77. – Zum Verhältnis zwischen Rechtsfähigkeit und Parteifähigkeit ausführlich HÄFLIGER, 4 ff.

[151]   VOGEL/SPÜHLER, 206 N 89, 91; OTT, 17; HABSCHEID, 115 Nr. 320.

parteifähige Gesamthand muss deswegen als solche Klage einreichen und muss als solche verklagt werden (*Nr. 296 ff., 289 ff.*)[152]. *Ausnahmsweise* kann unter gewissen Voraussetzungen der einzelne Gesellschafter mit der *actio pro socio* anstelle der Gesamthand einen Sozialanspruch im eigenen Namen einklagen (*Nr. 342*). Diesfalls klagt der Gesellschafter als Prozessstandschafter (*Nr. 380*)[153].

*c)   Vorteile der Rechtsfähigkeit*

107  Betrachtet man die Gesamthand als rechtsfähig, ergeben sich verschiedene Vorteile[154]. Davon behandle ich die bessere Durchsetzbarkeit der Innenansprüche (aa.), die höhere Rechtssicherheit bei kaufmännischen einfachen Gesellschaften (bb.), den Fortbestand der Rechte bei Mitgliederwechsel (cc.) und schliesslich die Auflösung der dogmatischen Ungereimtheit der gleichzeitigen Berechtigung und Verpflichtung (dd.)

*aa)   Bessere Durchsetzbarkeit von Innenansprüchen*

108  Die heute herrschende Auffassung der fehlenden Rechtsfähigkeit hat zur Konsequenz, dass zur Durchsetzung von Innenansprüchen auf der Kläger- oder der Beklagtenseite grundsätzlich eine notwendige Streitgenossenschaft vorliegt (ausführlich dazu *Nr. 80 ff.*). Das Erfordernis der notwendigen Streitgenossenschaft erschwert die prozessuale Durchsetzung von Innenansprüchen unnötigerweise. Im Einzelnen:

109  1. Es kann dazu führen, dass die Gesamthand einen Anspruch zwar durchsetzen *will*, ihn aber prozessual nicht durchsetzen *kann*.

---

[152]  GESMANN-NUISSL, 976.

[153]  SOERGEL-HADDING, § 705 N 50. – Prozessstandschaft ist die Befugnis des Dritten aus besonderen Gründen anstelle des materiell Berechtigten oder Verpflichteten den Prozess im eigenen Namen und als Partei zu führen (GULDENER, 142).

[154]  Vgl. auch VOGELSANG, 134.

Beispiel: In der einfachen Gesellschaft der sechs 110
Gesellschafter A, B, C, D, E und F zahlt F
seinen Gesellschafterbeitrag nicht. Im Gesellschaftsvertrag ist vorgesehen, dass Beschlüsse
mit einfacher Mehrheit gefasst werden können.
In der Beschlussfassung über die Frage der
gerichtlichen Durchsetzung dieses Sozialanspruchs stimmen A, B, C und D dafür. E ist
dagegen[155]. Nach der heute herrschenden Auffassung (*Nr. 80 ff.*) müssen A, B, C, D und E als
Kläger auftreten, da sie einen Sozialanspruch
geltend machen. Somit kann E, der gegen eine
gerichtliche Durchsetzung war, dafür sorgen,
dass die Klage wegen fehlender Aktivlegitimation abgewiesen wird, indem er nicht als
Kläger auftritt.

Ist hingegen die Gesamthand rechtsfähig, dann kann sie auch als 111
solche klagen; dies ermöglicht erst die prozessuale Durchsetzung von
Sozialansprüchen gegen den Widerstand von Gesellschaftern, die in
der Beschlussfassung – bei Mehrheitsprinzip – dagegen stimmen
(und sich alsdann nicht am Prozess beteiligen wollen).

2. Es kann bei einfachen Gesellschaften mit vielen Gesell- 112
schaftern oder bei Gesellschaften mit ständig wechselnden Gesellschaftern dazu führen, dass ein Anspruch prozessual nicht durchgesetzt werden kann, weil dem Kläger nicht alle Gesellschafter
bekannt sind[156].

3. Die notwendige Streitgenossenschaft zieht nicht die ange- 113
messenen prozessualen Konsequenzen aus dem materiellen Recht der
Gesamthand. Dazu:

---

[155] F ist aufgrund des Interessenkonflikts von der Beschlussfassung ausgeschlossen (*Nr. 322*)

[156] Vgl. beispielsweise ZIP 1990, 715; ZIP 1999, 2009.

114 a. Jeder Streitgenosse betreibt bei der notwendigen Streitgenossenschaft seinen eigenen Prozess; es gibt keine prozessuale Verpflichtung zur gemeinschaftlichen Vornahme von Prozesshandlungen[157]. Jeder Streitgenosse kann insbesondere unabhängig von den anderen gewisse Prozesshandlungen wirksam vornehmen (§ 39 Abs. 2 ZPO ZH)[158]. Materiellrechtlich indes kann der Gesellschafter bisweilen zur gemeinsamen Vornahme von Handlungen verpflichtet sein.

115 Beispiel: Gesellschafter A, B und C klagen gegen D auf Leistung von Schadenersatz. Nach der Klageabweisung in erster Instanz beschliessen sie im Hinblick auf weitere Gesellschaftätigkeit, auf die Einlegung von Rechtsmitteln zu verzichten. C ist bei der Beschlussfassung gegen einen Verzicht. Er könnte trotz materiellrechtlicher Verpflichtung zur Unterlassung ein Rechtsmittel erheben.

116 b. Die materiellrechtlichen Ordnung der *Geschäftsführungs- und Vertretungsbefugnis* innerhalb der Gesellschaft wird durch die notwendige Streitgenossenschaft unterlaufen. Wenn beispielsweise nur ein bestimmter Gesellschafter geschäftsführungs- und vertretungsbefugt ist, können die übrigen Gesellschafter materiellrechtlich keine wirksamen Handlungen für die Gesellschaft vornehmen. Gleichwohl könnten sie prozessual wirksame Handlungen vornehmen, da sie Prozessbeteiligte sind.

117 c. Das Erfordernis der notwendigen Streitgenossenschaft kann im Falle des Wechsels im Mitgliederbestand zwischen dem Erkenntnis-

---

[157] A.M. SCHAAD, 386 ff.

[158] Vgl. VOGEL/SPÜHLER, 146 N 58. – Beispielsweise kann nach gewissen Prozessordnungen jeder Streitgenosse einen eigenen Prozessvertreter bestellen, und jeder Streitgenosse kann gesondert Rechtsmittel einlegen (GEIGER, 122 Fn 14) mit der Folge, dass das Urteil auch gegenüber den anderen Streitgenossen nicht rechtskräftig wird.

und dem Vollstreckungsverfahren ohne sachlichen Grund erheblichen Mehraufwand, das heisst Kosten, verursachen[159].

4. Zusammenfassend ist festzuhalten, dass die notwendige Streitgenossenschaft ungeeignet ist, weil die Durchsetzung von Innenansprüchen erschwert oder gar verunmöglicht wird, und sie keine den materiellrechtlichen Verhältnissen entsprechende Prozessführung ermöglicht. Zudem werden beim Wechsel im Mitgliederbestand ohne sachlichen Grund Mehrkosten verursacht. Im Gegensatz dazu wird die Durchsetzung der Innenansprüche erleichtert, wenn man die Gesamthand als rechts- und parteifähig betrachtet. Wie die Durchsetzung im Einzelnen zu erfolgen hat, ist Gegenstand des dritten Kapitels (*Nr. 259*).

118

*bb) Höhere Rechtssicherheit bei kaufmännischen einfachen Gesellschaften*

1. Betreibt eine einfache Gesellschaft ein nach kaufmännischer Art geführtes Gewerbe, wird sie ipso iure zu einer kaufmännischen Kollektivgesellschaft, wenn alle Gesellschafter natürliche Personen sind[160]. Mit diesem gesetzlichen Rechtsformwechsel ändern sich auch die Eigentums- und Berechtigungsverhältnisse an den zum Gesellschaftsvermögen gehörenden Sachen und Rechten: Während in der einfachen Gesellschaft die Träger der Rechte im Gesell-

119

---

[159] VOGELSANG, 134.

[160] VONZUN, 217; vgl. auch HANDSCHIN, 439. – Ist eine Gesellschafterin eine *juristische Person*, so kann nach Art. 552 Abs. 1 OR keine Kollektivgesellschaft entstehen (BAUDENBACHER, Art. 552 N 5 f.), vielmehr liegt alsdann eine kaufmännische einfache Gesellschaft vor (BGE 79 I 179, 181; BGE 84 II 381). Ist eine Gesellschafterin ihrerseits eine *einfache Gesellschaft (sogenannte Untergesellschaft)*, so ist zu unterscheiden: Besteht die Untergesellschaft nur aus natürlichen Personen, so wird die Obergesellschaft ipso iure zur Kollektivgesellschaft (vgl. BAUDENBACHER, Art. 552 N 11). Ist eine der Gesellschafterinnen der Untergesellschaft eine juristische Person, so bleibt die Obergesellschaft eine kaufmännische einfache Gesellschaft.

schaftsvermögen alle Gesellschafter gemeinsam sind, ist in der Kollektivgesellschaft die Gesamthand alleinige Trägerin der Rechte (Art. 562 OR). Dies bereitet der Praxis Probleme, weil der genaue Zeitpunkt des Übergangs von der einfachen Gesellschaft zur Kollektivgesellschaft wegen des wertungsabhängigen Kriteriums des *Betriebes eines kaufmännischen Unternehmens*[161] kaum bestimmt werden kann[162].

120 Beispiel: Gesellschafter A, B und C, alles natürliche Personen, erwerben gemeinsam ein Grundstück und errichten darauf ein Haus. In der Folge vermieten sie das Haus an einen Dritten. Danach erwerben sie weitere angrenzende Grundstücke und überbauen sie; dabei erfüllen sie allmählich das – wertungsabhängige – Kriterium des Betriebs eines kaufmännischen Gewerbes im Sinne der Handelsregisterverordnung. Folgt man der herrschenden schweizerischen Auffassung, dann ist der Mietvertrag über das Haus auf dem zuerst erworbenen Grundstück mit den Gesellschaftern A, B und C zustande gekommen. Nach Umwandlung in eine Kollektivgesellschaft müsste zwischen dem Dritten und der Kollektivgesellschaft ein neuer Vertrag abgeschlossen werden (oder der Vertrag müsste mindestens in Bezug auf die Parteien angepasst werden), weil eine Partei gewechselt hat. Die Kollektivgesellschaft ist auch nicht ohne weiteres Eigentümerin der Grundstücke. Verfügungen über Rechte und Sachen könnten sich nach einer allfälligen autoritativen Feststellung des Betriebs eines kaufmännischen Gewerbes im nachhinein als unwirksam herausstellen.

---

[161] Vgl. Art. 52 ff. HregV.
[162] Vgl. BGH NJW Heft 14, 1057.

2. Durch den gesetzlichen Rechtsformwechsel (*Nr. 119*) kann demnach eine erhebliche Rechtsunsicherheit auftreten, namentlich bei Verfügungen über Gesellschaftsvermögen und bei Rechtsgeschäften mit der Gesellschaft. Zudem entstehen durch Neuabschlüsse, bzw. Vertragsbeitritt und Änderungen im Grundbuch Mehrkosten, ohne dass ein sachlicher Grund vorliegt. Betrachtet man hingegen die Gesamthand als rechtsfähig, so ist diese auch Trägerin der Rechte im Gesellschaftsvermögen. Der gesetzliche Rechtsformwechsel hat in Bezug auf die Trägerschaft der Rechte keine Unsicherheiten zur Folge. 121

*cc) Fortbestand der Rechte bei Mitgliederwechsel*

Ein für die Praxis weiterer bedeutsamer Vorzug der Rechtsfähigkeit der Gesamthand ist, dass ein Wechsel im Mitgliederbestand keinen Einfluss auf den Fortbestand der im Aussenverhältnis bestehenden obligatorischen und dinglichen Rechte hat. Folgte man konsequent der herrschenden schweizerischen Auffassung (*Nr. 64 ff., 79 ff.*), hätte ein Mitgliederwechsel insbesondere folgende Wirkungen: 122

1. Bei Verträgen eines Dritten mit der einfachen Gesellschaft *müssten* bei jedem Wechsel im Mitgliederbestand die Vertragspartner vereinbaren, dass der neu eintretende Gesellschafter dem Vertrag beitritt bzw. der austretende Gesellschafter aus dem Vertragsverhältnis ausscheidet. Verzichtet man, was in der Praxis häufig der Fall sein wird, auf den Vertragsbeitritt bei einem Mitgliederwechsel, hat dies zur Folge, dass neu eingetretene Gesellschafter nicht und ausgetretene Gesellschafter weiterhin Partei solcher Verträge sind[163]. 123

Beispiel[164]: Frau Jaggi-Grieder übertrug dem Baukonsortium Weiningen die Erstellung eines Hauses in einer Überbauung. Nach Bezug des Hauses 124

---

[163] Vgl. BGH NJW Heft 14, 1057.

[164] Dieses Beispiel basiert auf dem Bundesgerichtsentscheid vom 8. Februar 2000 der I. Zivilabteilung.

forderte das Baukonsortium CHF 20'000.— mehr Werklohn als vereinbart. Die Gesellschafter des Baukonsortium und die Ehefrau eines Konsorten, Frau Cassani, klagten auf Zahlung des Mehrlohns. Im Laufe des Verfahrens wies der Einzelrichter am Bezirksgericht Zürich mit Teilurteil die Klage der Ehefrau Cassani wegen fehlender Aktivlegitimation ab. Dieses Teilurteil wurde von allen Gesellschaftern und Frau Cassani mit Berufung ans Obergericht und an das Bundesgericht angefochten. Das Bundesgericht wies die Berufung ab. Obwohl alle Mitglieder des Baukonsortium mit der „Konsortialbindung" von Frau Cassani einverstanden waren, also sinngemäss geltend machten, dass Frau Cassani mittlerweile Gesellschafterin war, hielt das Bundesgericht fest, dass Frau Cassani zum Zeitpunkt des Vertragsabschluss nicht im Baukonsortium dabei war. Deswegen sei der Werkvertrag nur mit den damaligen Parteien des Konsortiums abgeschlossen worden. Wollte Frau Cassani sich nachträglich als Partei am Werkvertrag beteiligen, so müsste sie dem Vertrag beitreten, was der Einwilligung auch von Frau Jaggi-Grieder bedurft hätte. Nach der hier vertretenen Meinung hingegen wäre es irrelevant, ob Frau Cassani irgendwelche „Konsortialbindung" hat oder nicht. Partei des Verfahrens wäre das Baukonsortium und nicht die Konsorten (und allfällige Ehefrauen). Das kostspielige Rechtsmittelverfahren hätte vermieden werden können, und das erstinstanzliche Gericht hätte sich auf die Lösung der Frage des Mehrlohns beschränken können.

125  Das Erfordernis des Vertragsbeitritts und des Ausscheidens aus dem Vertragsverhältnis ist ohne innere Rechtfertigung; die Handlungsfähigkeit der Gesellschaft wird bei konsequenter An-

wendung der schweizerischen Auffassung erheblich beeinträchtigt[165]. Solche zusätzlichen Vereinbarungen bedeuten zudem Mehrkosten.

2. Dingliche Rechte der Gesellschaft *müssten* vom neu eintretenden Gesellschafter – gemäss dem Spezialitätsprinzip[166] für jede Sache und jedes Grundstück im Gesellschaftsvermögen je einzeln – erworben werden: Der Besitz an Fahrniseigentum *müsste* auf den neu eintretenden Gesellschafter übergehen (Art. 714 Abs. 1 ZGB i.V.m. Art. 922 ff. ZGB), und der neue Gesellschafter *müsste* ins Grundbuch eingetragen werden (Art. 656 Abs. 1 ZGB)[167]. Beim Austritt eines Gesellschafters würde dieser weiterhin dinglich berechtigt an den Sachen bleiben. Nach herrschender Lehre und Rechtsprechung müssen die im Normalfall notwendigen Übertragungshandlungen indes nicht eingehalten werden[168]. Im Einzelnen gilt:

126

a. Der *Austritt* eines Gesellschafters bewirkt im Falle des Weiterbestehens der Gesellschaft, dass die dinglichen Rechte des Ausgetretenen im Gesellschaftsvermögen den anderen Gesellschaftern anwachsen, ohne dass es dafür besonderer Übertragungshandlungen bedürfte[169].

127

---

[165] BGH NJW Heft 14, 1057.

[166] Dazu REY, 88 ff. Nr. 333 ff.

[167] Art. 656 Abs. 2 ZGB erwähnt den Fall des neu in eine einfache Gesellschaft eintretenden Gesellschafters nicht. Das ist ein Indiz dafür, dass die Eintragung ins Grundbuch für den Eigentumserwerb konstitutiv ist.

[168] REY, 237 f Nr. 982 ff. m.w.H.

[169] BGE 116 II 53 m.w.H.; JENNY, 207 f. Die Rechte des austretenden Gesamthänders wachsen – wenn die Gesellschaft weiterhin bestehen bleibt – den verbleibenden Gesamthändern an (Akkreszenz) und gehen beim austretenden Gesamthänder unter (Dekreszenz). Der Eigentumserwerb eines neu eintretenden Gesellschafters hingegen ist ein eigentlicher Rechtserwerb (BGE 116 II 180). Vielfach wird auch beim Erwerb des neu eintretenden Gesamthänders von Akkreszenz

128 b. Der *Eintritt* eines neuen Gesellschafters stellt demgegenüber nach der Meinung des Bundesgerichts „einen eigentlichen Rechtserwerb dar [...]"[170], der sich (aber) beispielsweise für Grundeigentum ausserbuchlich vollzieht[171]. Nach dieser Argumentation müsste der Erweb von Fahrniseigentum analog ohne Übertragung des Besitzes erfolgen, was das Bundesgericht im zitierten Entscheid freilich offen lässt.

129 Die Auffassung der herrschenden Lehre und Rechtsprechung überzeugt nicht, weil sie ein *Kunstgriff ohne gesetzliche Grundlage* ist, um die vom Gesetz verlangten Übertragungshandlungen zu umgehen[172].

*dd) Auflösung der dogmatischen Ungereimtheit der gleichzeitigen Berechtigung und Verpflichtung*

130 1. Nach der heute in der Schweiz vertretenen Ansicht ist ein Gesellschafter gleichzeitig sowohl Berechtigter eines Sozialanspruchs als auch Verpflichteter desselben Anspruchs. Zum Beispiel: Am Beitragsanspruch der Gesamthand gegen Gesellschafter A ist A (mit den anderen Gesamthändern) gemeinschaftlich berechtigt. A ist mithin gleichzeitig Gläubiger des Sozialanspruchs und Schuldner der entsprechenden Individualverpflichtung[173].

131 2. In der Lehre wollte man diesen dogmatischen Widerspruch beseitigen: Nach einer Ansicht sind nur die *übrigen Gesellschafter* Gläubiger des Sozialanspruchs bzw. richtet sich ein Individualanspruch nur gegen die *übrigen Gesellschafter*. Das ist indessen nicht konsequent, denn an den Sozialansprüchen sind alle

---

gesprochen, was im Sinne der bundesgerichtlichen Terminologie ungenau ist.

[170] BGE 116 II 180.
[171] BGE 116 II 180.
[172] Vgl. JENNY, 207.
[173] Ähnlich TEICHMANN, 480.

Gesellschafter berechtigt und alle Gesellschafter sind Verpflichtete von Individualansprüchen gegen die Gesamthand. Nach einer anderen Ansicht ist der Gesellschafter nur *gemeinsam mit den anderen Gesellschaftern* am Sozialanspruch berechtigt, während er allein Schuldner dieses Sozialanspruchs ist; mithin sind Forderung und Schuld nicht dem gleichen Vermögen einer Person zugehörig[174]. Dagegen ist einzuwenden, dass nach der heute in der Schweiz vorherrschenden Ansicht (*Nr. 64 ff.*) jeder Gesamthänder eben trotzdem einen eigenen Teil am subjektiven Recht hat[175]. Im erwähnten Beispiel hätte also der Schuldner eines Sozialanspruchs auch einen eigenen Teil am Sozialanspruch. Sein Anspruch ginge also (mindestens) im Umfang seines Teils unter. Als Folge davon würde er den übrigen Gesellschaftern nur den um seinen Teil verminderten Sozialanspruch schulden.

3. Betrachtet man hingegen die Gesamthand als Trägerin der Rechte im Gesellschaftsvermögen (und als Verpflichtete aus Ansprüchen gegen sie), so entfällt die Ungereimtheit der gleichzeitigen Berechtigung und Verpflichtung an demselben Innenanspruch.

---

[174] GAUCH/SCHLUEP/REY, Nr. 3251.

[175] Darin unterscheidet sich die nach dieser Theorie verstandenen Konzeption eben gerade nicht vom Miteigentum; vgl. dazu MEIER-HAYOZ, 5, Art. 652 N 17.

## 2. Kapitel:
# DIE INNENANSPRÜCHE IM EINZELNEN[176]

Das erste Kapitel hat sich mit dem Begriff (*Nr. 3 ff.*), den Abgrenzungen (*Nr. 20 ff.*), den Arten (*Nr. 44 ff.*) und den Trägern (*Nr. 54 ff.*) des Innenanspruchs befasst. Im zweiten Kapitel werden nun die Innenansprüche im Einzelnen behandelt. Innenansprüche lassen sich in primäre Innenansprüche (I.) und Schadenersatzansprüche (II.) unterscheiden *(Nr. 51 ff.)*. Zum Schluss gehe ich in einem Exkurs auf Gestaltungsrechte und Verhaltensgebote der Gesellschafter ein (III.).  133

### I. Primäre Innenansprüche

Gegenstand des folgenden Abschnitts sind die primären Innenansprüche, die sich aus (zwingendem und dispositivem) Gesetzesrecht ergeben[177]. Solche Innenansprüche lassen sich nach ihrer Trägerschaft in Individualansprüche (1.) und Sozialansprüche (2.) einteilen. Abschliessend spreche ich von der Fälligkeit der primären Innenansprüche (3.).  134

### *1. Individualansprüche*

Individualansprüche sind Innenansprüche (*Nr. 4*), deren Träger (*Nr. 54*) ein einzelner Gesellschafter ist (*Nr. 55 ff.*)[178]. Ein Individual-  135

---

[176] Eine ausführliche Übersicht zu den Rechten (und Pflichten) des Gesellschafters in deutschen Personengesellschaften findet sich in WIEDEMANN, Rechte und Pflichten, 4 ff.

[177] Aus Vereinbarung (*Nr. 14*) und Gesellschaftsbeschluss (*Nr. 16*) können sich weitere Individualansprüche ergeben, oder aber solche Individualansprüche können ausgeschlossen werden, soweit sie sich aus dispositivem Gesetzesrecht ergeben.

[178] HADDING, Actio pro socio, 2 Fn 5; MÜNCHKOMM-ULMER, § 705 N 152.

anspruch richtet sich entweder gegen die Gesamthand (A.) oder gegen einen oder mehrere Gesellschafter (B.).

### A. Gegen die Gesamthand

136 Das Gesetz sieht verschiedene Individualansprüche gegen die Gesamthand vor. Wichtige Ansprüche sind der Gewinnanspruch (a.), der Anspruch auf Aufwendungsersatz (b.), der Abfindungsanspruch bei Ausscheiden aus der Gesellschaft (c.), der Anspruch auf Rückerstattung der Vermögensbeiträge (d), der Anspruch auf den Überschuss (e.), der Ersatzanspruch aus Solidarhaftung im Aussenverhältnis (f.), der Anspruch auf Annahme und Verwertung der Beiträge (g.), der Anspruch auf Ausübung der Geschäftsführung (h.), der Anspruch auf Mitwirkung bei der Beschlussfassung (i.), der Anspruch auf Einsicht (j.) und der Anspruch auf Liquidation (k.).

*a) Gewinnanspruch[179]*

137 1. Das Gesetz sieht in Art. 533 Abs. 1 OR als dispositive Regel vor, dass jeder Gesellschafter ohne Rücksicht auf die Art und Grösse seines Beitrages gleichen Anteil am Gewinn hat[180]. Gewinn im Sinne von Art. 533 Abs. 1 OR ist jede Vermögensvermehrung im Gesellschaftsvermögen über die von den Gesellschaftern geleisteten Beiträge hinaus[181]. Art. 533 Abs. 1 OR sieht neben dem Gewinnanspruch auch den Sozialanspruch der Gesamthand auf Übernahme des Verlustanteils vor (*Nr. 170 ff.*).

138 2. Nach herrschender Lehre wird der Gewinnanspruch erst bei Auflösung der Gesellschaft fällig, es sei denn, dass eine Auszahlung des Gewinnes während *werbender[182]* Gesellschaft vereinbart worden

---

[179] Vgl. BECKER, Art. 544 N 5; SIEGWART, Art. 533 N 18; JOB, 98 Fn 762.

[180] MEIER-HAYOZ/FORSTMOSER, 262 N 44. **A.M.** ZELLER, Art. 532 Anm. 1.

[181] SIEGWART, Art. 533 N 1.

[182] Von *werbender* Gesellschaft spreche ich im Zeitraum zwischen *Gründung* und *Auflösung* der Gesellschaft.

ist[183]. Diese Auffassung überzeugt nicht. Vielmehr bestimmt sich der Zeitpunkt des Eintritts der Fälligkeit nach den allgemeinen Regeln (*Nr. 184*), wobei in Art. 559 Abs. 1 und Abs. 2 OR eine Sonderregel besteht (*Nr. 186*), die zur Anwendung gelangen *kann*[184]. Es ist ausserdem terminologisch ungünstig, nach Auflösung der Gesellschaft, also im Rahmen der Liquidation, vom Gewinnanspruch zu sprechen. Das Gesetz bezeichnet in Art. 549 Abs. 1 OR diesen Anspruch als den Anspruch auf Überschuss (*Nr. 144*)[185]. In der vorliegenden Arbeit meine ich deswegen mit Gewinnanspruch ausschliesslich den Anspruch während *werbender* Gesellschaft[186]. Nach *Auflösung* der Gesellschaft, im Rahmen der Liquidation, spreche ich vom Anspruch auf den Überschuss (*Nr. 144*).

b) *Anspruch auf Aufwendungsersatz*[187]

1. Der geschäftsführende (*Nr. 148 ff.*) Gesellschafter hat gemäss Art. 537 Abs. 1 OR Anspruch auf Ersatz für Aufwendungen gegen die Gesamthand[188]. Die Aufwendungen betreffen Auslagen und Ver- 139

---

[183] HANDSCHIN, Art. 533 N 3. – Ähnlich im deutschen Recht, wo § 721 BGB ausdrücklich bestimmt, dass ein Gesellschafter den Rechnungsabschluss und die Verteilung des Gewinns erst nach Auflösung der Gesellschaft verlangen kann (SOERGEL-HADDING, § 721 N 1 ff.). Anders im italienischen Recht, wo Art. 2262 bestimmt: „Salvo patto contrario, ciascun socio ha diritto di percepire la sua parte di utili (2247) dopo l'approvazione del rendiconto". Somit wird für die Fälligkeit des Gewinnanspruchs auf den Zeitpunkt der Genehmigung der Rechnungslegung abgestellt.

[184] Ähnlich SIEGWART, Art. 533 N 16; VOGELSANG, 123.

[185] Vgl. die Marginalie von Art. 549 OR.

[186] Vgl. VON STEIGER, 390.

[187] Vgl. SIEGWART, Art. 537 N 1; JOB, 98 Fn 762.

[188] BECKER, Art. 537 N 2; HANDSCHIN, Art. 537 N 4; SOERGEL-HADDING, § 713 N 10. – Die Höhe des Ersatzanspruchs richtet sich ausschliesslich nach Art. 537 Abs. 1 OR, die Regeln über die Geschäftsführung ohne Auftrag kommen nicht zur Anwendung (SCHMID, GoA, N 1187). Wenn

bindlichkeiten, die er in den Angelegenheiten der Gesellschaft macht oder eingeht, sowie für Verluste in seinem Privatvermögen, die er unmittelbar durch seine Geschäftsführung oder aus den untrennbar damit verbundenen Gefahren erleidet[189].

140    2. Der Zeitpunkt, an dem die Fälligkeit des Anspruches eintritt, ist umstritten: Nach einer Lehrmeinung tritt die Fälligkeit ein, sobald die Auslage gemacht worden ist[190]. Gemäss einer anderen Lehrmeinung werden Aufwendungsersatzansprüche, unter Vorbehalt einer anderslautenden Vereinbarung, erst bei der Liquidation fällig[191]. Nach einer dritten Lehrmeinung bestimmt sich die Fälligkeit nach den Umständen, wobei verschiedene Zeitpunkte möglich sind[192]. Das Bundesgericht hat diese Frage in einer neueren Entscheidung ausdrücklich offengelassen[193]. Meiner Ansicht nach bestimmt sich der Zeitpunkt des Eintritts der Fälligkeit nach den allgemeinen Regeln (*Nr. 184*), wobei für *vorgeschossene Gelder* in Art. 537 Abs. 2 OR eine Sonderregel besteht (*Nr. 187*).

---

    ein Gesellschafter, der nicht zur Geschäftsführung befugt ist, Gesellschaftsangelegenheiten besorgt, oder wenn ein zur Geschäftsführung befugter Gesellschafter seine Befugnis überschreitet, finden die Regeln über die Geschäftsführung ohne Auftrag Anwendung, soweit sie auch für die Fälle der unberechtigten Fremdgeschäftsführung gelten (*Nr. 43*; und auch SCHMID, GoA, N 1241).

[189]    HANDSCHIN, Art. 537 N 1. Reicht ein einzelner Gesellschafter anstelle der Gesamthand zur Durchsetzung eines Sozialanspruchs die *actio pro socio* (*Nr. 342 ff.*) ein und wird die Klage alsdann abgewiesen, so hat er regelmässig keinen Anspruch auf Aufwendungsersatz gegen die Gesamthand (MÜNCHKOMM-ULMER, § 705 N 175).

[190]    BECKER, Art. 537 N 2; FELLMANN/MÜLLER, Art. 537 N 5; IKLÉ, 124.

[191]    Vgl. HANDSCHIN, Art. 537 N 5; SOERGEL-HADDING, § 713 N 10.

[192]    SIEGWART, Art. 537 N 13–23. – Nach SIEGWART sind in zeitlicher Hinsicht folgende Lösungen möglich: Vorausbezahlung, sofortige Bezahlung nach Entstehung der Vermögenseinbusse, Zahlung bei periodisch stattfindenden Abrechnungen, Zahlung anlässlich der Liquidation, Zahlung nach Durchführung der Liquidation.

[193]    BGE 116 II 316.

*c) Abfindungsanspruch bei Ausschliessung*

1. Nach der hier vertretenen Auffassung kann die Gesamthand nach Ansetzung einer Nachfrist einen Gesellschafter ausschliessen, wenn dieser sich mit der Leistung eines *Sozialanspruchs* in Verzug befindet (*Nr. 211*). Die Gesellschaft bleibt bestehen und der ausgeschlossene Gesellschafter erhält von Gesetzes wegen (aus Art. 548 und 549 OR *per analogiam*) einen Abfindungsanspruch[194]. Die Höhe des Abfindungsanspruchs richtet sich nach dem Wert des Anteils des Gesellschafters am Gesellschaftsvermögen zum Zeitpunkt seines Ausscheidens[195]. 141

2. Nach herrschender Lehre und Rechtsprechung hingegen hat die Gesamthand von Gesetzes wegen kein Recht, einen Gesellschafter aus der Gesellschaft auszuschliessen[196]. Die Gesellschafter können aber im Gesellschaftsvertrag ein solches Ausschliessungsrecht vorsehen[197]. 142

---

[194] SOERGEL-HADDING, § 738 N 8; zum Begriff der Abfindung vgl. VON STEIGER, 418 Fn. 204. – Im deutschen Recht regelt § 738 Abs. 1 Satz 2 Fall 3 BGB ausdrücklich den Abfindungsanspruch gegen die Gesamthand. Abfindung ist gemäss der Legaldefinition „das, was der Gesellschafter bei der Auseinandersetzung erhalten würde, wenn die Gesellschaft zur Zeit seines Ausscheidens aufgelöst worden wäre" (vgl. zum Ganzen: SOERGEL-HADDING, § 738 N 8 und 9 m.w.H.).

[195] VON STEIGER, 418. – Massgebender Wert in einer ARGE ist grundsätzlich der Fortführungswert und nicht der Liquidationswert (vgl. Behelf zum Arbeitsgemeinschaftsvertrag für Bauunternehmungen, 22). Vgl. dazu auch HOCH, 131 Nr. 368 ff.

[196] HANDSCHIN, Art. 545/546 N 5; VON STEIGER, 413 f.; BECKER, Art. 547 N 39; BGE 94 II 119 ff.

[197] VON STEIGER, 413 f. – Ein Beispiel für eine solche Bestimmung findet sich in Ziff. 30.1.4 der allgemeinen Bestimmungen des Arbeitsgemeinschaftsvertrags für Bauunternehmungen des Schweizerischen Baumeisterverbandes.

*d) Anspruch auf Rückerstattung der Vermögensbeiträge[198]*

143 Im Rahmen der Liquidation hat jeder Gesellschafter nach Art. 548 Abs. 2 OR einen Anspruch auf Rückerstattung des Wertes der Einlagen, die er geleistet hat. Die Marginalie von Art. 548 spricht zwar von der Behandlung der Einlagen, Art 549 Abs. 1 OR macht indes klar, dass ein Anspruch auf Rückerstattung jeglicher Vermögensbeiträge besteht[199].

*e) Anspruch auf den Überschuss[200]*

144 Die aufgelöste Gesellschaft muss liquidiert werden[201]. Verbleibt nach Abzug der Schulden der Gesamthand im Aussenverhältnis, nach Aufwendungsersatz an einzelne Gesellschafter (*Nr. 139 f.*) und nach Rückerstattung der Vermögensbeiträge ein Überschuss (*Nr. 144*), so ist dieser nach Art. 549 Abs. 1 OR unter die Gesellschafter als Gewinn zu verteilen. Das Gesetz verwendet zwar den Begriff Gewinn, womit es lediglich klarstellt, dass sich die Verteilung eines allfälligen Überschusses nach der Gewinn*berechtigung* der Gesellschafter im Sinne von Art. 533 Abs. 1 OR richtet. Die Marginalie des Gesetzes bezeichnet den Anspruch als Anspruch auf den *Überschuss*. In der vorliegenden Arbeit unterscheide ich deswegen aus Gründen der Klarheit den Gewinnanspruch vom Anspruch auf den Überschuss. Vom Gewinnanspruch (*Nr. 137 f.*) spreche ich während werbender Gesellschaft; nach Auflösung der Gesellschaft bis zu ihrer Beendigung spreche ich vom Anspruch auf den Überschuss (*Nr. 144*).

---

[198] Vgl. SIEGWART, Art. 548, 549, 550 N 36.

[199] SIEGWART, Art. 548, 549, 550 N 37–39.

[200] SIEGWART, Art. 548, 549, 550 N 43; JOB, 98 Fn 762.

[201] VON STEIGER, 450. – Liquidation bedeutet zweierlei: Erstens die Abwicklung der Beziehungen zu Dritten, die sogenannte *äussere* Liquidation, und zweitens die Verteilung der nach Tilgung der Schulden verbleibenden Werte unter den Gesellschaftern, die *innere* Liquidation (SIEGWART, Art. 548, 549, 550 N 6).

*f) Ersatzanspruch aus Solidarhaftung im Aussenverhältnis[202]*

1. Die Gesellschafter haften nach Art. 544 Abs. 3 OR für Verpflichtungen der Gesellschaft im Aussenverhältnis, unter Vorbehalt anderer Vereinbarung, solidarisch[203]. Wird ein Gesellschafter im Aussenverhältnis für solche Verpflichtungen in Anspruch genommen, kann er nach Art. 537 Abs. 1 OR von der Gesamthand Ersatz aus dem Gesellschaftsvermögen verlangen[204].

145

2. Der Ersatzanspruch gegenüber der *Gesamthand* (*Nr. 139 f.*) ist vom Regressanspruch gegen die *übrigen Gesellschafter* nach Art. 148 Abs. 2 OR (*Nr. 161*) abzugrenzen. Erst wenn das Gesellschaftsvermögen nicht ausreicht, um den Gesellschafter zu entschädigen, kann dieser im Innenverhältnis Regress *gegen jeden übrigen Gesellschafter* nehmen. Der Regressanspruch ist subsidiär zum Ersatzanspruch. Im Unterschied zum Ersatzanspruch richtet sich der Regressanspruch *gegen die übrigen Gesellschafter* und nicht gegen die Gesamthand. Die Höhe des Regressanspruchs bestimmt sich nach der gesetzlichen Verlustbeteiligung von Art. 533 Abs. 1 OR[205]. Der Gesellschaftsvertrag oder ein Gesellschaftsbeschluss können den Regressanspruch ausschliessen[206].

146

---

[202] Vgl. SIEGWART, Art. 533 N 23; JOB, 98 Fn 762; SOERGEL-HADDING, § 714 N 36.

[203] FELLMANN/MÜLLER, Art. 544 N 5. – Ähnlich auch im italienischen Recht in Art. 2267 CCit, dazu MARASÀ, 3.

[204] SIEGWART, Art. 533 N 23.

[205] VON STEIGER, 445; FELLMANN/MÜLLER, Art. 544 N 8.

[206] HANDSCHIN, Art. 544 N 28.

*g) Anspruch auf Annahme und Verwertung der Beitragsleistung[207]*

147 Jeder Gesellschafter muss nach Art. 531 Abs. 1 OR einen Beitrag zur Erreichung des Gesellschaftszwecks leisten (*Nr. 164 ff.*)[208]. Umgekehrt hat jeder Gesellschafter einen Anspruch darauf, dass die korrekt angebotenen Beiträge angenommen und zur Erreichung des Gesellschaftszwecks verwendet werden[209]. Nimmt die Gesamthand die korrekt angebotenen Beiträge nicht an, so befindet sie sich deswegen nicht nur im Gläubigerverzug, sondern auch im Schuldnerverzug[210].

*h) Anspruch auf Ausübung der Geschäftsführung*

148 1. Die Geschäftsführung steht nach Art. 535 Abs. 1 OR allen Gesellschaftern zu, soweit sie nicht durch Vertrag oder Gesellschaftsbeschluss ausschliesslich übertragen worden ist. Ist die Befugnis nicht übertragen worden, kann jeder Gesellschafter nach Art. 535 Abs. 2 OR ohne Mitwirkung der übrigen handeln. Es gilt der Grundsatz der Einzelgeschäftsführungsbefugnis[211].

---

[207] Vgl. SIEGWART, Art. 531 N 3.

[208] MEIER-HAYOZ/FORSTMOSER, 260 N 34 m.w.H.

[209] SIEGWART, Art. 531 N 3.

Beispiel: Gesellschafter A hat nach dem Gesellschaftsvertrag als Beitrag Arbeiten an einem gemeinsam erstellten Bauwerk zu erbringen. Wollen nun die übrigen Gesellschafter einen Dritten mit den Arbeiten beauftragen, kann Gesellschafter A durch Anbieten seiner Leistung die Gesamthand in Schuldnerverzug setzen (*vgl. Nr. 207 ff.*).

[210] SJZ 26, 243; SIEGWART, Vorbem. zu Art. 530–551 N 57.

[211] MEIER-HAYOZ/FORSTMOSER, 264 N 50; HANDSCHIN, Art. 535 N 3; VON STEIGER, 403.

2. Geschäftsführung ist jede auf die Erreichung des konkreten 149
Gesellschaftszwecks gerichtete Massnahme tatsächlicher oder rechtlicher Natur[212]. Von den Geschäftsführungshandlungen sind zwei Arten von Handlungen abzugrenzen:

- Die *Grundlagengeschäfte*: Grundlagengeschäfte sind Hand- 150
lungen, die den Inhalt des Gesellschaftsverhältnisses (*Nr. 12*) ändern[213]. Grundlagenhandlungen sind beispielsweise: die Änderung des Zwecks, der Organisation, des Mitgliederbestandes, aber auch der Entscheid über die prozessuale Durchsetzung von Sozialansprüchen (*Nr. 314 ff.*). Grundlagenhandlungen bedürfen je nach ihrem Inhalt entweder eines Gesellschaftsbeschlusses oder einer Änderung des Gesellschaftsvertrages[214], damit sie vorgenommen werden dürfen.

- Die *aussergewöhnlichen Handlungen*: Aussergewöhnliche 151
Handlungen sind nach Art. 535 Abs. 3 OR beispielsweise die Bestellung eines Generalbevollmächtigten oder die Vornahme von Rechtshandlungen, die über den gewöhnlichen Betrieb der gemeinschaftlichen Geschäfte hinausgehen[215]. Für solche Handlungen bedarf es nach Art. 535 Abs. 3 OR der Einwilligung sämtlicher Gesellschafter. Liegt bei solchen Handlungen Gefahr im Verzuge, kann im Unterschied zu den Grundlagengeschäften (*Nr.*

---

[212] VON STEIGER, 397; mit Hinweis in Fn 120 auf die unterschiedlichen Definitionen in der Doktrin.

[213] SOERGEL-HADDING, § 709 N 11; FELLMANN/MÜLLER, Art. 535 N 2; ähnlich VON STEIGER, 392.

[214] A.M. VON STEIGER, 392, nach welchem Änderungen des Gesellschaftsvertrages auch durch Beschluss vorgenommen werden können. Soweit in der Gesellschaft das Einstimmigkeitsprinzip herrscht, ist die Frage höchstens in Bezug auf die Einhaltung von Formvorschriften von Bedeutung. Ist das Mehrheitsprinzip vereinbart, hiesse dies, dass eine Mehrheit gegen den Willen der Minderheit den Gesellschaftsvertrag ändern könnte.

[215] FELLMANN/MÜLLER, Art. 535 N 4.

*150)* auf die Einwilligung sämtlicher Gesellschafter verzichtet werden.

152   3. Jeder Gesellschafter kann aufgrund der Einzelgeschäftsführungsbefugnis (*Nr. 148*) alleine und ohne weiteres Geschäftsführungshandlungen vornehmen. Will ein Gesellschafter eine Geschäftsführungshandlung durchsetzen, so muss er sie *ausführen*. Wird ein geschäftsführungsbefugter Gesellschafter in der Ausübung der Geschäftsführung behindert oder gestört, kann er den Anspruch prozessual durchsetzen[216].

153   Beispiel: Der Gesellschafter A führt gewisse Geschäfte der einfachen Gesellschaft. B verwehrt ihm den Zutritt zu den Büroräumlichkeiten, die A benötigt, um seinen Geschäften nachzugehen. A kann nun klageweise begehren, es sei ihm die Geschäftsführungstätigkeit ungestört einzuräumen, indem ihm der Zugang zu den Büroräumlichkeiten ermöglicht wird.

*i) Anspruch auf Mitwirkung bei Beschlussfassung*

154   1. Handlungen, die nicht Geschäftsführung (*vgl. Nr. 149 ff.*) sind, bedürfen eines Gesellschaftsbeschlusses (*Nr. 16*). Jeder Gesellschafter hat einen Anspruch auf *Mitwirkung* bei der Beschlussfassung durch Stimmabgabe[217]. Gesellschaftsbeschlüsse müssen nach Art. 534 Abs. 1 OR mit Zustimmung aller Gesellschafter gefasst werden[218]; vertraglich kann nach Art. 534 Abs. 2 OR davon

---

[216]   SOERGEL-HADDING, § 709 N 5.

[217]   FELLMANN/MÜLLER, Art. 534 N 4 (indirekt); differenziert: SOERGEL-HADDING, § 709 N 27.

[218]   Das Gesetz regelt in Art. 534 OR das *Zustandekommen* der Gesellschaftsbeschlüsse. Die *Formalien* der Beschlussfassung sind gesetzlich nicht geregelt. Vertraglich können das Verfahren und die Beschlussfassung beliebig gestaltet werden. Mögliche Arten der

abgewichen werden[219]. Ein gewisses Mitbestimmungsrecht indes gehört jedoch zum Wesen der Gesellschaft, weshalb im Gesellschaftsvertrag nicht bestimmt werden kann, dass ein Gesellschafter kein Recht auf Stimmabgabe hat[220].

2. Wird ein Gesellschafter an der Teilnahme an der Beschlussfassung behindert, kann er auf (richtige) Erfüllung des Anspruchs klagen. Insofern besteht ein Individual*anspruch* auf Mitwirkung bei der Beschlussfassung. Indessen wird in der Praxis die Erfüllungsklage wohl nicht im Vordergrund stehen. Vielmehr wird bei Verletzung des Anspruchs auf Mitwirkung (*Nr. 154*) nachträglich auf Schadenersatz geklagt werden. Zudem kommt kein Gesellschaftsbeschluss gültig zustande, wenn nicht alle zur Mitwirkung verpflichteten Gesellschafter an der Beschlussfassung teilnehmen (*vgl. Nr. 323*)[221]. Dies dürfte ein Anreiz sein, dass der Individualanspruch auf Mitwirkung bei der Beschlussfassung freiwillig erfüllt wird.

155

j)  *Anspruch auf Einsicht*[222]

1. Der von der Geschäftsführung *ausgeschlossene* Gesellschafter hat nach Art. 541 Abs. 1 OR das Recht, sich persönlich von dem

156

---

Beschlussfassung sind Gesellschafterversammlungen, der Zirkulationsweg und formlose Besprechungen (VON STEIGER, 396 f.).

[219] In der Regel wird alsdann die Mehrheit nach der Personenzahl ermittelt werden. Gesellschaftsvertraglich oder durch Beschluss kann jedoch auch vereinbart werden, dass die Mehrheit nach dem Kapitalanteil der Gesellschafter ermittelt wird; die Vereinbarung kann sogar stillschweigend geschehen, was bei Gesellschaften mit überwiegend kapitalistischer Grundlage (z.B. Emissionskonsortien) der Übung entsprechen kann (BECKER, Art. 534 N 7).

[220] SIEGWART, Art. 534 N 4; TSCHUDI, 88.

[221] FELLMANN/MÜLLER, Art. 534 N 4.

[222] Vgl. FELLMANN/MÜLLER, Art. 541 N 6, nach welchen sich der Anspruch zwar gegen die Gesamthand richtet, die Geltendmachung aber direkt gegenüber dem Geschäftsführer zu erfolgen hat.

Gange der Gesellschaftsangelegenheiten zu unterrichten, Einsicht in die Geschäftsbücher und Papiere der Gesellschaft zu nehmen und für sich eine Übersicht über den Stand des gemeinschaftlichen Vermögens anzufertigen[223]. Der Anspruch auf Einsicht ist gemäss 541 Abs. 2 OR zwingender Natur[224].

157     2. Im Anspruch auf Einsicht (*Nr. 156*) ist nach Art. 541 Abs. 1 a. E. i. V. m. Art. 540 Abs. 1 und Art. 400 Abs. 1 OR der Anspruch auf Rechnungslegung enthalten[225]. Der Anspruch auf Rechnungslegung hilft dem *geschäftsführenden* Gesellschafter festzustellen, ob ihm ein Gewinn (*Nr. 137 f.*) oder ein Anteil am Überschuss (*Nr. 144*) zusteht oder ob er einen allfälligen Verlust (*Nr. 170 ff.*) zu tragen hat[226]. Der Anspruch auf Rechnungslegung richtet sich gegen die Gesamthand[227].

158     3. Träger (*Nr. 54 ff.*) des Anspruchs auf Einsicht ist nur der von der Geschäftsführung ausgeschlossene Gesellschafter[228]. Im Gegensatz dazu ist bis zur Auflösung der Gesellschaft in aller Regel nur ein *geschäftsführender* Gesellschafter Träger des Anspruchs auf

---

[223] VON STEIGER, 404. A.M. FELLMANN/MÜLLER, Art. 541 N 3, nach welchen nicht nur der von der Geschäftsführung ausgeschlossene Gesellschafter sondern auch der Geschäftsführer Träger des Anspruchs ist. – Zur Diskussion von Informationsrechten im Aktienrecht vgl. WICKI, 29.

[224] VON STEIGER, 405; MEIER-HAYOZ/FORSTMOSER, 266 N 58. Das schliesst aber gemäss BECKER, Art. 541 N 3, nicht aus, dass über Art und Zeit der Einsichtnahme Vereinbarungen getroffen werden können, solange diese Vereinbarungen keine unbillige Erschwerung darstellen und die richtige und rechtzeitige Information nicht gefährden.

[225] BECKER, Art. 540 N 2 und 3; FELLMANN/MÜLLER, Art. 541 N 2.

[226] SOERGEL-HADDING; § 721 N 2.

[227] So auch SOERGEL-HADDING, § 721 N 3.

[228] A.M. FELLMANN/MÜLLER, Art. 541 N 3.

Rechnungslegung (*Nr. 157*)[229]. Der Anspruch auf Einsicht und der Anspruch auf Rechnungslegung ergänzen sich somit im System der Ansprüche.

k)   *Anspruch auf Liquidation*[230]

1. Mit der Auflösung ist die Gesellschaft nicht *beendet*, sondern besteht weiter mit dem (nunmehr einzigen) Zweck ihrer Liquidation[231]. Nach Auflösung entsteht ein Individualanspruch gegen die Gesamthand auf Liquidation der Gesellschaft[232]. Der Gesellschafter kann jeden zur Liquidation notwendigen Vorgang wie beispielsweise die Feststellung der Aktiven und Passiven und die Vornahme der Auseinandersetzung einklagen. 159

2. Vom Anspruch auf Liquidation (*Nr. 159*) muss das Gestaltungsklagerecht auf Auflösung der Gesellschaft nach Art. 545 Abs. 1 Ziff. 7 i. V. m. Art. 545 Abs. 2 OR unterschieden werden[233]. Bei Vorliegen eines wichtigen Grundes im Sinne von Art. 545 Abs. 2 OR kann jeder Gesellschafter die richterliche Auflösung ver- 160

---

[229]   BECKER, Art. 540 N 3.

[230]   Vgl. SIEGWART, Art. 548, 549, 550 N 3, 25; FELLMANN/MÜLLER, Art. 549 N 1 f.; BGE II 575. Nach SIEGWART und FELLMANN/MÜLLER richtet sich die Klage gegen diejenigen Gesellschafter, die sich der Liquidation oder der vom Kläger gewünschten Teilungsart widersetzen.

[231]   SIEGWART, Art. 548, 549, 550 N 6. FELLMANN/MÜLLER, Art. 547 N 1.

[232]   BGE 24 II 575; SIEGWART, Art. 548, 549, 550, N 3; VON STEIGER, 461; FELLMANN/MÜLLER, Art. 549 N 1.

[233]   Nach der hier vertretenen Ansicht (*vgl. Nr. 104 ff., 289 ff.*) ist die Gesamthand beklagte Partei. **A.M.** FRAEFEL, 111, (alle anderen Gesellschafter sind passivlegitimiert); SIEGWART, Art. 547 N 28, (nur jene Gesellschafter, die sich der Auflösung widersetzen, sind passivlegitimiert; so auch BGE 38 II 509, 24 II 201).

langen[234]. Das (gutheissende) richterliche Urteil ist alsdann Auflösungsgrund. Mit dem Gestaltungsklagerecht kann ein Gesellschafter die richterliche Auflösung der Gesellschaft erwirken, mit dem Anspruch auf Liquidation kann er *danach* gerichtlich durchsetzen, dass nach Auflösung der Gesellschaft die Liquidation durchgeführt wird. Vom Anspruch auf Liquidation ist schliesslich das Gestaltungsrecht der ausserordentlichen Kündigung nach Art. 27 Abs. 2 ZGB zu unterscheiden[235]. Dieses ausserordentliche Kündigungsrecht steht dem Gesellschafter gemässt Bundesgericht zu, wenn ihm die Fortsetzung der Gesellschaft nicht mehr zumutbar ist[236]. Der Gesellschafter muss im Unterschied zum Gestaltungsklagerecht keine Klage erheben, sondern die Gesellschaft wird mit Zugang der Kündigungserklärung aufgelöst[237].

*B. Gegen einen oder mehrere Gesellschafter*

161   1. Individualansprüche können sich nicht nur gegen die Gesamthand, sondern auch gegen einen einzelnen (oder mehrere einzelne) Gesellschafter richten. Ein gesetzlicher Individualanspruch gegen einen oder mehrere Gesellschafter ist der Regressanspruch nach Art. 148 Abs. 2 OR des Gesellschafters gegen alle übrigen Gesellschafter wegen Inanspruchnahme aus solidarischer Haftung im Aussenverhältnis (*Nr. 145 f.*). Der Regressanspruch ist der einzige im dispositiven Gesetzesrecht vorgesehene Individualanspruch gegen einen einzelnen Gesellschafter[238].

---

[234] SIEGWART, Art. 547 N 27; allerdings kann gemäss BGE 24 II 202 kein Gesellschafter aufgrund von Tatsachen, an deren Vorhandensein er ein überwiegendes Verschulden trägt, die Auflösung verlangen.

[235] FELLMANN/MÜLLER, Art. 545 N 8.

[236] BGE 48 II 442.

[237] FELLMANN/MÜLLER, Art. 545 N 8.

[238] **A.M.** FELLMANN/MÜLLER, Art. 541 N 6, kann auch das Einsichtsrecht (*Nr. 156 ff.*) direkt gegenüber dem Geschäftsführer geltend gemacht werden.

2. Der Schadenersatzanspruch (*Nr. 221 ff.*) des einzelnen 162
Gesellschafters gegen andere Gesellschafter aus der Nichterfüllung
der Innenansprüche oder der sonstigen Verletzung von Pflichten aus
dem Gesellschaftsverhältnis (*vgl. Nr. 188 ff.*). Ein solcher Schadenersatzanspruch entsteht, wenn der einzelne Gesellschafter einen
unmittelbaren Gesellschafterschaden (*Nr. 222 f.*) erleidet, und zwar
durch Handlungen oder Unterlassungen von einem oder mehreren
Gesellschaftern, für welche nicht ausschliesslich die Gesamthand als
Geschäftsherrin haftet (*vgl. Nr. 227 ff.*).

2. *Sozialansprüche*

Sozialansprüche sind Innenansprüche (*Nr. 4*), deren Trägerin (*Nr.* 163
*60*) die Gesamthand ist (*Nr. 50*)[239]. Gesetzlich vorgesehene Sozialansprüche sind beispielsweise der Anspruch auf Beiträge (A.), der
Anspruch auf Übernahme des Verlustanteils (B.), der Anspruch auf
Nachschüsse (C.), der Anspruch auf Geschäftsführung (D.), der
Anspruch auf Stimmabgabe (E.), der Anspruch auf Unterlassung von
konkurrierender Tätigkeit (F.), der Anspruch auf Unterlassung der
Geschäftsführung nach Entzug aus wichtigem Grund (G.) und der
Anspruch auf Unterlassung der Handlung nach ausgeübtem Vetorecht (H.).

A. *Anspruch auf Beiträge*[240]

1. Jeder Gesellschafter muss nach Art. 531 Abs. 1 OR einen 164
Beitrag an die Erreichung des Gesellschaftszwecks leisten[241]. Die

---

[239] KESSLER, § 705 N 55.

[240] Vgl. JOB, 98 Fn 761, VON STEIGER, 377; SOERGEL-HADDING, § 705 N 47. Auch im italienischen Recht gilt der Anspruch auf Beiträge als Sozialanspruch:"L'obbligo del conferimento viene assunto da ogni socio nei confronti di tutti gli altri *soci* [...]", GHIDINI, 166.

[241] Grundlegend dazu schon VOGELSANG, 100 ff.; FLACHSMANN, 24.

Beitragspflicht ist zwingend (*vgl. Nr. 196*)[242]. Das Gesetz zählt die Arten der Beitragsleistungen nicht abschliessend auf[243]. Es sind nach herrschender Lehre irgendwelche Leistungen möglich, durch welche der Gesellschaftszweck gefördert wird[244]. Der Beitrag kann in Geld, Sachen, Forderungen oder Arbeit bestehen[245]. Ein Beitrag kann auch die Übernahme einer Unterlassungs- oder Duldungspflicht sein. Der Anspruch auf Beiträge entsteht mit Abschluss des Gesellschaftsvertrages und gehört ab diesem Zeitpunkt zum Gesellschaftsvermögen[246].

165   2. Umstritten ist, ob im Beitragsanspruch auch ein Sozialanspruch auf *Erhöhung* der Beiträge enthalten ist[247]. Nach einer Lehrmeinung ist die Erhöhung der Beiträge grundsätzlich unzulässig; ausnahmsweise ist eine Erhöhung der Beiträge geschuldet, wenn die Höhe der Beiträge im Gesellschaftsvertrag nicht *abschliessend* bestimmt oder bestimmbar ist[248]. Meiner Ansicht nach kommt es darauf an, was der Gesellschaftsvertrag vorsieht. Es geht somit um eine Frage der Vertragsauslegung.

166   3. Wird die Erfüllung des (vereinbarten) Anspruchs auf Beiträge zufällig (nachträglich und objektiv) unmöglich, wandelt sich – abweichend vom allgemeinen Grundsatz (*Nr. 193*) – der Inhalt der ursprünglich vereinbarten Beitragsleistungspflicht in eine Pflicht zur Leistung von Wertersatz (*ausführlich: Nr. 194 ff.*). Die Pflicht zur

---

[242] TERCIER, Nr. 5539 und 5640; HANDSCHIN, Art. 531 N 1; SIEGWART, Art. 530 N 18; MEIER-HAYOZ/FORSTMOSER, 260 N 34. A.M. BECKER, Art. 531 N 1.

[243] MEIER-HAYOZ/FORSTMOSER, 260 N 37.

[244] VON STEIGER, 368; MEIER-HAYOZ/FORSTMOSER, 260 N 37.

[245] WIEDEMANN, Rechte und Pflichten, 14.

[246] NITSCHKE, 86.

[247] Vgl. HADDING, Actio pro socio, 10.

[248] VON STEIGER, 371; SOERGEL-HADDING, § 707 N 1. A.M. BECKER, Art. 531 N 2.

Leistung von Wertersatz besteht, weil die Beitragspflicht zwingend ist (*Nr. 164*) und eine Beitrags*leistungs*pflicht ist. Selbst wenn die Leistung durch Zufall unmöglich geworden ist, besteht die Beitrags*leistungs*pflicht weiter.

4. Endlich ist noch ein Sonderfall der Beitragsleistungen zu behandeln: Beim *Konsortium als Losgemeinschaft* ist die Beitragspflicht der Gesellschafter durch Vereinbarung in der Weise geordnet, dass jeder von ihnen einen bestimmten Teil des mit dem Besteller vereinbarten Werkes (z.B. eines Kraftwerkes) selbständig ausführt[249]. Für ihre Leistungen erhalten die Gesellschafter einen entsprechenden Anteil der vom Besteller für das ganze Werk geschuldeten Vergütung[250]. Dazu eine *Bemerkung* und eine *Abgrenzung*: 167

– Die Leistung des Gesellschafters ist ein Beitrag im Sinne von Art. 531 Abs. 1 OR. Die Vergütung ist Gewinn (*Nr. 137 ff.*) oder Überschuss (*Nr. 144*) (bzw. Verlust: *Nr. 170 ff.* oder Nachschuss: *Nr. 173*) aus der Gesellschaft[251]. Leistungsstörungen beurteilen sich mithin nach den einschlägigen Regeln über die Nichterfüllung von Innenansprüchen oder sonstige Verletzung von Pflichten aus dem Gesellschaftsverhältnis (*Nr. 188 ff.*)[252]. 168

– Die Beiträge der so verstandenen Losgemeinschaft sind von Vergütungen in Arbeitsgemeinschaften für Bauunternehmungen, die keine Beiträge sind, abzugrenzen. Solche besonderen Vergütungen kommen in verschiedenen Erscheinungsformen vor. Sei es, dass ein Gesellschafter für die Bereitstellung von Maschinen etc. eine besondere Vergütung bezieht, sei es, dass er ganze Subunternehmerleistungen in *Konsortien mit interner* 169

---

[249] GAUCH, Werkvertrag, Nr. 255; vgl. auch EGLI, 45.
[250] GAUCH, Werkvertrag, Nr. 255.
[251] GAUCH, Werkvertrag, Nr. 255.
[252] GAUCH, Werkvertrag, Nr. 256.

*Weitervergebung*[253] vornimmt. Solche gegen besondere Vergütung zu erbringende Leistungen sind auch dann keine Beiträge im Sinne von Art. 531 Abs. 1 OR, wenn sie der Zweckförderung dienen[254]. Ob im Einzelfall eine *besondere Vergütung* oder ein *Beitrag* vereinbart ist, hängt von der Vereinbarung (im Gesellschaftsvertrag oder einer nachträglichen Vereinbarung mit der Baukommission) ab und ist durch Auslegung zu ermitteln[255]. Eine Auslegungshilfe ist, ob der Gesellschafter die Vergütung auch dann erhält, wenn die Gesellschaft einen Verlust einfährt, oder ob er das unternehmerische Risiko trägt (*wie in Nr. 167*). Immer ist aber zu beachten, dass ohne besondere Vereinbarung Arbeitsleistungen der Gesellschafter nach Art. 537 Abs. 3 OR nicht entgolten werden[256].

### B. *Anspruch auf Übernahme des Verlustanteils*[257]

170　1. Art. 533 Abs. 1 OR bestimmt, dass jeder Gesellschafter ohne Rücksicht auf die Art und Grösse seines Beitrages gleichen Anteil am Verlust hat[258]. Bisweilen kann die Gesellschaft darauf angewiesen sein, dass solche Verluste *während werbender Gesellschaft (vgl. Nr. 138)* den einzelnen Gesellschaftern zugewiesen werden. Die Übernahme des Verlustanteils besteht darin, dass der verpflichtete Gesellschafter an die Gesellschaftskasse einen Deckungsbetrag zu leisten hat.

171　2. Es ist umstritten, ob die Gesamthand einen Anspruch auf Übernahme des Verlustanteils durch einzelne Gesellschafter *während*

---

[253] GAUCH, Werkvertrag, Nr. 253.

[254] Vgl. Behelf zum Arbeitsgemeinschaftsvertrag für Bauunternehmungen, 34; vgl. GAUCH, Werkvertrag, Nr. 256.

[255] Vgl. dazu EGLI, 51.

[256] BGE 72 II 182; FELLMANN/MÜLLER, Art. 537 N 12 f.; EGLI, 51.

[257] Vgl. SOERGEL-HADDING, § 705 N 47; HERREN, 269.

[258] HANDSCHIN, Art. 533 N 6.

*werbender Gesellschaft* hat. Nach herrschender Lehre und Rechtsprechung muss der Gesellschaftsvertrag oder ein Gesellschaftsbeschluss die Zuweisung der Verluste vorsehen, damit ein Anspruch während werbender Gesellschaft besteht[259]. Meiner Ansicht nach besteht nach Art. 533 Abs. 1 OR ein Anspruch auf Übernahme des Verlustanteils während werbender Gesellschaft (insofern verhält es sich gleich wie beim Gewinnanspruch: *Nr. 137 ff.*). Ob dieser Anspruch während werbender Gesellschaft durchgesetzt werden kann, ist eine Frage des Zeitpunkts des Eintritts der Fälligkeit, welche sich nach den allgemeinen Regeln (*Nr. 184*) bestimmt.

Liquidation die Zuweisung der Verluste nach Art. 549 Abs. 2 OR; 172 die Gesellschafter müssen Nachschüsse (*Nr. 173*) zur Deckung des Fehlbetrages leisten[260]. Der Unterschied zwischen dem Anspruch auf Übernahme des Verlustanteils und dem Anspruch auf Nachschüsse besteht darin, dass letzterer erst *nach der Auflösung der Gesellschaft* entstehen kann.

## C. Anspruch auf Nachschüsse[261]

Die aufgelöste Gesellschaft muss liquidiert werden. Nach Art. 549 173 Abs. 2 OR werden die gemeinschaftlichen Schulden aus dem Gesellschaftsvermögen getilgt und die Aufwendungen werden ersetzt (*Nr. 139*), um danach die Vermögensbeiträge (*Nr. 143*) zurückzuerstatten[262]. Art. 549 Abs. 2 OR ist insofern missverständlich, weil

---

[259] BGE 53 II 496; FELLMANN/MÜLLER, Art. 533 N 4; HANDSCHIN, Art. 533 N 9.

[260] Vgl. HANDSCHIN, Art. 533 N 9.

[261] Vgl. JOB, 98 Fn 761; SOERGEL-HADDING, § 705 N 47.

[262] Gemeinschaftliche Schulden sind die Schulden der Gesamthand, die nach Massgabe von Art. 544 Abs. 3 OR gegenüber Dritten im Aussenverhältnis bestehen. Dazu gehören auch die sogenannten Drittgläubigerforderungen (vgl. Fn 381). Des Weiteren sind gemeinschaftliche Schulden im Sinne von Art. 549 OR die

er von *Tilgung der Schulden* einerseits und *Ersatz der Auslagen und Verwendungen* anderseits spricht. Gemeinschaftliche Schulden sind aber nicht nur die Schulden der Gesamthand im Aussenverhältnis, sondern auch diejenigen im Innenverhältnis, wie beispielsweise Schulden für Aufwendungsersatz[263]. Art. 549 Abs. 2 OR ist insofern redundant. Besteht nach der Schlussabrechnung ein Fehlbetrag, hat die Gesamthand gemäss Art. 549 Abs. 2 OR einen Anspruch auf Nachschüsse zur Deckung des Fehlbetrages nach Massgabe der Verlustbeteiligung[264]. Der Anspruch auf Nachschüsse entsteht im Unterschied zum Anspruch auf Übernahme des Verlustanteils (*Nr. 170 ff.*) erst *nach Auflösung* der einfachen Gesellschaft.

D. *Anspruch auf Vornahme von Geschäftsführungshandlungen*[265]

174 Neben dem Individualanspruch auf Geschäftsführung (*Nr. 148 ff.*) besteht auch ein Sozialanspruch auf Vornahme von Geschäftsführungshandlungen. Dieser Sozialanspruch besteht dann, wenn die Befugnis zur Geschäftsführung an einen oder mehrere Gesellschafter im Sinne von Art. 535 Abs. 1 OR *ausschliesslich* übertragen worden ist[266]. Ist für die Erreichung des Gesellschaftszweckes die Vornahme von konkreten Geschäftsführungshandlungen notwendig, hat die

---

Sozialverbindlichkeiten, also die Schulden aus Innenansprüchen, die sich gegen die Gesamthand richten.

[263] VON STEIGER, 383; MÜNCHKOMM-ULMER, § 733 N 6.

[264] JOB, 98 FN 761; FELLMANN/MÜLLER, Art. 549 N 7; BGE 77 II 50. **Aber:** Nach FELLMANN/MÜLLER, Art. 549 N 8 ist die gerichtliche Einforderung der Nachschüsse nicht Aufgabe der Liquidatoren (im Namen der Gesamthand), sondern der einzelnen Gesellschafter. Dies ist insofern zutreffend, als nach der hier vertretenen Auffassung während der Liquidation jeder Gesellschafter mit der *actio pro socio* Sozialansprüche einklagen kann (*Nr. 377 f.*).

[265] Vgl. SOERGEL-HADDING, § 705 N 47; FELLMANN/MÜLLER, Art. 535 N 7.

[266] Vgl. KRATZ, 14.

Gesamthand einen Sozialanspruch gegen jeden einzelnen Gesellschafter auf Vornahme dieser Handlungen[267].

### E. *Anspruch auf Stimmabgabe[268]*

1. Neben dem Individualanspruch auf Mitwirkung bei der Beschlussfassung (*Nr. 154 f.*), besteht auch ein Sozialanspruch auf Stimmabgabe[269]. Die Pflicht zur Stimmabgabe folgt aus der Treupflicht des Gesellschafters, nach welcher sich ein Gesellschafter wichtigen Beschlüssen nicht entziehen darf, weil dadurch bisweilen die Tätigkeit der Gesellschaft erst ermöglicht wird (soweit es einer vorgängigen Beschlussfassung für die Vornahme der Handlung bedarf)[270]. Dies ist insbesondere dann von Bedeutung, wenn Einstimmigkeit erforderlich ist[271]. Die Gesamthand kann auf pflichtgemässe Abgabe der Stimme klagen[272]. Nach SIEGWART und FELLMANN/MÜLLER kann der Gesellschafter unter Umständen sogar gerichtlich gezwungen werden, zur Schaffung einer vernünftigen Lösung Hand zu bieten[273].

2. Die prozessuale Durchsetzung des Anspruchs auf Stimmabgabe dürfte in der Praxis bisweilen schwierig und wenig erfolgsversprechend sein[274]. Es stellt sich deshalb die Frage, ob die Gesellschafter einen Gesellschaftsbeschluss ohne den passiven Gesellschafter fassen können. Eine solche Lösung würde sicherlich einem

---

[267] FELLMANN/MÜLLER, Art. 535 N 7; vgl. KRATZ, 14.

[268] Vgl. SOERGEL-HADDING, § 705 N 47.

[269] TSCHUDI, 88; HARTMANN, Art. 557 N 13 (für die Kollektivgesellschaft).

[270] HARTMANN, Art. 557 N 13.

[271] HARTMANN, Art. 557 N 13.

[272] HARTMANN, Art. 557 N 13; TSCHUDI, 88.

[273] SIEGWART, Art. 534 N 6; FELLMANN/MÜLLER, Art. 534 N 4.

[274] Vgl. etwa DALLAFIOR, 379 Fn 22 (für die Einberufung der Vereinsversammlung).

grossen Bedürfnis entsprechen und wäre sachgerecht, allerdings fehlt eine gesetzliche Grundlage hiefür. Oftmals wird die Gesamthand aufgrund der praktischen Schwierigkeiten den Weg einer Schadenersatzklage wegen schuldhafter Verweigerung der Stimmabgabe beschreiten[275].

### F. *Anspruch auf Unterlassung von konkurrierender Tätigkeit*[276]

177 Kein Gesellschafter darf nach Art. 536 OR zu seinem besonderen Vorteil Geschäfte betreiben, durch die der Zweck der Gesellschaft vereitelt oder beeinträchtigt wird. Die Gesamthand hat einen Anspruch auf Unterlassung von solcher Tätigkeit durch einen (oder mehrere) Gesellschafter[277]. Handelt der Gesellschafter diesem Unterlassungsanspruch zuwider, dann liegt eine Schuldnerverzugslage (*Nr. 207 ff.*) vor, soweit der Zustand rückgängig gemacht oder das zu Unterlassende wiederholt werden kann[278]. Die Gesamthand kann nach den Regeln des Schuldnerverzuges vorgehen (*Nr. 207 ff.*). Kann der Zustand hingegen nicht rückgängig gemacht werden oder kann das zu Unterlassende nicht wiederholt werden, besteht die Möglichkeit, Schadenersatz zu verlangen[279].

### G. *Anspruch auf Unterlassung der Geschäftsführung nach Entzug aus wichtigem Grund*

178 Jeder Gesellschafter kann nach Art. 539 Abs. 2 OR bei Vorliegen wichtiger Gründe einem anderen Gesellschafter die Befugnis zur Geschäftsführung (*Nr. 148 ff.*) entziehen[280]. Mit Empfang der Willens-

---

[275] Vgl. HARTMANN, Art. 557 N 13; TSCHUDI, 89; SIEGWART, Art. 534 N 6; BECKER, Art. 534 N 4; WIELAND, Handelsrecht, 571.

[276] Vgl. HADDING, Actio pro socio, 10.

[277] FELLMANN/MÜLLER, Art. 537 N 7.

[278] A.M. GAUCH/SCHLUEP/REY, Nr. 2610.

[279] FELLMANN/MÜLLER, Art. 537 N 7.

[280] FELLMANN/MÜLLER, Art. 539 N 2.

erklärung durch den betreffenden Geschäftsführer erlischt die Befugnis, soweit wichtige Gründe vorliegen. Nach Entzug entsteht ein Sozialanspruch auf Unterlassung der Geschäftsführung. Trägerin des Unterlassungsanspruchs ist im Gegensatz zum Gestaltungsrecht nicht der einzelne Gesellschafter, sondern die Gesamthand.

*H. Anspruch auf Unterlassung der Handlung nach ausgeübtem Vetorecht*

1. Jeder zur Geschäftsführung befugte Gesellschafter hat nach Art. 535 Abs. 2 OR das Recht, durch seinen Widerspruch (Veto) die Geschäftsführungshandlungen der anderen Gesellschafter zu verhindern, bevor sie vollendet sind[281]. Dieses Vetorecht ist ein Ausgleich dafür, dass im Bezug auf die Geschäftsführungshandlungen der anderen Gesellschafter keine Zustimmung notwendig ist. Es steht nach Art. 535 Abs. 2 OR nur den *geschäftsführungsberechtigten* Gesellschaftern zu und kann nur gegen *Geschäftsführungshandlungen* erhoben werden. Das Veto wirkt nur insoweit, als es nach Treu und Glauben eingelegt wird[282]. Das Veto ist ein Akt der Geschäftsführung; es darf nicht ohne hinreichende Gründe eingelegt werden. Die missbräuchliche Ausübung des Vetos kann den Gesellschafter schadenersatzpflichtig machen[283].

2. Das Gesetz sagt nichts über die Rechtsfolgen der Ausübung des Vetorechts. In der Lehre wird die Meinung vertreten, dass den Geschäftsführern durch Ausübung des Vetorechts sowohl die Befugnis, die fragliche Handlung vorzunehmen oder zu vollenden, als auch die Vertretungsbefugnis im Aussenverhältnis entzogen wird[284]. Handle ein Geschäftsführer trotz berechtigtem Veto, so

179

180

---

[281] Vgl. VON STEIGER, 403; MEIER-HAYOZ/FORSTMOSER, 264 N 51.

[282] Zur Wirksamkeit des Gestaltungsgeschäfts: GAUCH/SCHLUEP/SCHMID, Nr. 152.

[283] VON STEIGER, 403.

[284] VON STEIGER, 403; FELLMANN/MÜLLER, Art. 539 N 8.

übernehme er die Verantwortungen eines Geschäftsführers ohne Auftrag im Sinne von Art. 540 Abs. 2 OR[285].

181     3. Nach hier vertretener Ansicht hingegen entsteht nach Ausübung des Vetorechts ein Sozialanspruch der Gesamthand auf Unterlassung der Handlung[286]. Der Zweck des Vetorechts ist, den geschäftsführenden Gesellschafter vor Handlungen zu schützen, die nicht seiner Zustimmung bedürfen. Um wirklich geschützt zu sein, braucht der Gesellschafter einen Behelf, mit welchem er eine Handlung auch tatsächlich *verhindern* kann. Angesichts des eingeschränkten Anwendungsbereichs der Verweisung von Art. 540 Abs. 2 OR (*Nr. 43*), reicht es meines Erachtens nicht, den Geschäftsführer als nicht mehr geschäftsführungsbefugt und nicht mehr vertretungsmächtig zu betrachten.

182     Beispiel: A, B, C und D sind Aktionäre der x-AG. Sie schliessen sich zu einer einfachen Gesellschaft zusammen mit dem Zweck, ihre Aktionärsrechte gemeinsam auszuüben. Im Gesellschaftsvertrag ist vereinbart, dass A, der gleichzeitig in der x-AG operativ tätig ist und deshalb die beste Kenntnis der Gesellschaftsangelegenheiten hat, die Aktionärsrechte für sich und für die anderen Gesellschafter als Vertreter ausübt[287]. Die inhaltlichen Grundsätze für die Ausübung der Aktionärsrechte sind im Gesellschaftsvertrag umschrieben. Eine Transaktion, welcher die Aktionäre der x-AG zustimmen müssen, widerspricht diesen Grundsätzen. A beab-

---

[285]    BECKER, Art. 540 N 6.

[286]    Vgl. SOERGEL-HADDING, § 705 N 47 und die gesetzliche Regelung in Deutschland in § 711 Satz 2 BGB.

[287]    Gemäss FORSTMOSER/MEIER-HAYOZ/NOBEL, 483 N 192 ein in der Praxis angewandtes Mittel. Zu den Aktionärbindungsverträgen vgl. auch BÖCKLI, 475 ff. und PETER/BIRCHLER, 113 ff. und VON BÜREN/HUBER, 213 ff.

sichtigt an der Generalversammlung (mit allen Aktien) für die Durchführung der Transaktion zu stimmen. B kann dagegen sein Veto einlegen. Trotzdem ist zu befürchten, dass A an der Generalversammlung für die Transaktion stimmt. B hat einen Unterlassungsanspruch. Zudem steht ihm ein Recht auf Realerfüllung des Gesellschaftsvertrages zu[288]. Er kann daher mit einer Leistungsklage die Erfüllung der Pflichten aus dem Gesellschaftsvertrag verlangen, also A die Stimmabgabe nach Massgabe des Inhalts der Grundsätze vorschreiben lassen, und diese durch vorsorgliche (oder superprovisorische) Massnahmen des Prozessrechts sichern[289].

183  4. Trägerin (*Nr. 54 ff.*) des Unterlassungsanspruchs (*Nr. 181*) ist die Gesamthand (*Nr. 60*). Zwar kann das Veto von jedem geschäftsführungsbefugten Gesellschafter ausgeübt werden. Das Veto ist aber ein Akt der Geschäftsführung, der für die Gesamthand vorgenommen wird. Deshalb wird die Unterlassung der Geschäftsführungshandlung der Gesamthand geschuldet (*vgl. Fn 542*).

3. *Fälligkeit*

1. Die Fälligkeit der Erfüllungsansprüche bestimmt sich den 184 allgemeinen Regeln entsprechend in erster Linie nach der (ausdrücklichen oder stillschweigenden) Vereinbarung im

---

[288] FORSTMOSER, 373.

[289] Vgl. dazu ZR 83 (1984) Nr. 53 S. 159; FORSTMOSER, 373 f.; FORSTMOSER/MEIER-HAYOZ/NOBEL, 483 N 192; LÖRTSCHER, 192 ff. – Interessant ist in diesem Zusammenhang das Schiedsgerichtsurteil vom 18. Dezember 1943, in welchem die Beklagte verpflichtet wurde, in einer AG eine Generalversammlung einzuberufen und dort ihre Stimme in der durch das Urteil vorgeschriebenen Weise abzugeben (vgl. FORSTMOSER, 374).

Gesellschaftsvertrag oder nach Beschluss[290]. Unterlassen es die Gesellschafter, die Fälligkeit des Innenanspruchs zu regeln, wird die Erfüllungszeit nach der Natur des Rechtsverhältnisses[291] bestimmt, das heisst der Richter muss den Vertrag nach dem (normativ verstandenen) hypothetischen Parteiwillen ergänzen[292]. Lässt sich die Erfüllungszeit weder dem tatsächlichen noch dem hypothetischen Willen der Gesellschafter entnehmen, so gelten die gesetzlichen Regeln[293]. An gesetzlichen Regeln gibt es die allgemeine Regel von Art. 75 OR, nach welcher der Innenanspruch sofort mit seiner Entstehung fällig wird, und dann gibt es Sonderregeln, die Art. 75 OR vorgehen (*Nr. 185*)[294].

185   2. In meinen Ausführungen bin ich vom Grundsatz ausgegangen, dass sich der Eintritt der Fälligkeit nach dem tatsächlichen oder dem hypothetischen Parteiwillen bestimmt, bzw. sofort mit der Entstehung des Innenanspruchs eintritt (*Nr. 184*). Soweit *Sonderregeln* bestehen, habe ich dies angemerkt. Es gibt insbesondere folgende Sonderregeln:

---

[290]   Vgl. GAUCH/SCHLUEP/REY, Nr. 2194 ff.

[291]   Ein Beispiel eines Innenanspruchs, dessen Fälligkeit sich nach der Natur des Rechtsverhältnisses bestimmt: A muss als Beitrag die Gipserarbeiten in einer Überbauung vornehmen. Im ARGE-Vertrag ist nichts geregelt. A kann erst nach Fertigstellung der Mauern mit den Gipserarbeiten beginnen. Er muss aber zu diesem Zeitpunkt leisten, weil danach B mit der Installation der sanitären Anlagen beginnt.

[292]   Vgl. GAUCH/SCHLUEP/REY, Nr. 2201. Ähnlich VON STEIGER, 390, für den Gewinnanspruch, nach dem auf Grund der konkreten Verhältnisse zu bestimmen ist, wann und wie Gewinne auszurichten sind. Bei Gelegenheits- oder zeitlich terminierten Gesellschaften ist in der Regel die Durchführung der geplanten Geschäfte, bzw. das Ende der Frist abzuwarten, wobei unter Umständen Abschlagszahlungen gerechtfertigt sein können.

[293]   GAUCH/SCHLUEP/REY, Nr. 2203.

[294]   GAUCH/SCHLUEP/REY, Nr. 2203, 2209.

- Der Gewinnanspruch (*Nr. 137 ff.*) kann nach Art. 559 Abs. 1 und Abs. 2 OR am Ende jedes Geschäftsjahres und nach Feststellung der Bilanz fällig werden[295].    186

- Der Anspruch auf Rückzahlung vorgeschossener Gelder wird nach Art. 537 Abs. 2 OR sofort mit dem Vorschuss fällig (*Nr. 140*)[296]. Art. 537 Abs. 2 OR deckt sich inhaltlich allerdings mit Art. 75 OR.    187

## II. Schadenersatzansprüche

Der folgende Abschnitt handelt von den Schadenersatzansprüchen aus dem Gesellschaftsverhältnis (*dazu Nr. 11 ff.*). Zunächst spreche ich von den Erscheinungsformen der Schadenersatzansprüche (1.), hernach von Besonderheiten ihrer Entstehung (2.) und von ihrer Fälligkeit (3.). Zum Schluss behandle ich die Haftpflichtigen und das Haftungssubstrat (4.).    188

### *1. Erscheinungsformen*

Schadenersatzansprüche kommen in verschiedenen Erscheinungsformen vor. Diese Erscheinungsformen lassen sich nach ihrem Entstehungsgrund (A.) und nach ihrer Trägerschaft (B.) einteilen.    189

### *A. Einteilung nach ihrem Entstehungsgrund*

Wird ein *fälliger* (*Nr. 184, 236*) Innenanspruch nicht erfüllt[297] oder werden sonstige Pflichten aus dem Gesellschaftsverhältnis verletzt,    190

---

[295] Ähnlich SIEGWART, Art. 533 N 16, nach dem bei Gesellschaften, die der Kollektivgesellschaft zeitlich und inhaltlich ähnlich sind, die Regeln über die periodische Gewinnverteilung nach Art. 558 analog angewendet werden können.

[296] FELLMANN/MÜLLER, Art. 537 N 11.

[297] Wenn in dieser Arbeit von Nichterfüllung gesprochen wird, meine ich, soweit sich aus dem Zusammenhang nichts anderes ergibt, immer Unmöglichkeit, positive Forderungsverletzung und Schuldnerverzug.

kann dem Geschädigten daraus ein Innenanspruch auf Schadenersatz erwachsen. Solche Schadenersatzansprüche aus dem Gesellschaftsverhältnis kommen in verschiedenen Erscheinungsformen vor. Sie können infolge Unmöglichkeit des Innenanspruchs (a.), positiver Forderungsverletzung (b.) und schliesslich infolge Schuldnerverzugs (c.) entstehen.

*a) Unmöglichkeit*

191 Die Folgen der Nichterfüllung wegen (nachträglicher objektiver) Unmöglichkeit sind im AT des Obligationenrechts geregelt und bestimmen sich insbesondere nach Art. 97 ff. OR und Art. 119 OR[298]. Die Folgen im Einzelnen:

192 1. Wird die Leistung eines Innenanspruchs nachträglich objektiv unmöglich, entsteht nach Art. 97 OR (bzw. 101/103 OR) ein Schadenersatzanspruch gegen den Schuldner, wenn der Schuldner die Unmöglichkeit zu verantworten hat[299].

193 2. Ist die Unmöglichkeit des Innenanspruchs durch Zufall bewirkt worden, geht der Anspruch *grundsätzlich* nach Art. 119 Abs. 1 OR infolge nachträglicher Leistungsunmöglichkeit unter und es entsteht kein Anspruch auf Schadenersatz[300]. Die übrigen Pflichten des

---

[298] SIEGWART, Art. 530 N 80; GAUCH, System, 127; FELLMANN, Grundfragen, 290; FELLMANN/MÜLLER, Art. 530 N 7; EGLI, 48; vgl. BECKER, Art. 530 N 4; vgl. auch GAUCH/SCHLUEP/REY, Nr. 2567. – Zum deutschen Recht: MÜNCHKOMM-ULMER, § 706 N 19; WIEDEMANN, Rechte und Pflichten, 16.

[299] JOB, 43; MÜNCHKOMM-ULMER, § 706 N 21.

[300] JOB, 41; vgl.: PICHONNAZ, Impossibilité, 1325 Fn 1564; MÜLLER, 133, 137; MÜNCHKOMM-ULMER, § 705 N 143. – Hat der Träger des Erfüllungsanspruchs die Unmöglichkeit zu verantworten, erlischt der Anspruch ohne Schadenersatzpflicht (vgl. GAUCH/SCHLUEP/REY, Nr. 3320). Trägt ein anderer Gesellschafter ein Verschulden an der Unmöglichkeit, entsteht allenfalls ein *anderer* Innenanspruch auf

Gesellschafters – wie beispielsweise seine Pflicht zur Stimmabgabe (*Nr. 175 f.*) – hingegen bleiben nach wie vor bestehen[301].

3. Vom Grundsatz, dass der Innenanspruch bei durch Zufall bewirkter Unmöglichkeit untergeht (*Nr. 193*), gibt es meiner Ansicht nach eine Ausnahme, die den praktisch *wichtigsten Anwendungsfall* der Leistungsunmöglichkeit von primären Innenansprüchen betrifft: Wird die Leistung des Beitrages zufällig (nachträglich objektiv) unmöglich, erlischt diese Forderung entgegen dem Grundsatz von Art. 119 Abs. 1 OR nicht[302]. Vielmehr ist es sachlich gerechtfertigt, die Forderung *wertmässig aufrechtzuerhalten*, den Schuldner des unmöglich gewordenen Beitragsanspruchs also zur *Leistung von Wertersatz in Geld* zu verpflichten[303]. Zur Verpflichtung zu Wertersatz Folgendes:

a. Die Verpflichtung zu Wertersatz (*Nr. 194*) ist eine vernünftige Lösung, weil dadurch jeder Gesellschafter das Risiko für den zufälligen Untergang seiner Beitragsleistung selber trägt. Wollte man den Grundsatz von Art. 119 Abs. 1 OR anwenden und die Forderung als erloschen betrachten, hätte dies zur Folge, dass die übrigen

194

195

---

Schadenersatz, soweit eine Pflicht aus dem Gesellschaftsverhältnis verletzt worden ist (JOB, 42).

[301] CHERPILLOD, 58.

[302] FRAEFEL, 46. A.M. Gauch, System, 127; PICHONNAZ, Impossibilité, N 1325; MÜLLER, 137; JOB, 41.

[303] In diese Richtung: CHERPILLOD, 58; PICHONNAZ, Impossibilité, Fn 1566. – A.M. die h.L. in Deutschland: Bei nachträglicher Leistungsunmöglichkeit des Sozialanspruchs auf Beiträge kann, wenn die zu erbringende Leistung eine Sach- oder Arbeitsleistung ist, *Vertragsauslegung* ergeben, dass an die Stelle der unmöglich gewordenen Sach- oder Dienstleistung eine Geldleistung tritt (MÜNCHKOMM-ULMER, § 705 N 143; nach SCHMIDT, Gesellschaftsrecht, § 20 III 3 b, ist diese Rechtsfolge bei Kapitalgesellschaften generell zu bejahen; nach SOERGEL-HADDING, § 705 N 45, ist mindestens zu fragen, ob nach dem Zweck der Sachleistung diese Rechtsfolge eintreten soll; vgl. auch MÜLLER, 76 und 137; VON GERKAN, 441 ff.).

Gesellschafter das Risiko für den zufälligen Untergang der Beitragsleistung eines Gesellschafters tragen, da diese ja nach wie vor zur Leistung ihrer Beiträge verpflichtet sind (*Nr. 164 ff.*)[304]. Eine solche Risikoverteilung für die Leistungsgefahr von Beitragspflichten, die oftmals nahezu im *Synallagma* erbracht werden[305], ist nicht effizient.

196 b. Die Pflicht, einen Beitrag an die Erreichung des Gesellschaftszwecks zu *leisten*, ist zwingend (*Nr. 164*)[306]. Durch zufälliges Unmöglichwerden der vereinbarten Beitragsleistung wird die zwingende Beitrags*leistungs*pflicht indessen *nicht aufgehoben*; die Forderung erlischt also nicht. Vielmehr bleibt der Gesellschafter trotz Leistungsunmöglichkeit nach wie vor zur Beitrags*leistung* verpflichtet. Die *vereinbarte*[307] Beitragsleistungspflicht wandelt sich in eine Pflicht zur Leistung von Wertersatz (der neue Beitrag ist Ersatz des Wertes in Geld)[308]. Diese Regel gilt auch dann, wenn der vereinbarte Beitrag in der Übertragung von Eingentum oder der Gebrauchsüberlassung bestanden hat. Insofern ist Art. 531 Abs. 3 OR[309], der auf die Gefahrentragungsregel vom Kauf- und Mietrecht verweist, gegenstandslos (weil die Forderung nicht erlischt, Art. 531 Abs. 3 OR indes den Fall regelt, bei dem eine Forderung erlischt). Art. 531 Abs. 3 OR greift auch dann nicht, wenn die vereinbarte Beitragsleistung nur zum Teil unmöglich wird, denn unter Wertungsgesichtspunkten muss der Fall der Teilunmöglichkeit gleich behandelt werden wie der Fall der vollständigen Unmöglichkeit. Es kann nicht sein, dass der Schuldner bei bloss teilweiser Unmöglich-

---

[304] GAUCH, System, 127; ähnlich WESPI, 52.

[305] VOGELSANG, 120; vgl. VON BÜREN, 249 f.

[306] Statt vieler: FELLMANN/MÜLLER, Art. 531 N 4.

[307] Ist die Art der Beitragsleistung *nicht vereinbart* worden, kann die Beitragsleistung gar nicht (objektiv nachträglich) unmöglich werden.

[308] Vgl. CHERPILLOD, 538.

[309] Zu Art. 531 Abs. 3 OR: FELLMANN/MÜLLER, Art. 531 N 5; HANDSCHIN, Art. 531 N 7; BECKER, Art. 531 N 5 f.

keit teilweise befreit wird, bei totaler Leistungsunmöglichkeit hingegen nicht.

c. Die Verpflichtung zu Wertersatz ist überdies im schweizerischen Gesellschaftsrecht nicht fremd. Dieser Grundsatz gilt auch bei nachträglicher Unmöglichkeit einer Sacheinlage im Aktienrecht[310]. 197

d. Eine Pflicht zur Leistung von Wertersatz (*Nr. 194*) besteht immerhin nur soweit der Gesellschaftszweck mit Geld erreicht werden kann, da sonst die Gesellschaft nach Art. 545 Abs. 1 Ziff. 1 OR aufgelöst wird. Zudem kann der Schuldner des unmöglich gewordenen Beitragsanspruchs nach Art. 545 Abs. 1 Ziff. 7 i. V. m. Art. 545 Abs. 2 bei Unzumutbarkeit des Wertersatzes auf Auflösung klagen (*Nr. 210*), oder, soweit die Voraussetzungen dazu gegeben sind, gestützt auf Art. 27 Abs. 2 ZGB den Gesellschaftsvertrag ausserordentlich kündigen[311]. 198

3. Geht ein Innenanspruch infolge nachträglicher Leistungsunmöglichkeit dem Grundsatz von Art. 119 Abs. 1 OR entsprechend unter – *was im praktisch wichtigsten Fall der Beitragspflichten gerade nicht vorkommt* (*Nr. 194*) – bleibt die Gegenforderung (die übrigen gesellschaftlichen Verpflichtungen) des befreiten Schuldners entgegen Art. 119 Abs. 2 OR bestehen[312]. Der Grundsatz des Erlöschens der Gegenforderung entspricht dem Austauschcharakter synallagmatischer Verträge[313] und findet bei der Unmöglichkeit von Innenansprüchen *keine Anwendung*, denn die Leistungen der Gesellschafter werden im Hinblick auf die Erreichung des 199

---

[310] FORSTMOSER/MEIER-HAYOZ/NOBEL, 167 N 37.
[311] BGE 48 II 442; FELLMANN/MÜLLER, Art. 545 N 8.
[312] A.M. JOB, 41.
[313] GAUCH/SCHLUEP/REY, Nr. 3288.

gemeinsamen Zwecks erbracht und nicht (nur) im Hinblick auf einen Austausch[314].

200   4. Die Leistungsunmöglichkeit eines *Innenanspruchs* (*Nr. 4, Nr. 191 ff.*) ist von der Unmöglichkeit der *Zweckerreichung* zu unterscheiden. Die Unmöglichkeit der Zweckerreichung hat zur Folge, dass die einfache Gesellschaft nach Art. 545 Abs. 1 Ziff. 1 OR aufgelöst wird[315].

201   5. Und schliesslich: Ist die Leistung eines Innenanspruchs (ursprünglich oder nachträglich) subjektiv unmöglich, liegt nach neuerer und auch hier vertretener Lehre kein Fall der Unmöglichkeit im Sinne von Art. 97 OR und 119 OR vor, vielmehr finden die Vorschriften über den Schuldnerverzug Anwendung (*vgl. Nr. 207 ff.*)[316].

*b)   Positive Forderungsverletzung*

202   Infolge positiver Forderungsverletzung können Schadenersatzansprüche aus dem Gesellschaftsverhältnis entstehen. Die positive Forderungsverletzung ist ein Sammelbegriff für sämtliche Verletzungen von Pflichten aus dem Gesellschaftsverhältnis, die weder Unmöglichkeitstatbestände (*Nr. 191 ff.*) sind noch unter die Verzugsregeln (*Nr. 207 ff.*) fallen[317]. Die *Folgen* der positiven

---

[314]   GAUCH, System, 127. Vgl. auch WEBER, Art. 107 N 46; BGE 116 III 72 ff.; BGE 92 II 301; BGE 49 II 491. **A.M.** VOGELSANG, 120.

[315]   Vgl. GAUCH, System, 126.

[316]   GAUCH/SCHLUEP/REY, Nr. 3140. – Nach der herrschenden Lehre indes führt subjektive Leistungsunmöglichkeit zu einer Schadenersatzpflicht nach Art. 97 Abs. 1 OR (GUHL/KOLLER, 241 N 3).

[317]   Vgl. GAUCH/SCHLUEP/REY, Nr. 2610; SCHWENZER, 391 f. – Diese Autoren sprechen von positiver *Vertrags*verletzung, was aber im vorliegenden Zusammenhang nicht treffend ist, da nicht nur Verletzungen von Pflichten aus dem Gesellschafts*vertrag* darunter fallen, sondern auch Verletzungen von Pflichten, die sich aus *Beschluss* oder aus *Gesetz* ergeben (**A.M.** FELLMANN/MÜLLER, Art. 538 N 7 und N 1, welche nur

Forderungsverletzung richten sich *im Allgemeinen* nach Art. 97 ff. OR[318]. Die Folgen der Schlechterfüllung des Beitragsanspruchs (*Nr. 164 ff.*) indessen richten sich nach der *besonderen Regel* von Art. 531 Abs. 3 OR. Ist der Gesellschafter verpflichtet, eine Sache (oder ein Recht[319]) zu Gebrauch oder zu Eigentum ins Gesellschaftsvermögen zu übertragen, sind aufgrund gesetzlicher Verweisung in Art. 531 Abs. 3 OR die Gewährleistungsvorschriften des Mietvertrages oder Kaufvertrages entsprechend anzuwenden[320]. Folgende Eigenheiten ergeben sich dadurch:

1. Im Kaufrecht kann der Käufer nach vollständiger Entwehrung der Kaufsache gemäss Art. 195 Abs. 1 Ziff. 1 OR den Preis der Kaufsache zurückverlangen. Der Zweck ist, dass der Käufer aus der Entwehrung keinen Schaden erleidet. Da die Gesamthand keinen Preis bezahlt hat, ist es angemessen, dass sie vom schlechtleistenden Gesellschafter Ersatz des entstandenen Schadens verlangen kann. 203

Beispiel: Gesellschafter A, B und C schliessen sich zu einer Gesellschaft zusammen mit dem Zweck, Zeitungen in einem Quartier per Auto zu verteilen. Der Beitrag des A besteht darin, ein Auto in das Gesellschaftsvermögen zu übertragen, mit welchem B und C täglich die Zeitungen verteilen können. A liefert ein Auto, welches er einem Dritten gestohlen hat. Der 204

---

die Verletzung der Pflichten aus dem Gesellschafts*vertrag* erwähnen). In der deutschen Lehre wird deswegen vereinzelt der Begriff der positiven *Forderungs*verletzung (pFV) verwendet (vgl. SOERGEL-HADDING, § 705 N 47).

[318] SIEGWART, Art. 530 N 80; FELLMANN, Grundfragen, 290; FELLMANN/MÜLLER, Art. 538 N 1; vgl. BECKER, Art. 530 N 4; vgl. auch GAUCH/SCHLUEP/REY, Nr. 2567. – Zum Stand der Diskussion in Deutschland: MÜNCHKOMM-ULMER, § 706 N 19; WIEDEMANN, Rechte und Pflichten, 16.

[319] BECKER, Art. 531 N 5 f.

[320] VON STEIGER, 373.

Dritte vindiziert sein Auto von der Gesellschaft. Die Gesamthand hat gegen A einen Anspruch auf Ersatz des Schadens, der ihr durch die mangelhafte Lieferung entstanden ist. Der Schaden, der von A zu decken ist, umfasst beispielsweise die Kosten für die Miete eines Ersatzwagens.

205 2. Liefert der Verkäufer eine mangelhafte Sache, kann der Käufer mit der Wandelungsklage den Kauf rückgängig machen. In Abweichung vom Kaufrecht steht der Gesamthand dieses Recht nicht zu, wenn der Gesellschafter eine mangelhafte Sache als Beitrag einbringt[321]. Sie kann aber auf Ersatz des Minderwertes der Sache klagen.

206 3. Nach Art. 258 Abs. 1 OR kann der Mieter nach den Art. 107-109 OR vorgehen, wenn der Vermieter die Sache nicht zum vereinbarten Zeitpunkt oder mit Mängeln übergibt. In der einfachen Gesellschaft kann der Gläubiger eines Innenanspruchs bei Verzug nicht zurücktreten (*Nr. 208*). Die Gesamthand kann aber den Gesellschafter, der die Sache nicht zum vereinbarten Zeitpunkt oder mit Mängeln behaftet einbringt, ausschliessen (*Nr. 211*) oder die Gesellschaft aussergerichtlich kündigen (*Nr. 211*).

*c) Schuldnerverzug*

207 Befindet sich die Gesamthand oder ein Gesellschafter mit der Leistung eines Innenanspruchs (*Nr. 4*) in Verzug, stehen dem Träger des Anspruchs verschiedene Rechte zu[322]: Insbesondere ist er nach wie vor befugt, auf Realerfüllung der noch möglichen Leistung zu

---

[321] BECKER, Art. 531 N 7; ähnlich VON STEIGER, 373 f. **A.M.** SIEGWART, Art. 531 N 9, nach welchem der Gesellschaft bei Vorliegen der Voraussetzungen für Wandelung ein Anspruch auf rückwirkendes Dahinfallen der Gesellschaft zusteht.

[322] Vgl. WEBER, Art. 102 N 27.

klagen (*Nr. 259 ff.*) und alsdann das Urteil vollstrecken zu lassen[323]. Weiter kann er bei Geldleistungen Verzugszinse und bei *verschuldetem* Verzug Ersatz des Verspätungsschadens[324] verlangen. In Lehre und Rechtsprechung ist indes umstritten, welche Rechte dem Träger des Anspruchs aus den Sonderbestimmungen der Art. 107 – 109 OR erwachsen. Nach überwiegender Meinung kann der Schuldner eines Erfüllungsanspruchs anstelle der Klage auf Realerfüllung gemäss Art. 107 Abs. 2 OR auch auf die Leistung verzichten und Ersatz des aus der Nichterfüllung entstandenen Schadens verlangen[325]. Umstritten ist aber nach wie vor, welche *anderen Rechte* dem Träger zustehen. Dazu im Einzelnen:

---

[323] SIEGWART, Art. 530 N 80; VON STEIGER, 375; vgl. dazu auch GAUCH/SCHLUEP/REY, Nr. 2963. – Die Klage auf Realerfüllung, bzw. Ersatzvornahme und die Beseitigung des rechtswidrigen Zustandes, werden immer dann eine bedeutende Rolle spielen, wenn der Gesellschaftszweck mit der Leistung von Schadenersatz nicht (mehr) erreicht werden kann (zur Ersatzvornahme: FELLMANN, Ersatzvornahme, 109 ff.).

Beispiel: A, B, C und D sind Aktionäre der x-AG. Sie haben sich zu einer einfachen Gesellschaft mit dem Zweck der gemeinsamen und inhaltlich übereinstimmenden Ausübung der Aktionärsrechte für ein bestimmtes Geschäft zusammengeschlossen. A, dessen Teilnahme an einer Generalversammlung entscheidend ist, weigert sich, seine Stimme abzugeben. Der Verzicht auf die Leistung und das Verlangen von Ersatz des aus der Nichterfüllung entstandenen Schadens sind nicht geeignete Vorgehensweisen, denn mit der Leistung von Schadenersatz kann der Gesellschaftszweck nicht mehr erreicht werden, was die Auflösung der Gesellschaft zur Folge hätte.

[324] VON STEIGER, 375; vgl. auch GAUCH/SCHLUEP/REY, Nr. 2985.
[325] VON STEIGER, 375. **A.M.** WEBER, Art. 107 N 33, 46.

208  1. Vorab ist festzuhalten, dass bei Dauerverträgen das *Rücktrittsrecht*[326] grundsätzlich ausgeschlossen ist, wenn mit der typischen Dauerleistung bereits begonnen wurde[327]. Hier wird das Rücktrittsrecht durch ein *Kündigungsrecht* mit Wirkung ex nunc ersetzt[328]. Nach herrschender Lehre[329] und Rechtsprechung[330] besteht indes (auch) kein Recht auf Kündigung des Gesellschaftsvertrages wegen Schuldnerverzugs[331]. Das fehlende Kündigungsrecht wird damit begründet, dass der Schuldnerverzug als besonders umschriebener mittelbarer Beendigungsgrund bei synallagmatischen Verträgen wirkt, den das Recht der einfachen Gesellschaft nicht vorsieht[332]; vielmehr tritt an die Stelle des Kündigungsrechts der Anspruch auf Auflösung der Gesellschaft aus wichtigem Grund[333]. Der Schuldnerverzug ist nach dieser Ansicht nur relevant, wenn er ein wichtiger Grund im Sinne von Art. 545 Abs. 2 OR ist[334]. Die Möglichkeit der Auflösung aus wichtigem Grund in der einfachen

---

[326] Zur Wirkung des Rücktritts: GAUCH, Wirkung, 122 ff.

[327] GAUCH/SCHLUEP/REY, Nr. 3090. – *Ausnahmsweise* kann der Gesellschafter bei Verzug von sofort oder in den ersten Stadien der Gesellschaft fälligen bedeutsamen Innenansprüchen vom Gesellschaftsvertrag zurücktreten (SIEGWART, Art. 530, N 83; ähnlich MÜLLER, 127 ff., 132).

[328] GAUCH, System, 209 ff.

[329] VON STEIGER, 375; OSER/SCHÖNENBERGER, Art. 107 N 8; HARTMANN, Art. 552, N 16; MÜLLER, 125 (mit weiteren Hinweisen), 132. **A.M.** WESPI, 53.

[330] BGE 92 II 301; 49 II 491, BlZR 43, 1944, S. 329 und 40, 1941, S. 243.

[331] Von der Kündigung als besonderes Wahlrecht bei Schuldnerverzug zu unterscheiden ist die ordentliche Kündigung, welche nach Art. 545 Abs. 1 Ziff. 6 OR zulässig ist, wenn sie im Gesellschaftsvertrag vorgesehen ist oder wenn die Gesellschaft auf unbestimmte Zeit oder auf Lebenszeit eines Gesellschafters eingegangen worden ist.

[332] Vgl. GAUCH, System, 167.

[333] VON STEIGER, 375; ähnlich BGE 49 II 491.

[334] GAUCH, System, 169 Fn 1 (mit Verweis auf BGE 49 II 491).

Gesellschaft ersetzt gleichsam das Wahlrecht von Art. 107 Abs. 2 OR, einen *normalen* Vertrag bei Schuldnerverzug durch Rücktritt oder Kündigung aufzulösen.

2. Die Begründungen für das Fehlen des Kündigungsrechts bei Verzug in der Leistung eines Innenanspruchs (*Nr. 208*) überzeugen nicht vollauf. Das Recht, die Auflösung der Gesellschaft aus wichtigem Grund zu verlangen ersetzt das Wahlrecht meines Erachtens *nicht*, sondern *ergänzt* dieses. Ansonsten wäre ein Gesellschafter bei Schuldnerverzug schlechter gestellt als jeder andere Gläubiger in einem Dauervertrag[335]; denn bei Vorliegen eines wichtigen Grundes zur Vertragsauflösung bedarf es eines richterlichen Urteils (Art. 545 Abs. 1 Ziff. 7 in Verbindung mit Art. 545 Abs. 2 OR), während nach Art. 107 Abs. 2 OR die schlichte Rücktrittserklärung den Gesellschaftsvertrag auflöst[336].

3. Nach der hier vertretenen Auffassung (und entgegen herrschender Ansicht) hat der Träger eines Innenanspruchs bei Schuldnerverzug grundsätzlich das Recht, den Gesellschaftsvertrag in sinngemässer Anwendung von Art. 107 Abs. 2 OR zu kündigen. Dieser Grundsatz erleidet nach der hier vertretenen Auffassung (und wiederum entgegen herrschender Ansicht) aufgrund der besonderen Interessenlage in der einfachen Gesellschaft eine *Ergänzung* und eine *Einschränkung*:

a. Ist ein einzelner Gesellschafter mit der Leistung eines *Sozialanspruchs* in Verzug, kann die Gesamthand nach Art. 107 Abs. 2 OR die Gesellschaft durch Kündigung auflösen (*Grundsatz: Nr. 210*). *Ergänzend* ist es aufgrund der besonderen Interessenlage gerechtfertigt, im Falle des Verzugs eines Sozialanspruchs der Gesamthand die Möglichkeit einzuräumen, den nicht rechtzeitig

209

210

211

---

[335] So auch GAUCH, System, 183; vgl. SOERGEL-HADDING, § 723 N 11 ff.
[336] Vgl. GAUCH/SCHLUEP/REY, Nr. 3083.

erfüllenden Gesellschafter *auszuschliessen*[337]. Ohne ein solches Ausschliessungsrecht könnte ein einzelner renitenter Gesellschafter die Gesellschaft faktisch zwingen, sich aufzulösen und anschliessend die Liquidation vorzunehmen, um danach eine neue Gesellschaft ohne ihn zu gründen. Der Ausschluss eines Gesellschafters ist meines Erachtens ein Grundlagengeschäft (*Nr. 150*), weswegen eine vorgängige Beschlussfassung (ohne den auszuschliessenden Gesellschafter)[338] notwendig ist (*vgl. auch Nr. 318 ff.*).

212 Beispiel: Gesellschafter A muss gemäss Gesellschaftsvertrag (unentgeltlich) als Geschäftsführer die Leitung der Gesellschaft übernehmen. A bleibt jedoch völlig untätig. Die Gesamthand kann die Gesellschaft auflösen. Die Gesamthand kann aber auch den nicht leistenden Gesellschafter A ausschliessen. Diesfalls erhält A einen Abfindungsanspruch (*Nr. 141 f.*) gegen die Gesamthand.

213 b. Der Träger eines Individualanspruchs kann bei Verzug die Gesellschaft ebenfalls durch Kündigung auflösen (*Grundsatz: Nr. 210*). Dieser Grundsatz erhält dann eine *Einschränkung*, wenn sich der Individualanspruch gegen einen einzelnen Gesellschafter (und nicht gegen die Gesamthand) richtet. In solchen Fällen besteht kein Recht zur Kündigung der Gesellschaft, denn Streitigkeiten unter Gesellschaftern sollen nicht den Bestand der Gesellschaft gefährden[339].

---

[337] Vgl. von Steiger, 414 f. **A.M.** die h.L. und Rechtsprechung (statt vieler: STRITTMATTER, 166.

[338] Vgl. Behelf zum Arbeitsgemeinschaftsvertrag für Bauunternehmungen, 32.

[339] Der nichtleistende Gesellschafter kann aber auch nicht ausgeschlossen werden, denn das Ausschliessungsrecht ist nur dadurch gerechtfertigt, dass ein einzelner Gesellschafter die Gesellschaft sonst zur Auflösung zwingen könnte.

4. Schliesslich ist noch ein *Sonderfall* zu behandeln: Der 214 Schuldner haftet nach Art. 103 OR auch für Zufall, wenn er sich *verschuldeterweise* in Verzug befindet. Die Haftung für Zufall betrifft den Fall, dass eine Sache nach Eintritt des Verzugs untergeht, ohne dass den Schuldner am Untergang der Sache ein Verschulden trifft[340]. Die Zufallshaftung hat vor allem praktische Bedeutung, wenn die Einbringung einer Speziessache oder einer begrenzten Gattungsschuld als Beitrag geschuldet ist. Die Zufallshaftung hat zur Folge, dass der unmöglich gewordene Beitragsanspruch sich nicht in einen Sozialanspruch auf *Wertersatz* umwandelt (*Nr. 194 ff.*) sondern in einen *Schadenersatzanspruch*. Der Gesellschafter muss also Schadenersatz für die durch Zufall untergegangene Speziessache leisten. Die Unterscheidung ist deswegen von Bedeutung, weil der Schaden höher sein kann als der Wert des Beitrages. Allerdings kann sich der Schuldner von der Haftung mit dem Nachweis befreien, dass der Schaden auch bei rechtzeitiger Erfüllung die Sache im Gesellschaftsvermögen getroffen hätte[341]. Alsdann ist er aber zur Leistung von Wertersatz verpflichtet (*Nr. 194*).

Beispiel: Gesellschafter A muss als Beitrag Bäume, die in 215 seiner Gärtnerei gepflanzt sind, in das durch die einfache Gesellschaft betriebene Ausstellungsgelände liefern. A befindet sich mit der Lieferung in Verzug. Durch Hagel gehen die Bäume ein. Der Hagel hat sowohl die Gärtnerei als auch das Ausstellungsgelände gleichermassen heimgesucht. A kann deswegen einwenden, dass der Verzug nicht adäquat kausale Ursache für den eingetretenen Schaden sei.

---

[340] GAUCH/SCHLUEP/REY, Nr. 2998.
[341] GUHL/KOLLER, 254 N 13.

## B. Einteilung nach ihrer Trägerschaft: Individualansprüche und Sozialansprüche

216 Die Erscheinungsformen der Schadenersatzansprüche lassen sich – wie die primären Innenansprüche (*Nr. 45 ff.*) – nach ihrer Trägerschaft in Individualansprüche und Sozialansprüche einteilen.

### 2. Besonderheiten ihrer Entstehung

217 Die Entstehung eines Innenanspruchs auf Schadenersatz richtet sich nach den allgemeinen Grundsätzen[342]. Allerdings sind im Bezug auf ihre Entstehung Besonderheiten beim Schaden (A.) und bei der Verantwortlichkeit (B.) zu beachten, die ich im Folgenden erörtere.

#### A. Beim Schaden

218 In der einfachen Gesellschaft bestehen verschiedene Vermögensmassen. Einerseits besteht das gesamthänderisch gebundene Vermögen der Gesamthand und andererseits gibt es die Vermögen der einzelnen Gesellschafter[343]. Die Nichterfüllung eines Innenanspruchs oder die sonstige Verletzung von Pflichten aus dem Gesellschaftsverhältnis (*Nr. 190 ff.*) kann einen *Gesamthandsschaden* (*219 f.*) oder einen *unmittelbaren Gesellschafterschaden* (*Nr. 222 f.*) bewirken. Erleidet die Gesellschaft einen Gesamthandsschaden, tritt im jeweiligen Vermögen der Gesellschafter regelmässig ein Reflexschaden (bisweilen auch *mittelbarer* Schaden genannt) (*Nr. 221, 224*) ein, den der einzelne Gesellschafter aber nicht selbständig einklagen kann. Im Einzelnen:

---

[342] FELLMANN/MÜLLER, Art. 538 N 1; vgl. dazu GAUCH/SCHLUEP/REY, Nr. 2602 ff., 2622 ff., 2711 ff., 2725 ff. und WEBER, Art. 97 N 23–256.

[343] Vgl. KOWALSKI, 42; VON STEIGER, 381.

219  1. Der Gesamthandsschaden ist der Schaden, der im Gesamthandsvermögen eintritt. Die Gesamthand kann nur unmittelbar geschädigt werden[344].

Beispiel: Der Gesellschaftsvertrag bestimmt, dass Gesellschafter A als einziger Geschäftsführer möglichst kostengünstig die Überbauung eines Grundstücks durch die Gesellschaft vornehmen soll. A lässt die Überbauung durch einen befreundeten Unternehmer durchführen. Dabei unterlässt er es, durch Einholen verschiedener Offerten zu prüfen, ob dies die kostengünstigste Variante ist. Die Gesellschaft hätte mit einem anderen Unternehmer viel günstiger arbeiten können. A hat dadurch eine Pflicht aus dem Gesellschaftsverhältnis (*Nr. 11 ff.*) verletzt. Die Gesamthand kann gegen A auf Leistung von Schadenersatz aus positiver Forderungsverletzung (*Nr. 202 ff.*) klagen. Die Höhe des Schadens beträgt (mindestens) die Mehrkosten, die die Gesellschaft bei dem befreundeten Unternehmer zu bezahlen hat. 220

2. Ein Gesellschafter kann sowohl einen *unmittelbaren Schaden* als auch einen *Reflexschaden* erleiden[345]. Die Unterscheidung ist von Bedeutung, weil nur der unmittelbare Gesellschafterschaden, nicht 221

---

[344] Vgl. FORSTMOSER/MEIER-HAYOZ/NOBEL, 241 N 16.

[345] Der Reflexschaden wird mitunter auch als *mittelbarer* Schaden bezeichnet. Dies ist jedoch ungünstig, denn der Begriff mittelbarer Schaden wird (bisweilen) schon verwendet, um im Kausalverlauf entferntere Schäden zu bezeichnen (z.B. den „weiteren Schaden" in Art. 208 Abs. 3 OR). Der Reflexschaden ist aber kein im Kausalverlauf entfernterer Schaden als der unmittelbare Schaden, sondern ein Schaden an einem anderen Vermögensteil, nämlich an den Gesellschaftsanteilen des Gesellschafters, die als Reflex des Gesamthandsschadens an Wert verlieren. – Eine Systematik der möglichen Fallgruppen im Innen- und Aussenverhältnis von unmittelbaren Schädigungen des Gesellschafters findet sich bei KOWALSKI, 6 ff.

aber der Reflexschaden vom Träger des Anspruchs selbständig eingeklagt werden kann[346]. Dazu:

222 a. Ein unmittelbarer Gesellschafterschaden liegt dann vor, wenn der Gesellschafter unmittelbar in seinem Privatvermögen beeinträchtigt ist, ohne dass dieser Schaden über die Wertverminderung seiner Gesellschaftsanteile ein Reflex des Gesamthandsschadens ist[347].

223 Beispiel: Gesellschafter A bringt sein Fahrzeug quoad usum in das Gesellschaftsvermögen ein. Gesellschafter B beschädigt das Fahrzeug. Die Beschädigung des Fahrzeugs hat aber keine Auswirkung auf seine Gebrauchstauglichkeit. Deshalb erleidet die Gesellschaft durch die Beschädigung auch keinen Schaden, da sie ja nicht Eigentümerin des Fahrzeugs ist, sondern es nur gebrauchen darf.

224 b. Der Reflexschaden ist der Schaden, den ein Gesellschafter am Wert seiner Gesellschaftsanteile infolge einer Beeinträchtigung des Gesellschaftsvermögens und damit als Reflex des Gesamthandsschadens erleidet[348]. Der Reflexschaden überträgt gleichsam den Gesamthandsschaden mittelbar in das Vermögen des Gesellschafters als Inhaber der Gesellschaftsanteile. Der Ersatz des Gesamthandsschadens behebt eo ipso auch den Reflexschaden des Gesellschafters (aber nicht einen allfälligen unmittelbaren Gesellschafterschaden).

225 Beispiel: Gesellschafter A muss als Beitrag eine wertvolle chinesische Vase ins Gesellschaftsvermögen einbringen. Er zerstört die Vase und kann deswegen diese Schuld nicht erfüllen. Dadurch entsteht der Gesellschaft mindestens ein Scha-

---

[346] KOWALSKI, 23 f.; WIEDEMANN, Rechte und Pflichten, 5 m.w.H.
[347] KOWALSKI, 6.
[348] KOWALSKI, 3; SCHMIDT, Gesellschaftsrecht, 1255 m.w.H.

den im Wert der Vase. Der Reflexschaden der Gesellschafter B und C besteht im Minderwert, den ihre Gesellschaftsanteile dadurch haben[349].

## B. *Bei der Verantwortlichkeit*

Liegt ein Gesamthandsschaden (*Nr. 219*) oder ein unmittelbarer Gesellschafterschaden (*Nr. 222*) vor, entsteht ein Schadenersatzanspruch nur, wenn der Schädiger den Schaden zu verantworten hat[350]. Die Verantwortlichkeit der Gesamthand (a.) und diejenige des Gesellschafters (b.) ist unterschiedlich. 226

*a) Gesamthand*

1. Die Verantwortlichkeit der Gesamthand für unmittelbare Gesellschafterschäden (*Nr. 222*) ergibt sich *regelmässig* daraus, dass ihr die Handlungen der Gesellschafter zugerechnet werden. Die Zurechnung erfolgt nach den Grundsätzen über die Haftung für Hilfspersonen: Jeder geschäftsführende Gesellschafter ist eine Hilfsperson der Gesamthand[351]. Diese haftet deswegen als Geschäftsherrin für unmittelbaren Gesellschafterschaden, den geschäftsführende Gesellschafter in Ausübung ihrer Verrichtungen verursachen[352]. Dazu zwei Bemerkungen: 227

a. Die Gesamthand haftet als Geschäftsherrin ohne eigenes Verschulden, also kausal[353]. Notwendig ist immerhin, dass die Handlung des geschäftsführenden Gesellschafters der Gesamthand vorzuwerfen wäre, wenn diese sie selbst vorgenommen hätte (hypothe- 228

---

[349] Konkret beträgt der Schaden von B und C je 1/3 des Wertes der Vase.

[350] Vgl. GAUCH/SCHLUEP/REY, Nr. 2726.

[351] SPIRO, 164 und FN 12; VON TUHR/ESCHER, 124 und FN 11; ähnlich GAUCH, Werkvertrag, Nr. 248.

[352] Vgl. GAUCH/SCHLUEP/REY, Nr. 2857; KOLLER, N 275 ff.

[353] Vgl. GAUCH/SCHLUEP/REY, Nr. 2861.

tische Vorwerfbarkeit)³⁵⁴. Im Rahmen der hypothetischen Vorwerfbarkeit wird auf den von der Gesamthand selber einzuhaltenden Sorgfaltsmassstab abgestellt³⁵⁵. Das Gesetz schweigt sich darüber aus, welches Mass an Sorgfalt die *Gesamthand* an den Tag legen muss. Weder Art. 540 Abs. 2 OR (*vgl. Nr. 233*), Art. 538 Abs. 3 OR (*vgl. Nr. 234*) noch Art. 538 Abs. 1 OR (*Nr. 235*) sind vom Wortlaut her auf die Gesamthand anwendbar. Meines Erachtens haftet die *Gesamthand* in allen Fällen der Nichterfüllung oder Verletzung von Pflichten aus dem Gesellschaftsverhältnis nach Art. 99 Abs. 1 OR für jedes Verschulden, wobei sich die gebotene Sorgfalt nach objektiven Kriterien bestimmt³⁵⁶. Dies hat zur Folge, dass ein geschäftsführender Gesellschafter, der für seine Tätigkeit keine Vergütung bezieht, sich nach Art. 538 Abs. 1 OR aus subjektiven Gründen exkulpieren kann, während der Gesamthand dieselbe Handlung hypothetisch vorwerfbar ist, und sie deswegen haftet.

229   b. Die Zurechnung von Handlungen und Unterlassungen der Gesellschafter nach den Grundsätzen der Haftung für Hilfspersonen ist in der schweizerischen Lehre anerkannt³⁵⁷. Im Unterschied dazu werden im deutschen Recht die geschäftsführungs- und vertretungsbefugten Gesellschafter der bürgerlichen Gesellschaft nach herrschender Lehre³⁵⁸ (im Aussenverhältnis) als Organe qualifiziert³⁵⁹.

---

354   Vgl. GAUCH/SCHLUEP/REY, Nr. 2864.

355   Vgl. GAUCH/SCHLUEP/REY, Nr. 2895; WEBER, Art. 101 N 135; BGE 91 II 294; 53 II 240.

356   Vgl. WEBER, Art. 101 N 137; KOLLER, N 307.

357   Vgl. SPIRO, 164 und FN 12; VON TUHR/ESCHER, 124 und FN 11.

358   Z.B.: MÜNCHKOMM-ULMER, § 705 N 215 ff.; SCHMIDT, Gesellschaftsrecht, 1780; SOERGEL-HADDING, § 718 N 22.

359   Die Rechtsprechung des BGH hingegen klärt die Frage nicht. Zwar existiert ein die Zurechnung des Organverschuldens ablehnender Entscheid (BGHZ 45, 311), der aber erstens ganz überwiegend auf Ablehnung stösst (vgl. SCHMIDT, Gesellschaftsrecht, 1781) und zweitens in einem Fall ergangen ist, wo nicht die Gesellschaft, sondern ein Mitgesellschafter verklagt worden ist; die Haftung des Mitgesellschafter

Diese Ansicht wird von der schweizerischen Lehre, mindestens für
die Haftung im Aussenverhältnis, gemeinhin abgelehnt[360].

2. Ein *Sonderfall* von Verantwortlichkeit der Gesamthand liegt
vor, wenn alle Gesellschafter im Bezug auf die Nichterfüllung oder
die Pflichtverletzung *gemeinsam handeln*. In diesem Fall haften die
handelnden Gesellschafter unter den Voraussetzungen von Art. 50
Abs. 1 OR dem Geschädigten solidarisch[361]. Die solidarische
Haftung der Gesellschafter besteht neben einer allfälligen Haftung
der Gesamthand für das Handeln ihrer Hilfspersonen (*Nr. 227*).

230

*b) Gesellschafter*

1. Die Verantwortlichkeit des *Gesellschafters* hängt vom
verletzten Innenanspruch bzw. von der verletzten Pflicht aus dem
Gesellschaftsverhältnis ab. Im Einzelnen:

231

a. *Ohne Verschulden* haftet der Gesellschafter für Sach- oder
Rechtsmängel seines Beitrages (*Nr. 164 ff.*): Nach gesetzlicher
Verweisung in Art. 531 Abs. 3 OR sind bei der Einbringung von
Sachen zu Gebrauch oder Eigentum die Gewährleistungsvorschriften
des Mietvertrages oder Kaufvertrages *entsprechend* anzuwenden[362].
Die Gewährleistungsregeln sehen, von wenigen Ausnahmen[363]
abgesehen, eine Haftung des schlechtleistenden Gesellschafters ohne

232

---

benötigte freilich gar keine Verschuldenszurechnung (vgl. SCHMIDT, Gesellschaftsrecht, 1781).

[360] MEIER-HAYOZ/FORSTMOSER, 64 N 111; FELLMANN/MÜLLER, Art. 543 N 5. **A.M.** VONZUN, 312 (für die kaufmännische einfache Gesellschaft).

[361] Vgl. GAUCH, Werkvertrag, Nr. 248. – Vgl. zur Anwendbarkeit von Art. 50 Abs. 1 OR im vertraglichen Bereich GAUCH/SCHLUEP/REY, Nr. 3816 m.w.H.

[362] Im Gegensatz dazu ist der Verweis in Art. 531 Abs. 3 OR, soweit es sich um die Regeln über die *Tragung der Gefahr* bei Beiträgen handelt, gegenstandslos (*Nr. 196*).

[363] Art. 195 Abs. 2 OR, Art. 208 Abs. 3 OR, Art. 259e OR.

Verschulden vor[364]. Im Gegensatz dazu verlangen Art. 97 ff. OR und Art. 538 Abs. 2 OR ein Verschulden des Gesellschafters. Meines Erachtens gehen die Regeln des Kauf- und Mietrechts als *leges speciales* vor, das heisst, die im jeweiligen Gewährleistungsrecht vorgesehenen Rechtsfolgen treten ohne Verschulden des Gesellschafters ein[365]. Würde man Art. 538 Abs. 2 OR (und Art. 97 OR) vorgehen lassen, wäre die Verweisung in Art. 531 Abs. 3 OR weitgehend ihres Inhaltes beraubt (*vgl. auch Nr. 196*).

233     b. Ebenfalls *ohne Verschulden* haftet der Gesellschafter, welcher Geschäftsführungshandlungen vornimmt, obwohl er dazu *nicht befugt* ist, oder der seine Befugnis zur Geschäftsführung *überschreitet*. Nach Art. 540 Abs. 2 OR finden auf die unbefugte oder überschreitende Geschäftsführung die Vorschriften über die Geschäftsführung ohne Auftrag Anwendung (*Nr. 41 ff.*). Allerdings sind diese Vorschriften grundsätzlich nur auf die echte berechtigte Geschäftsführung ohne Auftrag anwendbar, die Fälle von Art. 540 Abs. 2 OR stellen indessen *unberechtigte Fremdgeschäftsführung* dar (*Nr. 43*)[366]. Die Bestimmungen der Geschäftsführung ohne Auftrag finden demnach nur insoweit Anwendung, als sie auch für die Fälle unberechtigter Fremdgeschäftsführung gelten (*Nr. 43*)[367]. In Bezug auf das Verschulden bedeutet dies, dass der Geschäftsführer nach Art. 420 Abs. 3 OR für alle durch sein Verhalten entstandenen Schäden haftet, auch wenn ihm keine Sorgfaltspflichtverletzung vorgeworfen werden kann[368]. Der Geschäftsführer kann sich

---

[364]   GUHL/KOLLER, 377 ff. N 1 ff., 23 ff. und 415 N 53.

[365]   Dies hat beispielsweise zur Folge, dass bei der Schlechterbringung einer Arbeitsleistung (als Beitrag) der Gesellschafter nur bei Verschulden haftet, während er ohne Verschulden für die Einbringung einer mangelhaften Sache haftet.

[366]   FELLMANN/MÜLLER, Art. 540 N 6.

[367]   FELLMANN/MÜLLER, Art. 540 N 6.

[368]   FELLMANN/MÜLLER, Art. 538 N 6; vgl. SCHMID, Art. 420 N 62. – *Nicht zur Anwendung* kommt hingegen Art. 420 Abs. 1 OR (FELLMANN/MÜLLER, Art. 540 N 8), wonach der Geschäftsführer für jede

immerhin von der Haftung befreien, wenn er nachweist, dass der Schaden auch ohne seine unbefugte oder überschreitende Geschäftsführung eingetreten wäre[369]

c. Mit Verschulden haftet ein Gesellschafter für *vergütete Geschäftsführung*. Gemäss Art. 538 Abs. 3 OR haftet er nach den Bestimmungen über den Auftrag, das heisst er haftet nach Art. 398 Abs. 1 OR für die gleiche Sorgfalt wie ein Arbeitnehmer im Arbeitsverhältnis (also nach Art. 321e OR)[370]. Das Mass der erforderlichen Sorgfalt bestimmt sich nach objektiven Kriterien[371]. 234

d. In *allen übrigen Fällen* der Nichterfüllung eines Innenanspruchs oder der Verletzung von Pflichten aus dem Gesellschaftsverhältnis ist für den Eintritt einer Schadenersatzpflicht des Gesellschafters notwendig und hinreichend, dass den Gesellschafter ein im Unterschied zu Art. 99 Abs. 1 OR qualifiziertes Verschulden trifft[372]. Der Gesellschafter haftet nach Art. 538 Abs. 1 OR für fahrlässige Schädigung nur, wenn er in den Angelegenheiten der Gesellschaft nicht den Fleiss und die Sorgfalt anwendet, die er in seinen eigenen Angelegenheiten anzuwenden pflegt[373]. Art. 538 Abs. 1 mildert die Verantwortlichkeit des Gesellschafters (im Vergleich zum allgemeinen Grundsatz von Art. 99 Abs. 1 OR) und verschärft 235

---

[369] Fahlässigkeit haftet, was im Bereich der unbefugten und überschreitenden Geschäftsführung eine Haftungsmilderung wäre und sich inhaltlich mit dem Grundsatz von Art. 99 Abs. 1 OR decken würde (vgl. SCHMID, Art. 420 N 8).

SCHMID, Art. 420 N 63.

[370] FELLMANN/MÜLLER, Art. 538 N 5. – Zu Art. 321e vgl. WERRO, N 851 ff.

[371] Vgl. BGE 115 II 64.

[372] GAUCH/SCHLUEP/REY, Nr. 2770 f.; vgl. BECKER, Art. 538 N 5.

[373] Art. 538 Abs. 2 OR spricht von der Schädigung der *übrigen Gesellschafter*. Gemeint ist damit (neben dem Schaden des einzelnen Gesellschafters) auch der Schaden der Gesamthand (FELLMANN/ MÜLLER, Art. 538 N 9).

sie bei in eigenen Angelegenheiten besonders sorgfältigen Gesellschaftern[374]. Das Mass der erforderlichen Sorgfalt bestimmt sich – im Unterschied zur Haftung des Gesellschafters für vergütete Geschäftsführung (*Nr. 234* ) – nach subjektiven Kriterien[375].

### 3. Fälligkeit

236 Der Zeitpunkt, an dem die Fälligkeit eines Innenanspruchs auf Schadenersatz eintritt, bestimmt sich nach allgemeinen Grundsätzen[376]. Innenansprüche auf Schadenersatz werden (sogleich) mit ihrer Entstehung fällig[377]. Das ist der Zeitpunkt, in dem der Schaden eintritt[378].

### 4. Haftpflichtige und Haftungssubstrat

237 In diesem Abschnitt gehe ich zum Schluss auf die Frage ein, wer für Innenansprüche auf Schadenersatz haftpflichtig ist (A.) und auf welches Haftungssubstrat gegriffen werden kann (B.).

#### A. Haftpflichtige

238     1. Richtet sich ein Individualanspruch gegen die Gesamthand, muss nur die Gesamthand für dessen Erfüllung einstehen. Die Gesellschafter hingegen haften grundsätzlich nicht für Individualansprüche gegen die Gesamthand[379]. Die im Aussenverhältnis geltende Regel von Art. 544 Abs. 3 OR, wonach die Gesellschafter

---

[374] FELLMANN/MÜLLER, Art. 538 N 4; vgl. GAUCH/SCHLUEP/REY, Nr. 2756; **A.M.** IKLÉ, 75; BECKER, Art. 538 N 2; SIEGWART, Art. 538 N 19; VON TUHR/ESCHER, 116.

[375] KOLLER, N 309; MEIER-HAYOZ/FORSTMOSER, 265 N 55.

[376] Dazu ADDORISIO DE FEO, Nr. 505 ff.

[377] BGE 87 II 163; ADDORISIO DE FEO, Nr. 505.

[378] GAUCH/SCHLUEP/REY, Nr. 3440; ADDORISIO DE FEO, Nr. 505.

[379] MÜNCHKOMM-ULMER, § 705 N 178; VON STEIGER, 383.

Dritten gegenüber für gemeinschaftlich oder durch Stellvertretung eingegangene Verpflichtungen solidarisch haften, gilt nicht für Innenansprüche[380]. Vom Grundsatz, dass der einzelne Gesellschafter nicht für Gesamthandsschulden aus dem Gesellschaftsverhältnis haftet, gibt es zwei Ausnahmen:

- Nach Art. 544 Abs. 3 OR haften die Gesellschafter für Verpflichtungen der Gesellschaft im Aussenverhältnis solidarisch, unter Vorbehalt anderer Vereinbarung[381]. Befriedigt ein Gesellschafter einen Gläubiger im Aussenverhältnis, steht ihm ein Ersatzanspruch *gegen die Gesamthand* auf Ersatz aus dem Gesellschaftsvermögen (*Nr. 145 f.*) zu[382]. Reicht das Gesellschaftsvermögen nicht aus, um den Gesellschafter zu entschädigen, dann hat der Gesellschafter einen gesetzlichen Regressanspruch nach Art. 148 Abs. 2 OR *gegen seine Mitgesellschafter* (*Nr. 161*). Der im Aussenverhältnis leistende Gesellschafter kann demnach zur Deckung seines Ersatzanspruchs gegen die Gesamthand auf das (Privat-)Vermögen der einzelnen Gesellschafter greifen. Diese haften also *indirekt* für Gesamthandsschulden aus dem Gesellschaftsverhältnis.

239

- Im Rahmen der Liquidation müssen nach Art. 549 OR die gemeinschaftlichen Schulden, also auch die Individualansprüche

240

---

[380] FELLMANN/MÜLLER, Art. 544 N 8; VOGELSANG, 134. – Von den Individualansprüchen gegen die Gesamthand zu unterscheiden sind die *Drittgläubigerforderungen* von Gesellschaftern, für welche die Gesellschafter solidarisch im Sinne von Art. 544 Abs. 3 OR haften. Drittgläubigerforderungen sind *gesellschaftsbezogene Ansprüche ausserhalb des Gesellschaftsverhältnisses* (*Nr. 23 ff.*), deren Gläubiger ein Gesellschafter ist. Allerdings kann der Gläubiger für den seiner Verlustbeteiligung entsprechenden Forderungsanteil keine Zahlung verlangen (MÜNCHKOMM-ULMER, § 705 N 180).

[381] FELLMANN/MÜLLER, Art. 544 N 6 f.; ähnlich auch im italienischen Recht in Art. 2267 CCit, dazu MARASÀ, 3.

[382] SIEGWART, Art. 533 N 23.

gegen die Gesamthand[383], aus dem Gesellschaftsvermögen getilgt werden. Besteht nach der Schlussabrechnung ein Fehlbetrag, hat die Gesamthand gemäss Art. 549 Abs. 2 OR einen Anspruch auf Nachschüsse zur Deckung des Fehlbetrages gegen die einzelnen Gesellschafter nach Massgabe der Verlustbeteiligung[384]. Deswegen haften die einzelnen Gesellschafter subsidiär im Rahmen der Nachschusspflicht (*Nr. 173*) nach Auflösung der Gesellschaft für *Individualansprüche gegen die Gesamthand*. Die Haftung kommt nur zum Tragen, wenn die Gesellschaft aufgelöst wurde und nach Liquidation in der Schlussrechnung ein Fehlbetrag besteht.

241  2. Richtet sich ein Individual- oder Sozialanspruch gegen einen einzelnen Gesellschafter, haftet ausschliesslich dieser Gesellschafter[385]. Weder seine Mitgesellschafter noch die Gesamthand müssen für solche Ansprüche einstehen. Richtet sich ein Individual- oder ein Sozialanspruch gegen mehrere Gesellschafter, dann hängt die Art der Haftung dieser Gesellschafter von dem zwischen ihnen bestehenden Verhältnis ab.

B.  *Haftungssubstrat*

242  1. Die *Gesamthand* haftet mit ihrem gesamten Gesellschaftsvermögen für die Erfüllung der Individualansprüche gegen sich (*Nr. 136 ff.*). Zum Gesellschaftsvermögen gehören zunächst alle Vermögenswerte, die der Gesellschaft im Sinne von Art. 544 Abs.1 OR im Aussenverhältnis übertragen worden sind, also dingliche Rechte, Forderungen und andere Rechte. Zum Gesellschaftsvermögen gehören weiters auch die Sozialansprüche der Gesamthand aus dem Innenverhältnis.

---

[383]  VON STEIGER, 383; MÜNCHKOMM-ULMER, § 733 N 6.
[384]  FELLMANN/MÜLLER, Art. 544 N 8.
[385]  BECKER, Art. 530 N 13.

Beispiel: Gesellschafter A hat gemäss Gesellschafts- 243
vertrag Anspruch auf jährliche Ausbezahlung
des Gewinnanteils. Die Gesamthand ist mit
dieser Zahlung in Verzug, weil kein Geld in der
Gesellschaftskasse ist. Gesellschafter B schuldet der Gesamthand die Bezahlung des Beitrages. Haftungssubstrat für den Anspruch von
A gegen die Gesamthand ist auch der Sozialanspruch gegen B. Erstreitet A ein Urteil gegen
die Gesamthand, kann er im anschliessenden
Vollstreckungsverfahren die Forderung der Gesamthand gegen B nach den Bestimmungen des
SchKG pfänden lassen.

Haftet die Gesamthand für einen Individualanspruch, können ihre 244
*Sozialansprüche* meines Erachtens von einem Gesellschafter nicht
gepfändet werden, wenn die Gesamthand beschlossen hat, keine Gesellschaftsklage zu erheben (*Nr. 296 ff., 318 ff.*), und auch die *actio
pro socio* nicht zulässig ist (*Nr. 342 ff., 362 ff.*). Andernfalls würde
die Ordnung für Willensbildung und Handeln in der Gesellschaft
(*vgl. Nr. 363 f.*) umgangen werden. Der Ausschluss der Pfändbarkeit
von Sozialansprüchen durch den Träger (*Nr. 54 ff.*) ist vertretbar,
denn der Träger ist ein Gesellschafter und dadurch an diese Ordnung
gebunden.

2. Ein *Gesellschafter* haftet ausschliesslich mit seinem Ver- 245
mögen[386]. Bestandteil seines Vermögens sind auch seine *Individualansprüche* und sein *Gesellschaftsanteil*. Dazu:

a. Die *Individualansprüche* des Gesellschafters gehören zum 246
Vermögen des Gesellschafters[387]. Die Gläubiger können (im Unterschied zu den Gegenständen im Gesellschaftsvermögen) direkt
darauf greifen. Die Pfändbarkeit der Individualansprüche unterliegt
keiner Beschränkung aus dem Gesellschaftsverhältnis (*Nr. 11 ff.*).

---

[386] BECKER, Art. 530 N 13.
[387] BECKER, Art. 544 N 3.

Der Träger des Anspruchs kann ihre Pfändung verlangen bzw. bei Gegenseitigkeit der Ansprüche verrechnen.

247 b. Den Gläubigern eines Gesellschafters stehen als Haftungssubstrat nach Art. 544 Abs. 2 OR der *Gesellschaftsanteil* eines Gesellschafters, der Liquidationsanteil, zur Verfügung[388]. Sie können jedoch – im Unterscheid zum aOR – nicht auf die einzelnen Bestandteile des Gesellschaftsvermögens greifen[389]. Entgegen seiner systematischen Stellung im Gesetz bestimmt Art. 544 Abs. 2 OR meines Erachtens auch das Haftungssubstrat für Innenansprüche, denn die Gläubiger von Innenansprüchen bedürfen keiner Vorrechte[390]. Die Pfändbarkeit des Gesellschaftsanteils richtet sich nach den Bestimmungen des VVAG[391]. Gelangt der Liquidationsanteil eines Gesellschafters zur Zwangsverwertung, wird die Gesellschaft nach Art. 545 Abs. 1 Ziff. 3 OR aufgelöst. Die Auflösung der Gesellschaft bei Zwangsverwertung dient dem Schutz der (externen) Privatgläubiger eines Gesellschafters im Aussenverhältnis[392]. Nach Art. 9 VVAG kann das Betreibungsamt indessen versuchen, zwischen dem Gläubiger, dem Schuldner und allenfalls den anderen Gesellschaftern eine gütliche Einigung herbeizuführen. Art. 9 VVAG erwähnt die Abfindung der Gläubiger als eine Möglichkeit, um der Auflösung der Gesellschaft entgegenzuwirken. Da die Gläubiger von Innenansprüchen selbst Gesellschafter sind, bedürfen sie nicht des Schutzes der Auflösung der Gesellschaft. Vielmehr ist die Abfindung ohne Liquidation sachgerechter und ihr steht auch kein öffentliches Interesse entgegen[393].

---

[388] FELLMANN/MÜLLER, Art. 544 N 4.

[389] FELLMANN/MÜLLER, Art. 544 N 4 f.

[390] Im Unterschied zu Art. 544 Abs. 3 OR, der nur im Aussenverhältnis gilt (FELLMANN/MÜLLER, Art. 544 N 8).

[391] Verordnung über die Pfändung und Verwertung von Anteilen an Gemeinschaftsvermögen vom 17. Januar 1923/5. Juni 1996 [SR 281.41].

[392] BECKER, Art. 545 N 13.

[393] BECKER, Art. 545 N 13; vgl. HOCH, 54 Nr. 142 ff. und Nr. 155 ff.

## III. Exkurs: Gestaltungsrechte und Verhaltensgebote

Das Gesetz sieht im Recht der einfachen Gesellschaft neben den Innenansprüchen (*Nr. 4*) weitere gesellschaftsbezogene Rechte *ohne Anspruchscharakter* vor (*Nr. 22*). Solche Rechte sind beispielsweise die Gestaltungsrechte (A.). Schliesslich können sich aus dem Gesellschaftsverhältnis auch Verhaltensgebote (B.) ergeben.

248

### A. *Gestaltungsrechte*

1. Die gesellschaftsbezogenen Gestaltungsrechte bedürfen zu ihrer Durchsetzung im Unterschied zu den Innenansprüchen keiner Klage, sondern der Gesellschafter kann sie durch schlichte Abgabe einer Willenserklärung ausüben, wodurch die Rechtslage der übrigen Gesellschafter bzw. der Gesamthand einseitig verändert wird[394]. Gestaltungsrechte entfalten nur Wirksamkeit, insoweit sie nach Treu und Glauben ausgeübt werden[395].

249

2. Gesetzlich vorgesehene Gestaltungsrechte des einzelnen Gesellschafters sind namentlich das Vetorecht (a.), das Recht auf Entzug der Geschäftsführung (b.), das Kündigungsrecht (c.) und das Ausschliessungsrecht (d.).

250

### *a) Vetorecht*

Jeder geschäftsführungsberechtigte Gesellschafter hat nach Art. 535 Abs. 2 OR das Recht, durch Einlegen des Vetos die Geschäftsführungshandlung eines anderen Gesellschafters zu verhindern. Mit Abgabe der Willenserklärung entsteht nach hier vertretener Ansicht ein Individualanspruch auf Unterlassung (*Nr. 179, 181 ff.*) der Handlung, gegen die Widerspruch erhoben worden ist.

251

---

[394] Vgl. GAUCH/SCHLUEP/SCHMID, Nr. 65.

[395] GAUCH/SCHLUEP/SCHMID, Nr. 152.

*b) Recht auf Entzug der Geschäftsführung*

252 Jeder Gesellschafter kann nach Art. 539 Abs. 2 OR bei Vorliegen wichtiger Gründe einem anderen Gesellschafter die Befugnis zur Geschäftsführung entziehen[396]. Das Recht kann direkt gegenüber dem zur Geschäftsführung befugten Gesellschafter geltend gemacht werden. Die Befugnis zur Geschäftsführung erlischt, sobald der betreffende Geschäftsführer die Willenserklärung empfangen hat[397]. Es bedarf keiner gerichtlichen Klage zur Durchsetzung dieses Rechts[398]. Nach Ausübung der Erklärung entsteht ein Sozialanspruch auf Unterlassung der Geschäftsführung (*Nr. 178*).

*c)    Kündigungsrecht*

253    1. Nach der hier vertretenen Auffassung kann ein Gesellschafter die Gesellschaft aussergerichtlich kündigen, wenn sich die Gesamthand verschuldeterweise mit der Leistung seines Individualanspruchs in Verzug befindet (*Nr. 213*). Befindet sich ein Gesellschafter mit der Leistung eines Sozialanspruchs verschuldeterweise in Verzug, kann die Gesamthand nach der hier vertretenen Auffassung nach Ansetzung einer Nachfrist die Gesellschaft aussergerichtlich kündigen (*Nr. 211*). Zudem hat sie ein Ausschliessungsrecht (*Nr. 211*).

254    2. Ein weiteres Gestaltungsrecht ist in Art. 545 Abs. 1 Ziff. 6 2. Teil vorgesehen. Danach kann ein Gesellschafter die Gesellschaft durch Kündigung auflösen, wenn die Gesellschaft auf unbestimmte

---

[396]   FELLMANN/MÜLLER, Art. 539 N 2.

[397]   BECKER, Art. 539 N 4; die Befugnis erlischt allerdings nur, wenn der Entzug begründet war.

[398]   Trotzdem kann in einem gerichtlichen Verfahren die Frage der (gültigen) Ausübung des Rechts Prozessgegenstand sein. Beispielsweise bei einer Feststellungsklage über die Gültigkeit der Entzuges oder bei einer Schadenersatzklage nach Ausübung des Rechts. Das Urteil hat in diesen Fällen nur deklaratorische Wirkung (vgl. dazu BECKER, Art. 539 N 4).

Zeit oder auf Lebenszeit eines Gesellschafters eingegangen worden ist.

*d)  Ausschliessungsrecht der Gesamthand*

1. Nach schweizerischer herrschender Lehre und Rechtsprechung kann ein Gesellschafter, sofern nicht vertraglich vereinbart[399], auch nicht bei Vorliegen wichtiger Gründe aus der Gesellschaft ausgeschlossen werden (*Nr. 142, 211 f.*)[400]. Nach VON STEIGER kann indessen ein schützenswertes Bedürfnis nach Ausschluss eines Gesellschafters bestehen[401]. Allerdings lässt dieser Autor offen, ob das Recht zur Ausschliessung ein Gestaltungsrecht oder ein Gestaltungsklagerecht ist.

255

---

[399] Eine solche Vereinbarung ist für ARGE-Verträge aufgrund des hohen praktischen Bedürfnisses Standard; vgl. Ziff. 30.1.4 des Arbeitsgemeinschaftsvertrages für Bauunternehmungen (dazu auch Behelf zum Arbeitsgemeinschaftsvertrag für Bauunternehmungen, 32).

[400] STRITTMATTER, 166; BGE 94 II 119; vgl. auch VON STEIGER, 414. – Zu beachten ist, dass von einem *Ausschluss eines Gesellschafters* nur dann gesprochen wird, wenn die (gleiche) Gesellschaft nach dem Ausschluss weiterbesteht. Davon klar zu unterscheiden ist die *Auflösung der Gesellschaft* aus wichtigem Grund nach Art. 545 Abs. 2 OR (auch wenn nach Auflösung und Beendigung eine neue Gesellschaft mit allen Gesellschaftern ausser dem Ausgeschlossenen gegründet wird).

[401] VON STEIGER, 415: Zum Beispiel wenn eine einfache Gesellschaft ihrem Zweck nach auf Dauer angelegt ist, einen grösseren Personenbestand aufweist, Dritten gegenüber in erheblichem Ausmass tätig geworden ist, wesentliche Investitionen vorgenommen hat. Diesfalls sei das Ausscheiden eines Gesellschafters und dessen Abfindung eine zweckmässigere und einfachere Lösung als die Auflösung der Gesellschaft mit nachfolgender Liquidation und Neugründung. Im Ergebnis ähnlich auch SIEGWART, Art. 547 N 39 a.E. – Ausländische Rechtsordnungen sehen ausdrücklich den Ausschluss von Gesellschaftern aus wichtigen Gründen vor, so zum Beispiel das italienische Recht in Art. 2285 Abs. 2 und Art. 2286 CCit und auch das deutsche Recht gemäss § 737 BGB in Verbindung mit §723 BGB.

256    2. Nach hier vertretener Auffassung (*Nr. 211*) kann die Gesamthand einen Gesellschafter, der mit der Leistung eines Sozialanspruchs verschuldetermassen in Verzug ist, nach vorheriger Beschlussfassung ausschliessen. Alsdann hat der ausgeschlossene Gesellschafter einen Abfindungsanspruch gegenüber der Gesamthand (*Nr. 141*).

### B. Verhaltensgebote

257    1. Verhaltensgebote sind oftmals keine selbständig einklagbaren Hauptpflichten des Gesellschafters oder der Gesamthand. Es sind Nebenpflichten, die sich aus dem Gesellschaftsverhältnis ergeben. Ihre Verletzung kann Schadenersatzansprüche wegen positiver Forderungsverletzung zur Folge haben[402]. Solche gesetzlich vorgesehene gesellschaftsbezogene Verhaltensgebote sind beispielsweise die Treupflicht[403] und das Gleichbehandlungsgebot[404].

258    2. Vereinbarte Verhaltensgebote, beispielsweise Treupflichten, können bisweilen Anspruchscharakter (*Nr. 6 f.*) haben und damit einklagbar werden[405].

---

[402] Andere Folgen der Verletzung der Treupflicht sind beispielsweise der Entzug der Geschäftsführungsbefugnis nach Art. 539 Abs. 2 OR (*Nr. 252 f.*), der Ausschluss von Gesellschaftern (*Nr. 255 f.*), die Auflösung der Gesellschaft aus wichtigem Grund (vgl. dazu WOHLMANN, 31 f.).

[403] VON STEIGER, 295. – Die Treupflicht des Gesellschafters gegenüber der Gesellschaft besteht darin, dass die Gesellschafter ihre jeweiligen Sonderinteressen hinter dem Interesse der Gesellschaft zurückstellen müssen, soweit sie dies im Gesellschaftsvertrag versprochen haben (WOHLMANN, 29.). Zu den Informationspflichten aus *Treu und Glauben* neuerdings HARTMANN, 26 Nr. 51.

[404] VON STEIGER, 295. – Eine Hauptwirkung des Gleichbehandlungsgebotes ist nach VON STEIGER, 301 Fn 15, der Schutz der Minderheit gegen missbräuchliche Beschlussfassungen der Mehrheit.

[405] Vgl. beispielsweise Ziff. 17 des Arbeitsgemeinschaftsvertrages für Bauunternehmungen (dazu auch Behelf zum Arbeitsgemeinschaftsvertrages für Bauunternehmungen, 45).

## 3. Kapitel:
# DURCHSETZUNG DER INNENANSPRÜCHE

Während das erste Kapitel Begriff (*Nr. 3 ff.*), Abgrenzungen (*Nr. 20 ff.*), Arten (*Nr. 44 ff.*) und Träger (*Nr. 54 ff.*) des Innenanspruchs und das zweite Kapitel die Innenansprüche im Einzelnen (*Nr. 133 ff.*) behandelte, befasse ich mich nun mit der *Durchsetzung* der Innenansprüche. Zunächst folgt eine Übersicht (I.), dann die Erörterung der Durchsetzung von Individualansprüchen (II.) und von Sozialansprüchen (III.).

## I. Übersicht

*Individualansprüche* (*Nr. 46 ff.*) kann derjenige Gesellschafter, der Träger des Individualanspruches ist, unabhängig von den übrigen Gesellschaftern mit der *Individualklage* (*Nr. 261 ff.*) durchsetzen[406]. Seine Klage richtet sich entweder gegen einen oder mehrere Gesellschafter (*Nr. 55 ff.*) beziehungsweise gegen die Gesamthand (*Nr. 60 ff.*). Nach der hier vertretenen Auffassung können *Sozialansprüche* (*Nr. 50*) regelmässig nur von der Gesamthand mit der *Gesellschaftsklage* (*Nr. 296 ff.*) gegen den einzelnen Gesellschafter durchgesetzt werden. Ausnahmsweise kann ein einzelner Gesellschafter mit der *actio pro socio* (*Nr. 342 ff.*) Sozialansprüche im eigenen Namen gerichtlich durchsetzen.

## II. Durchsetzung von Individualansprüchen: Individualklage

Will ein Gesellschafter seinen Individualanspruch gerichtlich durchsetzen, kann er Individualklage erheben. Nachstehend behandle ich Begriff und Abgrenzungen (1.) und hernach Zulässigkeit und

---

[406] SIEGWART, Vorbem. zu Art. 530–551 OR N 119; HASSOLD, 32; vgl. auch FELLMANN/MÜLLER, Art. 538 N 9.

Zustandekommen der Individualklage (2.). Zum Schluss gehe ich auf prozessuale Besonderheiten ein (3.).

## 1. *Begriff und Abgrenzungen*

262  1. Als Individualklage bezeichne ich die Klage des Gesellschafters zur Durchsetzung seines Individualanspruchs (*Nr. 46 ff.*); sie richtet sich entweder gegen einen anderen (oder mehrere andere) Gesellschafter oder gegen die Gesamthand[407].

263  2. Die Individualklage ist von der *Gesellschafter*klage zu unterscheiden. Als Gesellschafterklage wird in der Literatur bisweilen die *actio pro socio* (*Nr. 342 ff.*) bezeichnet. Im Unterschied zur Individualklage geht es bei der Gesellschafterklage (nach hier verwendeter Terminologie: *actio pro socio*) um die Durchsetzung von Sozialansprüchen. Die Individualklage ist des Weiteren von der *Gesellschafts*klage (*Nr. 256 ff.*) zu unterscheiden. Die Gesellschaftsklage ist wie die *actio pro socio* die Klage zur Durchsetzung von Sozialansprüchen. Im Unterschied zur Individualklage ist Kläger der Gesellschaftsklage die Gesamthand (*Nr. 60*). Die Gesellschaftsklage wird in der Literatur bisweilen auch als *Gesamthandsklage* bezeichnet.

## 2. *Zulässigkeit und Zustandekommen*

264  Der Träger des Anspruchs kann unabhängig von den anderen Gesellschaftern eine Individualklage erheben[408]. Der Gesellschafter kann die Individualklage nach Abschluss des Gesellschaftsvertrages bis zur Beendigung der einfachen Gesellschaft erheben. Im Zeitraum zwischen der Auflösung der Gesellschaft bis zu ihrer Beendigung ist zu beachten, dass alleiniger Zweck der einfachen Gesellschaft nurmehr ihre Liquidation ist. Das hat zur Folge, dass ab ihrer

---

[407] Vgl. HASSOLD, 32.

[408] FELLMANN/MÜLLER, Art. 538 N 9; MÜNCHKOMM-ULMER, § 705 N 153 Fn 462; Urteil des BGH in: WM 1962 390.

Auflösung nur noch Ansprüche durchgesetzt werden können, die dem Zweck der Liquidation der Gesellschaft dienen. Individualklagen können nach Auflösung der Gesellschaft nur noch erhoben werden, wenn sie der Bereinigung der durch die Gesellschaft geschaffenen rechtlichen Beziehungen wie Erfüllung der Schulden, Überführung der Rechte und Pflichten von der Gemeinschafts- in die Individualsphäre, dienen[409].

### 3. Prozessuale Besonderheiten

Im Zusammenhang mit der Individualklage (*Nr. 262 ff.*) stellen sich verschiedene prozessuale Fragen. Davon behandle ich die Parteien (A.), den Gerichtsstand (B.) und die Kostentragung durch die Gesamthand (C.).

### A. Parteien

1. Ein Individualanspruch kann von seinem *Träger* (*Nr. 54 ff.*) durchgesetzt werden. Träger eines Individualanspruchs ist der einzelne Gesellschafter, deshalb ist er allein zur Klage aktivlegitimiert[410]. Träger eines Individualanspruchs können auch mehrere Gesellschafter sein, die alsdann in der Individualklage gemeinsam als Kläger auftreten.

Beispiel: Gesellschafter A und B bringen als Gesellschafterbeitrag ihr Fahrzeug quoad usum ins Gesellschaftsvermögen ein. Gesellschafter C zerstört den Wagen, ohne dass sein Verschulden der Gesamthand zugerechnet wird. A und B klagen gegen C auf Leistung von Schadenersatz mit der Individualklage.

---

[409] FELLMANN/MÜLLER, Art. 548 N 1 und Art. 547 N 1.
[410] SIEGWART, Vorbem. zu Art. 530 – 551 OR, N 119; MÜNCHKOMM-ULMER, § 705 N 153 Fn 462; HADDING, Actio pro socio, 2 Fn 5 und 69 Fn 1; vgl. zur Beziehung zwischen Trägerschaft und Aktivlegitimation VOGEL/SPÜHLER, 206 N 91.

268  2. Individualansprüche richten sich entweder gegen einen oder mehrere Gesellschafter oder gegen die Gesamthand (*vgl. Nr. 135*). Dementsprechend sind Beklagte in einer Individualklage entweder ein einzelner (oder mehrere) Gesellschafter oder die Gesamthand. Dazu:

269  a. Sind mehrere Gesellschafter Beklagte, so sind sie nach Massgabe des anwendbaren Prozessrechts einfache oder notwendige Streitgenossen. Notwendige Streitgenossen sind sie dann, wenn das streitige Rechtsverhältnis allen Streitgenossen gegenüber nur einheitlich festgestellt werden kann[411].

270  b. Richtet sich der Individualanspruch gegen die Gesamthand, ist nach der hier vertretenen Auffassung (*Nr. 94 ff., 104 ff.*) die Gesamthand als solche einzuklagen[412]. In der Klage ist die einfache Gesellschaft als Beklagte anzuführen: Hat sie eine Bezeichnung[413], kann diese verwendet werden; fehlt eine Bezeichnung, müssen die einzelnen Gesellschafter angeführt werden[414]. Die herrschende schweizerische Lehre und Rechtsprechung hingegen verneinen die Passivlegi-

---

[411]  VOGEL/SPÜHLER, 143 N 47.

[412]  MÜTHER, 988; vgl. SOERGEL-HADDING, § 714 N 52.

[413]  Vgl. MÜTHER, 988. – Die einfache Gesellschaft hat nach überwiegender Meinung keine *Firma* (MEIER-HAYOZ/FORSTMOSER, 268 N 69). Die Verwendung einer *Bezeichnung* (wie zum Beispiel ARGE xy) ist indessen in der Praxis häufig anzutreffen (vgl. dazu zum Beispiel den Arbeitsgemeinschaftsvertrag für Bauunternehmungen des Schweizerischen Baumeisterverbandes, Ziff. 1.1 und den Behelf zum Arbeitsgemeinschaftsvertrag für Bauunternehmungen, Ziff. 1.5.1).

[414]  MÜTHER, 988. – Also zum Beispiel: ARGE (Arbeitsgemeinschaft) A, bestehend aus den Gesellschaftern B, C, D und E. Dabei ist es unvermeidlich, dass der Kläger seinen Namen oder seine Firma auch angibt. Die Aufzählung der Namen bzw. der Firmen aller Gesellschafter bei Fehlen einer Bezeichnung für die einfache Gesellschaft ist jedoch nicht eine Angabe der Beklagten; Beklagte ist – nach der hier vertretenen Auffassung – ausschliesslich die Gesamthand.

timation der einfachen Gesellschaft (*Nr. 76 ff., 80 ff.*)[415]. Zur prozessualen Durchsetzung von Individualansprüchen gegen die Gesamthand müssen deshalb die *übrigen Gesellschafter* ins Recht gefasst werden[416].

## B. Gerichtsstand

Will ein Gesellschafter eine Individualklage erheben, stellt sich die Frage nach dem Gerichtsstand zur Klageeinleitung[417]. Zu unterscheiden sind drei Fälle: Erstens die Individualklage gegen einen Gesellschafter (a.), gegen mehrere Gesellschafter (b.) und gegen die Gesamthand (c.). 271

### a) Klage gegen einzelnen Gesellschafter

1. Richtet sich die Individualklage gegen einen einzelnen Gesellschafter oder eine einzelne Gesellschafterin (z.B. eine Aktiengesellschaft), kann die Klage in *Binnensachverhalten* am Wohnsitz (Art. 3 Abs. 1 lit. a GestG) oder am Sitz (Art. 3 Abs. 1 lit. b GestG) des oder der Beklagten eingereicht werden[418]. Eine Besonderheit ist zu beachten: Für Individualklagen gegen geschäftsführende Gesellschafter einer organisierten Gesellschaft auf Leistung von Schadenersatz (*Nr. 188 ff.*) steht der Gerichtsstand am Wohnsitz oder Sitz gestützt auf Art. 3 Abs. 1 lit. a oder b nicht zur Verfügung (wohl aber gestützt auf Art. 29 GestG, *dazu Nr. 273 ff.*)[419]. 272

---

[415] Dazu BURCKHARDT, 119; BECKER, Art. 530 N 3; FELLMANN/MÜLLER, Art. 530 N 3; HANDSCHIN, Art. 530 N 6; VON STEIGER, 326, 329; SIEGWART, Vorbem. zu Art. 530–551 N 16; MEIER-HAYOZ/FORSTMOSER, 255 N 15; BGE 96 III 103; 88 II 230; 41 II 188.

[416] Vgl. dazu SIEGWART, Vorbem. zu Art. 530-551 N 120; GULDENER, 140 Fn 4.

[417] Zur sachlichen Zuständigkeit in Zürich vgl. insbesondere HAUSER/SCHWERI, §§ 26 ff. und §§ 57 ff.

[418] Vgl. INFANGER, Art. 3 N 28.

[419] Vgl. DASSER, Art. 3 N 7.

273  2. Meines Erachtens kann die Individualklage gegen geschäftsführende Gesellschafter einer organisierten Gesellschaft (*Nr. 279*) auf Leistung von Schadenersatz in *Binnensachverhalten* gestützt auf Art. 29 GestG am *Sitz* der Gesellschaft (*vgl. Nr. 276 und Fn 422*) oder am Wohnsitz oder Sitz der beklagten Partei erhoben werden[420]. Zur Klage am Sitz der Gesellschaft folgende drei Bemerkungen:

274  a. Der Auslegung des Gesellschaftsbegriffs in Art. 29 GestG ist der weite Gesellschaftsbegriff des IPRG (Art. 150 ff. IPRG) zu Grunde zu legen[421]. Gesellschaften im Sinne des IPRG sind auch einfache Gesellschaften mit einer *Organisation*[422] (Art. 150 Abs. 2 IPRG *e contrario*)[423]. Art. 29 GestG erfasst mithin auch einfache Gesellschaften mit Organisation im Sinne von Art. 150 IPRG.

275  b. Art. 29 GestG spricht von Klagen aus *gesellschaftsrechtlicher Verantwortlichkeit*. Es stellt sich die Frage, ob Individualklagen eines Gesellschafters Klagen aus gesellschaftsrechtlicher Verantwortlichkeit im Sinne von Art. 29 GestG sind. Der Gesetzgeber hatte bei der Schöpfung von Art. 29 GestG wohl die Klagen aus

---

[420] A.M. KURTH/BERNET, Art. 29 N 2; SPÜHLER/VOCK, Art. 29 N 3.

[421] BLUNSCHI, Art. 29 N 10, mit Blick auf die Zielsetzung des Gesetzgebers des GestG, Binnensachverhalte soweit sachlich gerechtfertigt gleich zu regeln, wie internationale Sachverhalte.

[422] Eine einfache Gesellschaft hat sich dann eine Organisation im Sinne von Art. 150 Abs. 2 IPRG gegeben, wenn sie gegen Aussen als eine Gruppe von Personen erscheint, die einen gemeinsamen Zweck verfolgen; es reicht nicht, wenn die Gesellschafter intern entscheiden, zusammenzuarbeiten, wenn dies gegen Aussen nicht in Erscheinung tritt (DUTOIT, Art. 150 N 6; HUBER, Joint Venture, 61). Verschiedene Indizien lassen einen Rückschluss auf das Vorhandensein einer Organisation zu, wie zum Beispiel das Bestehen einer institutionalisierten Geschäftsführung, die Beschlussfassung nach dem Mehrheitsprinzip, die Regelung des Weiterbestehens der Gesellschaft nach Ausscheiden eines Gesellschafters (DUTOIT, Art. 150 N 6).

[423] Vgl. VISCHER, Art. 150 N 20.

aktienrechtlicher Verantwortlichkeit als Hauptfall vor Augen[424], womit der Aktionär einen ihm unmittelbar entstandenen Schaden geltend machen kann[425]. Mit der Individualklage wird ebenfalls ein unmittelbarer Gesellschafterschaden (*Nr. 222*) geltend gemacht. Deswegen spricht jedenfalls vom Gegenstand her nichts dagegen, Individualklagen gegen die Geschäftsführer der einfachen Gesellschaft auf Leistung von Schadenersatz am Sitz der Gesellschaft zuzulassen[426].

c. Nach überwiegender Ansicht kann die einfache Gesellschaft gar keinen *Sitz* haben, weil ein Ort, an welchem die Rechtsverhältnisse der Gesellschaft als konzentriert gedacht werden, nicht auszumachen ist[427]. Diese Ansicht überzeugt nicht. Erstens hat die Rechtsprechung bereits Klagen am *Sitz* einer einfachen Gesellschaft bis zur Auflösung der Gesellschaft zugelassen[428]. Zweitens ist unbestritten, dass auf *internationale* einfache Gesellschaften mit Organisation (*Nr. 280*) das Gesellschaftskollisionsrechts angewendet wird[429], was zur Folge hat, dass im internationalen Verhältnis einfache Gesellschaften nach Art. 151 Abs. 1 IPRG durchaus einen Sitz haben. Meiner Ansicht nach befindet sich der Sitz der einfachen Gesellschaft – in Übereinstimmung mit dem Recht der Kollektivgesellschaft – am tatsächlichen Mittelpunkt der gesell-

276

---

[424] Vgl. BLUNSCHI, Art. 29 N 2, 4, 6 und 8.

[425] FORSTMOSER/MEIER-HAYOZ/NOBEL, 421 N 14 und 422 N 21.

[426] A.M. wohl VOCK, Art. 29 N 2.

[427] MEIER-HAYOZ/FORSTMOSER, 268 N 71. Vgl. auch beispielsweise DASSER, Art. 3 N 37; INFANGER, Art. 3 N 28.

[428] Dies folgt *e contrario* aus dem Entscheid in Band VI, S. 368 Schweizer Blätter für Handelsrechtliche Entscheidungen. Vgl. auch Art. 2612-2615 CCit: Konsortien, die Tätigkeiten gegenüber Dritten vorsehen, sind am Sitz des Konsortium ins Handelsregister einzutragen (vgl. dazu BÜHLER, 65).

[429] VISCHER, Art. 150 N 20; TERCIER, Nr. 5525.

schaftlichen Aktivität[430]. Betreibt die Gesellschaft ein Unternehmen, so befindet sich der Sitz am Ort, wo das Unternehmen betrieben wird[431].

277  3. Zusammenfassend ist festzuhalten, dass in *Binnensachverhalten* die Individualklage gegen einen Gesellschafter grundsätzlich an seinem Wohnsitz bzw. Sitz eingereicht werden kann. Meines Erachtens sind Individualklagen gegen geschäftsführende Gesellschafter einer organisierten Gesellschaft auf Leistung von Schadenersatz gestützt auf Art. 29 GestG am *Sitz der Gesellschaft* und am *Wohnsitz* oder *Sitz* der beklagten Partei zuzulassen.

---

[430] So auch MÜTHER, 991. Dies hat zur Folge, dass eine Angleichung der „Binnengesellschaft" an internationale Gesellschaften, die sich eine Organisation im Sinne von Art. 150 Abs. 2 IPRG (zum Begriff der Gesellschaft mit eigener Organisation: SCHWANDER, BT, Nr. 720 ff.; VON PLANTA, Art. 150 N 18 ff.) gegeben haben, erfolgt. Solche internationalen Gesellschaften haben unbestrittenermassen einen Sitz, der nach Art. 21 Abs. 2 IPRG im Gesellschaftsvertrag frei bestimmt werden kann. Im Binnenverhältnis hingegen kann der Sitz nicht frei gewählt werden.

[431] Nach einem Teil der Lehre schliesst das Gesetz den Betrieb eines kaufmännischen Unternehmens in der Form der einfachen Gesellschaft aus (MEIER-HAYOZ/FORSTMOSER, 111 N 58; vgl. HANDSCHIN/TRUNIGER, 6 f.; GAUCH, Gedanken, 89). Dies folge indirekt aus Art. 934 Abs. 1 OR (generelle Pflicht zur Eintragung von kaufmännischen Unternehmen ins Handelsregister) und BGE 79 I 179 f. (die einfache Gesellschaft ist zur Eintragung ins Handelsregister weder verpflichtet noch berechtigt) hergeleitet werden. Nach einem anderen Teil der Lehre kann die Gesellschaft ein nach kaufmännischer Art geführtes Gewerbe (Unternehmen) im Sinne von Art. 934 Abs. 1 OR betreiben (VON STEIGER, 334; HARTMANN, Art. 552 N 4; vgl. auch BECKER, Art. 530 N 1). Meines Erachtens ist diese Ansicht zutreffend, entspricht einem grossen praktischen Bedürfnis und wird schliesslich auch mannigfach so praktiziert und zugelassen, soweit juristische Personen Gesellschafterinnen sind (BGE 79 I 179, 181; BGE 84 II 381). Als Folge davon müsste eine einfache Gesellschaft verpflichtet sein, sich ins Handelsregister einzutragen, soweit die Voraussetzungen von Art. 52 ff. HRegV erfüllt sind. Art. 10 HRegV müsste deshalb ergänzt werden.

4. In *allgemein internationalen Sachverhalten* hängt der 278
Gerichtsstand einer Individualklage davon ab, ob die einfache
Gesellschaft mit oder ohne Organisation im Sinne von Art. 150
IPRG ausgestattet ist:

    a. Einfache Gesellschaften *mit Organisation* im Sinne von Art. 279
150 Abs. 1 IPRG (Fn 422) unterliegen dem Gesellschafts-
kollisionsrecht[432], das heisst der Gerichtsstand bestimmt sich nach
Art. 151 ff. IPRG. In gesellschaftsrechtlichen Streitigkeiten sind für
Klagen gegen Gesellschafter die schweizerischen Gerichte am Sitz
der Gesellschaft zuständig (Art. 151 Abs. 1 IPRG)[433]. Gesellschaftsrechtliche Streitigkeiten in diesem Sinne sind alle Ansprüche
gesellschaftsrechtlicher Natur, gleichgültig, ob sie sich gegen die
Gesellschaft, die Gesellschafter oder gegen die aus gesellschaftsrechtlicher Verantwortlichkeit haftenden Personen richten[434]. Individualklagen gegen Gesellschafter in organisierten Gesellschaften
können deshalb am Sitz[435] der Gesellschaft erhoben werden (Art. 151
Abs. 1 i.V.m. Art. 150 Abs. 2 IPRG *e contrario*). *Alternativ* kann
eine Individualklage auf Schadenersatz gegen einen Gesellschafter
nach Art. 151 Abs. 2 IPRG auch an seinem Wohnsitz oder, wenn ein
solcher fehlt, am gewöhnlichen Aufenthaltsort eingereicht werden[436].

---

[432]    VISCHER, Art. 150 N 20; DUTOIT, Art. 150 N 6. SCHNYDER, 87. **A.M.**
SIEHR, 394, 318.

[433]    SIEHR, 396; STRITTMATTER, 171.

[434]    VISCHER, Art. 151 N 1. Der Begriff gesellschaftsrechtliche
Streitigkeiten des IPRG bestimmt sich nach der *lex fori* und ist weit
auszulegen (GEHRI, 22).

[435]    In internationalen Verhältnissen bestimmt sich der Ort des Sitzes der
Gesellschaft nach Art. 21 Abs. 2 IPRG (VISCHER, Art. 151 N 1). Das
heisst, der Sitz kann im Gesellschaftsvertrag frei gewählt werden. Fehlt
eine vertragliche Bestimmung, befindet er sich an dem Ort, an dem die
einfache Gesellschaft tatsächlich verwaltet wird (STRITTMATTER, 171).

[436]    Der Wortlaut des Gesetzes spricht von Klagen gegen einen Gesellschafter, was Klagen *aus persönlicher Haftung* eines Gesellschafters
umfasst (VISCHER, Art. 151 N 5).

280  b. **Einfache Gesellschaften** *ohne Organisation* im Sinne von Art. 150 IPRG unterliegen nach Art. 150 Abs. 2 IPRG den vertragsrechtlichen Kollisionsregeln[437]. Obwohl Art. 150 Abs. 2 IPRG nur auf das anwendbare Recht verweist, finden auch die Zuständigkeitsvorschriften von Art. 112 ff. IPRG Anwendung[438]. Die Individualklage gegen den einzelnen Gesellschafter kann diesfalls nach Art. 112 Abs. 1 IPRG an seinem Wohnsitz[439] oder, wenn ein solcher fehlt, an seinem gewöhnlichen Aufenthaltsort erhoben werden.

281  5. In *eurointernationalen*[440] *Verhältnissen* steht die Klage am Wohnsitz des Beklagten nach Art. 2 LugÜ zur Verfügung[441]. Für gewisse gesellschaftsrechtliche Klagen[442] (*Nr. 283*) sollte die Klage bei den *Gerichten des Vertragsstaates*, in dessen Hoheitsgebiet die einfache Gesellschaft ihren *Sitz* hat, zugelassen werden (Art. 16 Nr. 2 LugÜ). Dazu im Einzelnen:

282  a. Art. 16 Nr. 2 LugÜ spricht von Gesellschaften und juristischen Personen. In der Lehre wird die Meinung vertreten, dass Art. 16 Nr.

---

[437]  DUTOIT, Art. 150 N 6; SCHWANDER, BT, Nr. 720; VISCHER, Art. 150 N 19.

[438]  VISCHER, Art. 150 N 30.

[439]  Bei Gesellschaften gilt der Sitz als Wohnsitz (Art. 21 Abs. 1 IPRG).

[440]  Von *eurointernationaler* Zuständigkeit spreche ich in dieser Arbeit – in Anlehnung an die Terminologie von VOGEL/SPÜHLER – soweit das LugÜ anwendbar ist (dazu VOGEL/SPÜHLER, 49 ff. N 71 ff.; oder etwa 120).

[441]  Ob die Individualklage auch am Vertragserfüllungsort nach Art. 5 Nr. 1 LugÜ erhoben werden kann, hängt m.E. vom geltend gemachten Anspruch ab. Der EuGH hat entschieden, dass Beitragsklagen einer juristischen Person gegen ihre Mitglieder am Vertragserfüllungsort erhoben werden können (EuGH 22.3.1983 Rs 34/82–Peters/Zuid Nederlandse Aannemers Vereniging–Slg. 1983, 987, 1002 Nr. 9 und 10). In Bezug auf die Bestimmung der massgeblichen Verpflichtung jedenfalls stellt Art. 5 Nr. 1 auf Hauptleistungspflichten ab (GEHRI, 102).

[442]  Vgl. dazu die Kritik von GEIMER, 869 ff.

2 LugÜ beispielsweise im deutschen Recht auch die offene Handelsgesellschaft und die Kommanditgesellschaft erfasst[443]. Sind *jene* Gesellschaften aber vom Gesellschaftsbegriff in Art. 16 Nr. 2 LugÜ erfasst, spricht meines Erachtens nichts dagegen, auch die einfache Gesellschaft als eine Gesellschaft im Sinne von Art. 16 Nr. 2 LugÜ zu betrachten[444].

    b. Art. 16 Nr. 2 LugÜ spricht von Klagen, welche die *Gültigkeit, die Nichtigkeit oder die Auflösung* einer Gesellschaft oder juristischen Person oder der Beschlüsse ihrer Organe zum Gegenstand haben. Der Begriff Auflösung ist nach dem Willen des Gesetzgeber weit zu verstehen; beispielsweise fallen darunter auch Klagen im Rahmen der Liquidation der Gesellschaft[445]. Soweit Individualklagen die Gültigkeit, die Nichtigkeit oder die Auflösung der Gesellschaft oder ihrer Beschlüsse zum Gegenstand haben, fallen sie in den Anwendungsbereich von Art. 16 Nr. 2 LugÜ[446]. Eine Beschränkung von Art. 16 Nr. 2 LugÜ auf Klagen *gegen die Gesellschaft* scheint mir nicht angebracht[447]. Der Wortlaut von Art. 16 Nr. 2 LugÜ und die Intention der Verfasser jedenfalls lassen auch Klagen *gegen einen (oder mehrere) Gesellschafter* zu.

283

---

[443]     KROPHOLLER, Art. 16 N 34; WALTER, 213, nach welchem der Begriff Gesellschaft auch nicht rechtsfähige Personengesellschaften umfasst.

[444]     So auch STRITTMATTER, 171.

[445]     KROPHOLLER, Art. 16 N 36; WALTER, 213.

[446]     Die Auflösung der einfachen Gesellschaft wegen Konkurses eines Gesellschafters (Art. 545 Abs. 1 Ziff. 3 OR) ist nicht eine konkursrechtliche Streitigkeit im Sinnne des Lugano-Übereinkommens, welche aufgrund von Art. 1 Nr. 2 LugÜ zur Nichtanwendung des Lugano-Übereinkommens führen würde (Bericht SCHLOSSER, Nr. 59, zitiert aus: KROPHOLLER, Art. 16 N 36).

[447]     So wohl auch KROPHOLLER, Art. 16 N 36 (unklar allerdings in N 38).

284　　c. Der Sitz der Gesellschaft bestimmt sich nach dem nationalen Kollisionsrecht (Art. 53 Abs. 1 Satz 2 LugÜ)[448], das heisst nach Art. 21 Abs. 2 IPRG (*vgl. Nr. 276*).

285　　d. Art. 16 Nr. 2 LugÜ ist nach der Terminologie des Lugano-Übereinkommens ein ausschliesslicher Gerichtsstand, was bedeutet, dass eine Prorogation nicht zulässig ist[449].

*b) Klage gegen mehrere Gesellschafter*

286　　1. Richtet sich die Individualklage gegen mehrere Gesellschafter, ist in *Binnensachverhalten* das für eine beklagte Partei zuständige Gericht für alle beklagten Parteien zuständig (Art. 7 Abs. 1 GestG)[450]. Die Zuständigkeit kann sich auf alle im Einzelfall einschlägigen Bestimmungen des Gerichtsstandsgesetzes stützen; die Individualklage kann, muss aber nicht notwendigerweise am Wohnsitzgerichtsstand eines der mehreren Beklagten eingereicht werden werden[451]. Art. 7 Abs. 1 GestG ist sowohl bei notwendigen als auch bei einfachen Streitgenossen anwendbar[452].

---

[448]　KROPHOLLER, Art. 16 N 39.

[449]　VOGEL/SPÜHLER, 97 N 15a und 122 N 76, nach welchen es sich – nach der Terminologie der Lehre – um einen *zwingenden* Gerichtsstand handelt.

[450]　Vgl. STRITTMATTER, 170.

[451]　MÜLLER, Art. 7 N 24. – Nach Art. 7 Abs. 1 GestG kann beispielsweise am Gerichtsstand der Geschäftsniederlassung oder auch am bloss mit einem der Streitgenossen vereinbarten Gerichtsstand Klage erhoben werden (MÜLLER, Art. 7 N 25). Ob allerdings Art. 7 Abs. 1 GestG auch gilt, wenn für einen der Streitgenossen ein zwingender (vgl. Art. 2 GestG) oder teilzwingender (Art. 21 – 24 GestG) Gerichtsstand besteht, ist umstritten (gegen eine Geltung: MÜLLER, Art. 7 N 47; für eine Geltung: REETZ, Art. 7 N 14 ff.).

[452]　MÜLLER, Art. 7 N 11; REETZ, Art. 7 N 1.

2. Im *allgemein internationalen Verhältnis* kann die Individualklage gegen mehrere Gesellschafter am Sitz der Gesellschaft eingereicht werden, soweit eine Gesellschaft *mit Organisation (Nr. 279 und Fn 422)* vorliegt (Art. 151 Abs. 1 IPRG)[453]. Hat die Gesellschaft *keine Organisation* im Sinne von Art. 150 IPRG, ist die Rechtslage wie folgt: Da das IPRG grundsätzlich keinen allgemeinen Gerichtsstand für subjektive Streitgenossen kennt[454], muss bei einfachen Streitgenossen bei jedem einzelnen Beklagten die Individualklage eingereicht werden. Immerhin greift – trotz Auslandsbezug – Art. 7 Abs. 1 GestG für die in der Schweiz wohnhaften Streitgenossen[455]. Bei notwendigen Streitgenossen ist – trotz ausländischen Wohnsitzes eines Streitgenossen – ebenfalls eine Konzentration am schweizerischen Gerichtsstand eines Beklagten zulässig, sofern der Sachverhalt nicht insgesamt als plurinational qualifiziert werden muss[456]. Liegt indessen bei notwendigen Streitgenossen ein plurinationaler Sachverhalt vor, der die Anwendung des GestG

287

---

[453] Vgl. STRITTMATTER, 171.

[454] MÜLLER, Art. 7 N 49.

[455] MÜLLER, Art. 7 N 45.

[456] MÜLLER, Art. 7 N 45 Fn 151. – Das bedeutet, dass der ausländische Wohnsitz als rein formales Kriterium nicht notwendigerweise dazu führt, dass der Sachverhalt als plurinational qualifiziert werden muss (was aufgrund von Art. 1 Abs. 1 GestG zur Nichtanwendung des GestG führen würde). Diese Auffassung ist zutreffend, denn der Entscheid, ob ein Binnenverhältnis oder ein internationaler Sachverhalt vorliegt, darf nicht aufgrund formaler Kriterien getroffen werden, sondern bedarf der *Wertung*. Eindrücklich dazu BATIFFOL, 109: „Certes il est possible de dire, et cela l'est en matière de conflits de lois, que la seule existence de points de rattachement avec différents pays suffit à donner à la situation un caractère international. Mais, et c'est ici une seconde raison de la limitation des règles matérielles, si la pluralité de rattachements autorise le choix d'une loi, elle ne justifie pas de plein droit des règles matérielles spécifiques. En effet la difficulté de distinguer entre relations proprements internes et internationales ne tient pas tant à l'élément formel, l'existence de rattachements multiples, mais à l'influence de cette pluralité sur la nature de la situation.".

ausschliesst, kann die Individualklage nur noch bei den schweizerischen Gerichten an jenem Ort, mit dem der Sachverhalt einen genügenden Zusammenhang aufweist (Art. 3 IPRG), erhoben werden[457].

288 3. Im *eurointernationalen Verhältnis* kann die Individualklage gegen mehrere Gesellschafter am Wohnsitz (im Hoheitsgebiet eines Vertragsstaates) eines Gesellschafters erhoben werden (Art. 6 Nr. 1 LugÜ)[458]. Soweit vom Sachbereich her die Voraussetzungen von Art. 16 Nr. 2 LugÜ gegeben sind (*Nr. 283*), kann die Individualklage m.E. bei den Gerichten, in deren Hoheitsgebiet die Gesellschaft ihren Sitz (*vgl. Nr. 276, 284*) hat, eingereicht werden.

c) *Klage gegen die Gesamthand*

289 1. Gesellschaften mit juristischer Persönlichkeit werden am Sitz der Gesellschaft eingeklagt (Art. 3 Abs. 1 lit. b GestG). Kollektiv- und Kommanditgesellschaften sind ebenfalls an ihrem Sitz zu verklagen[459]. Nach der hier vertretenen Auffassung ist die (gesellschaftliche) Gesamthand rechts- und parteifähig (*Nr. 94 ff., 104 ff.*), weswegen die Individualklage gegen die Gesamthand nach Art. 3 Abs. 1 lit. b GestG am *Sitz* der einfachen Gesellschaft (*Nr. 276*) eingereicht werden kann[460]. Nach Auflösung der Gesellschaft muss ebenfalls am Sitz der Gesellschaft geklagt werden. Die Gesellschaft

---

[457] Wendet man Art. 7 Abs. 1 analog an und klagt an dem für eine beklagte Partei zuständigen Gericht, können Schwierigkeiten bei der nachfolgenden Vollstreckung des Urteils gegen den Streitgenossen im Ausland auftreten. Der in der Vollstreckung Beklagte wird einwenden, dass das schweizerische Gericht örtlich gar nicht zur Beurteilung zuständig war und dass gar nicht schweizerisches Recht – insbesondere auch auf die Frage des Vorliegens der notwendigen Streitgenossenschaft – anwendbar gewesen wäre.

[458] VOGEL/SPÜHLER, 127 N 88; WALTER, 191 f.; MÜLLER, Art. 7 N 51.

[459] HARTMANN, Art. 562 N 13 und Art. 602 N 2; DASSER, Art. 3 N 38.

[460] A.M. DASSER, Art. 3 N 37, nach welchem die Klage gegen die Gesamthand am Wohnsitz eines Gesellschafters zu erheben ist.

ist zwar aufgelöst, aber noch nicht beendet; deshalb gilt m.E. analog zur Regelung bei der Aktiengesellschaft, dass die Gesellschaft ihren Sitz bis zu ihrer Beendigung behält[461].

2. In *allgemein internationalen* Sachverhalten kann die Individualklage gegen eine Gesellschaft mit Organisation im Sinne von Art. 150 IPRG (*Fn 422*) am schweizerischen Sitz der Gesellschaft eingereicht werden. Bei der Individualklage gegen eine Gesellschaft *ohne Organisation* hingegen gelten aufgrund der Verweisung in Art. 150 Abs. 2 IPRG, auch für die Zuständigkeit, die Regeln des internationalen Vertragsrechts. Da im internationalen Verhältnis für notwendige Streitgenossen grundsätzlich kein allgemeiner Gerichtsstand vorgesehen ist, könnte die Klage, soweit die Voraussetzungen von Art. 3 IPRG erfüllt sind, nur am Ort des genügenden Sachzusammenhangs eingereicht werden. Meines Erachtens können auch Gesellschaften ohne Organisation an ihrem Sitz ins Recht gefasst werden. Der Sitz kann – wie bei den einfachen Gesellschaften mit Organisation – im Gesellschaftsvertrag frei gewählt werden. Falls eine solche Bezeichnung fehlt, befindet er sich an dem Ort, an dem die einfache Gesellschaft tatsächlich verwaltet wird[462].

3. Im eurointernationalen Verhältnis kann die Klage meines Erachtens am Sitz (*Nr. 276, 284*) der Gesellschaft eingereicht werden (Art. 2. Abs. 1 i.V.m. Art. 53 Abs. 1 LugÜ).

290

291

---

[461] Bei der AG: FORSTMOSER/MEIER-HAYOZ/NOBEL, 842 N 159. Der Grund dafür liegt darin, dass mit Auflösung der Gesellschaft bis zu ihrer Beendigung nur eine Zweckänderung eintritt, ansonsten die Gesellschaft eben „weiterbesteht" (VON STEIGER, 461).

[462] Problematisch ist, dass auch Gesellschaften ohne Organisation im Sinne von Art. 150 IPRG in der Regel Gesamthandschaften sind. Solche Gesellschaften unterstellt Art. 150 Abs. 2 IPRG dem internationalen Vertragsrecht. Das internationale Vertragsrecht (Art. 112 ff. IPRG) enthält indessen keine angemessenen Regeln für gesamthänderische Gesellschaften (die im Sinne des IPRG keine Gesellschaften sind).

## C. Kostentragung

292 Die Gerichtskosten und die Parteientschädigung werden in der Regel der unterliegenden Partei überbunden[463]. Richtet sich die Individualklage *gegen einen oder mehrere Gesellschafter*, bereitet diese Rechtsfolge keine Schwierigkeiten. Dringt der Gesellschafter hingegen mit seiner Individualklage gegen die Gesamthand durch, werden die Kosten der Gesamthand überbunden. Dadurch wird sein Anteil am Gesellschaftsvermögen geschmälert. Es stellt sich die Frage, *ob* und *wer* in der Gesellschaft diese Kosten einklagen kann:

293 1. Der *einzelne Gesellschafter* kann die Kosten nicht als Schadensposten einklagen, denn die anteilige Verringerung des dem Kläger zustehenden Anteils am Gesellschaftsvermögen durch die Überbindung der Prozesskosten ist ein Reflexschaden des einzelnen Gesellschafters, der nicht ersatzfähig ist (*Nr. 221, 224*).

294 2. Die *Gesamthand* hat durch die Überbindung der Prozesskosten einen Schaden erlitten. Allenfalls kann sie Schadenersatz verlangen, soweit eine Nichterfüllung eines Innenanspruchs oder eine sonstige Verletzung einer Pflicht aus dem Gesellschaftsverhältnis (*Nr. 190 ff.*) eines Gesellschafters vorliegt (beispielsweise des Geschäftsführers, der eigenmächtig entschieden hat, den eingeklagten Individualanspruch nicht freiwillig zu erfüllen).

### III. Durchsetzung von Sozialansprüchen

295 Sozialansprüche (*Nr. 50*) können prozessual regelmässig nur von der *Gesamthand* mit der *Gesellschaftsklage* durchgesetzt werden (*vgl. Nr. 260*)[464]. Ausnahmsweise ist bei Vorliegen besonderer Umstände

---

[463] Vgl. zum Beispiel § 64 Abs. 2 ZPO ZH.

[464] Von der *prozessualen* Durchsetzung vor Gericht ist die *ausserprozessuale* Durchsetzung zu unterscheiden. Darunter verstehe ich in der vorliegenden Arbeit die Aufforderung zur Leistung und gegebenenfalls die Einziehung des Geleisteten. Die ausserprozessuale Geltendmachung ist grundsätzlich Pflicht und Befugnis der Geschäftsführung (NITSCHKE,

der *einzelne Gesellschafter* berechtigt, einen Sozialanspruch anstelle der Gesellschaft im eigenen Namen mit der *actio pro socio* durchzusetzen. Im Folgenden spreche ich deshalb zunächst von der Gesellschaftsklage als Regel (1.) und danach von der *actio pro socio* als Ausnahme (2.).

## 1. Regel: Gesellschaftsklage

In der schweizerischen Lehre (*zur Rechtsprechung Nr. 301 ff.*) ist zwar unbestritten, dass zur Durchsetzung von Sozialansprüchen die Gesellschaftsklage erhoben werden kann[465]. Wesentliche Fragen sind bislang jedoch umstritten oder werden nicht behandelt. Insbesondere besteht keine Klarheit über die Aktivlegitimation zur Klage, ihre Zulässigkeit und das Zustandekommen der Gesellschaftsklage. Um diese Fragen im Einzelnen zu beantworten, behandle ich zunächst Begriff und Abgrenzungen der Gesellschaftsklage (A.), ihre Zulässigkeit (B.), ihr Zustandekommen (C.) und schliesslich prozessuale Besonderheiten der Gesellschaftsklage (D.).

296

### A. Begriff und Abgrenzungen

1. Die Gesellschaftsklage ist die Klage der Gesamthand (*Nr. 60 ff.*) zur Durchsetzung von Sozialansprüchen[466]. Sie kann von einem vertretungsberechtigten Geschäftsführer (oder einem anderen Vertreter) im Namen der Gesamthand erhoben werden. Die schwei-

297

---

86; HADDING, Einzelklagebefugnis, 162 f.; a.M. BECKER, Art. 530 N 14).

[465] Zum Beispiel: VON STEIGER, 378 (insbesondere Fn 36, m.w.H.); TSCHUDI, 84; JOB, 92 ff.; MÜLLER, 37, m.w.H.; FELLMANN/MÜLLER, Art. 531 N 6; vgl. für das deutsche Recht SCHMIDT, Gesellschaftsrecht, 1753 und 1756; zur OHG: HUECK, Geltendmachung, 103.

[466] MÜLLER, 37; VON STEIGER, 378, insbesondere Fn 36; TSCHUDI, 87 ff.; JOB, 89 ff.; differenziert SIEGWART, Vorbem. zu Art. 530 – 551 OR N 94 (Zulassung der Gesellschaftsklage – im Gegensatz zur Gesellschafterklage – bei Verhältnissen, die mehr auf das Bestehen und Wirken der Gesellschaft hinzielen).

zerische Lehre behandelt den Anwendungsbereich der Gesellschaftsklage nicht. Sie wird oftmals nur bei der Durchsetzung der Beitragspflicht erörtert[467]. Mit der Gesellschaftsklage kann die Gesamthand freilich auch andere ihr zustehende Sozialansprüche (*Nr. 170 ff.*) einklagen[468].

298  2. Der Gegenstand der so verstandenen Gesellschaftsklage ist abzugrenzen: Mit der Gesellschaftsklage können keine gesellschaftsbezogenen Ansprüche der Gesamthand ausserhalb des Gesellschaftsverhältnisses (*Nr. 23 ff.*), weder vertragliche Ansprüche gegen Dritte im Aussenverhältnis (*Nr. 28 f.*) noch ausservertragliche Ansprüche (*Nr. 32 ff.*), durchgesetzt werden. Mit der Gesellschaftsklage können auch keine Individualansprüche (*Nr. 46 ff.*) durchgesetzt werden. Individualansprüche sind auf dem Wege der Individualklage (*Nr. 261 ff.*) vom einzelnen Gesellschafter durchzusetzen. Mit der Individualklage macht der Gesellschafter einen eigenen ihm zustehenden Anspruch geltend; bei der Gesellschaftsklage klagt die Gesamthand einen ihr zustehenden Anspruch ein. Die Gesellschaftsklage kann schliesslich auch nicht zur Durchsetzung von gesellschaftsbezogenen Rechten, die keine Ansprüche sind (*Nr. 22, 248 ff.*), verwendet werden.

299  3. Schliesslich ist die Gesellschaftsklage von der *ausserprozessualen Geltendmachung* von Sozialansprüchen, also beispielsweise der Aufforderung zur Leistung (bzw. Unterlassung oder Duldung) sowie gegebenfalls von der Entgegennahme der Leistung, zu unterscheiden[469]. Die ausserprozessuale Geltendmachung gehört

---

[467] Zum Beispiel: FELLMANN/MÜLLER, Art. 531 N 6; VON STEIGER, 378 (vgl. demgegenüber: VON STEIGER, 377 Fn 33).

[468] In diese Richtung auch TEICHMANN, 481.

[469] Vgl. HADDING, Einzelklagebefugnis, 163, FELLMANN/MÜLLER, Art. 531 N 6.

zur Geschäftsführung[470]. Sie kann von jedem geschäftsführungsbefugten Gesellschafter vorgenommen werden.

### B. *Zulässigkeit*

Mit der Zulässigkeit der Gesellschaftsklage haben sich sowohl Rechtsprechung (a.) als auch Lehre (b.) beschäftigt.  300

*a) Rechtsprechung*

1. In der bundesgerichtliche Rechtsprechung findet sich bislang  301
keine ausdrückliche Antwort auf die Frage der Zulässigkeit der Gesellschaftsklage in der einfachen Gesellschaft. Jedoch sind mehrere Entscheide zur Frage der Zulässigkeit der Gesellschaftsklage in der *Kollektiv- und Kommanditgesellschaft* ergangen, die in der Lehre als Nachweis für die Zulässigkeit der Gesellschaftsklage auch bei der einfachen Gesellschaft zitiert werden[471]. Das ist gerechtfertigt, zumal sowohl die einfache Gesellschaft als auch die Kollektiv- und Kommanditgesellschaft gesetzliche „Erscheinungsformen der Abstraktion Gesamthand"[472] sind, die meines Erachtens jedenfalls in Bezug auf die Durchsetzung von Sozialansprüchen gleich zu behandeln sind[473]. In der Rechtsprechung des Bundesgerichts wurden zwei Meinungen vertreten:

---

[470] NITSCHKE, 86, HADDING, Einzelklagebefugnis, 163. Vgl. auch BECKER, Art. 535 N 7.

[471] So zum Beispiel VON STEIGER, 378 Fn 36.

[472] FLUME, Gesellschaft und Gesamthand, 179.

[473] Dem kann nicht entgegengehalten werden, dass die Kollektiv- und Kommanditgesellschaft nur aufgrund ausdrücklicher gesetzlicher Regel (Art. 562 OR und 602 OR) rechtsfähig und selbst als Partei zur Gesellschaftsklage befugt sind (was überdies unzutreffend ist: GUHL, 8), eine solche gesetzliche Regel bei der einfachen Gesellschaft aber gerade nicht bestehe. Die Frage der *Zulässigkeit* der Gesellschaftklage ist von der Frage der *Aktivlegitimation* zu unterscheiden.

302 a. In seiner früheren Rechtsprechung *verneinte das Bundesgericht die Zulässigkeit der Gesellschaftsklage*[474] mit der Begründung, dass im Innenverhältnis keine Ansprüche der einzelnen Gesellschafter gegenüber der Gesellschaft (und umgekehrt) entstehen[475]. Der Gesellschaftsvertrag begründe im Innenverhältnis vielmehr nur Rechte und Pflichten der einzelnen Gesellschafter untereinander[476]. Während der Dauer der Gesellschaft würden diese Rechte und Pflichten durch die Geschäftsführung durchgesetzt, allenfalls bestehe die *actio pro socio*[477]. Die damalige Auffassung des Bundesgerichts gründete auf dem Verständnis, dass sich das Gesellschaftsverhältnis in Beziehungen der Gesellschafter untereinander *erschöpft* und daraus gar keine gesellschaftsbezogenen Rechte und Pflichten entstehen, deren Trägerin die Gesamthand ist. Aus diesem Grund bedarf es dann auch keiner Gesellschaftsklage zur Durchsetzung – beispielsweise – des Beitragsanspruchs. Obwohl die Gesellschaft gesamthänderisch war und dannzumal die Theorie der ungeteilten Gesamtberechtigung vorherrschte (*Nr. 66 ff.*), verneinte das Bundesgericht die Zulässigkeit der Gesellschaftsklage.

---

[474] BGE 24 II 736. – Allerdings ist BGE 24 II 736 im Jahre 1898 zur Kommanditgesellschaft ergangen und galt *dannzumal* nicht für die einfache Gesellschaft des aOR, weil in der einfachen Gesellschaft des aOR nicht gesamthänderische, sondern quotenmässige Berechtigung galt (SIEGWART, Art. 544 N 7). Die Kommanditgesellschaft hingegen war schon unter dem aOR eine gesamthänderische Gesellschaft (HARTMANN, Art. 594 N 1).

[475] BGE 24 II 736.

[476] BGE 24 II 736.

[477] BGE 24 II 736. – Allerdings verstand das Bundesgericht in diesem Entscheid die *actio pro socio*, abweichend von der hier vertretenen Ansicht (*Nr. 342 ff., 362 ff.*), wohl als die Klage des einzelnen Gesellschafters schlechthin, unabhängig davon, ob Individualansprüche oder Sozialansprüche durchgesetzt werden sollen.

b. Später änderte das Bundesgericht seine Meinung⁴⁷⁸. Es entschied, dass der Anspruch auf die Kommandite ausschliesslich der Gesellschaft selbst und nicht dem einzelnen Gesellschafter zustehe und auch von der Gesamthand prozessual durchgesetzt werden muss⁴⁷⁹. Damit anerkannte das Bundesgericht, dass durch den Gesellschaftsvertrag neben den Beziehungen der Gesellschafter untereinander auch Beziehungen zwischen den einzelnen Gesellschaftern und der Gesamthand entstehen (*vgl. Nr. 137 ff., Nr. 163 ff.*). 303

2. Nach einem Entscheid des Zürcher Obergerichts kann der Anspruch auf die Gesellschafterbeiträge auch, und zwar in erster Linie, von der Gesellschaft geltend gemacht werden⁴⁸⁰. Der Unterschied zur neueren bundesgerichtlichen Auffassung (*Nr. 303*) besteht darin, dass nach Ansicht des Obergerichts die Gesamthand nicht ausschliesslich zur Geltendmachung berechtigt ist. Dem Entscheid des Obergerichts zufolge sind auf Grund des Gesellschaftsvertrages auch die „Gesellschafter als solche" berechtigt, die Beitragspflicht durchzusetzen. Die Formulierung des Obergerichts ist ungünstig, weil sie das Verhältnis zwischen der Berechtigung der Gesamthand sowie des einzelnen Gesellschafters nicht näher erläutert. 304

*b) Lehre*

1. In der Lehre wird die Zulässigkeit der Gesellschaftsklage fast durchwegs bejaht⁴⁸¹. Allerdings gibt es verschiedene Ansichten zu ihrer prozessualen Ausgestaltung. Nach heute herrschender Ansicht müssen mangels Rechts- und Parteifähigkeit der einfachen Gesell- 305

---

⁴⁷⁸ In BGE 37 II 36.

⁴⁷⁹ BGE 37 II 36.

⁴⁸⁰ BlZüR 25 Nr. 43 (zur Kollektivgesellschaft).

⁴⁸¹ MÜLLER, 37; VON STEIGER, 378 Fn 36 (betrachtet die Gesellschaftsklage sogar als heute überwiegend anerkannt); TSCHUDI, 91; JOB, 99; differenziert SIEGWART, Vorbem. zu Art. 530-551, N 93 ff. **A.M.** BUCHNER, 504 ff.; GUHL/DRUEY, 681 N 21.

schaft alle Gesellschafter am Prozess teilnehmen (*Nr. 79 ff.*)[482]. Einer anderen Ansicht nach kann die einfache Gesellschaft als solche, vertreten durch den Geschäftsführer, klagen[483].

306  2. Nach SIEGWART hängt die Zulässigkeit der Gesellschaftsklage vom Einzelfall ab[484]. Es komme darauf an, wie weit die Gesellschaft im Innenverhältnis eine Einheit bilde. In Gesellschaften, die den Kollektiv- und Kommanditgesellschaften ähneln, mit eigenem Vermögen und einer Gesellschaftskasse oder bei Verhältnissen, die mehr auf das Bestehen und Wirken der Gesellschaft gerichtet sind, ist nach SIEGWART die Gesellschaftsklage zuzulassen[485]. Prozessual genügt es nach dieser Ansicht, wenn alle diejenigen Gesellschafter, die das Gemeinschaftsinteresse gegen einen Gesellschafter verfechten, dem Geschäftsführer ihre eventuellen Ansprüche abtreten oder eine Prozessvollmacht ausstellen[486].

---

[482] VON STEIGER, 378 (Bejahung der Gesellschaftsklage) und 446 (Verneinung der Rechts- und Parteifähigkeit der einfachen Gesellschaft); TSCHUDI, 92 f. (Bejahung der Gesellschaftsklage) und TSCHUDI, 94 (Verneinung der Parteifähigkeit). Nach TSCHUDI, 94 genügt es trotz fehlender Rechtsfähigkeit, „wenn alle diejenigen Gesellschafter, welche das Gemeinschaftsinteresse gegen einen Mitgesellschafter wahrnehmen, dem Geschäftsführer ihre Ansprüche abtreten oder eine Prozessvollmacht ausstellen".

[483] JOB, 99; MÜLLER, 37, dieser Autor äussert sich gleich zum Verhältnis zwischen der Gesellschaftsklage und der *actio pro socio*: „So kann z.B. die Beitragsforderung nicht nur vom einzelnen Gesellschafter mittels der *actio pro socio* [*kursive* Hervorhebung nicht im Original] geltend gemacht werden, sondern auch von der Gesellschaft als solcher, vertreten durch ihren Geschäftsführer". Nach der hier vertretenen Ansicht ist die *actio pro socio* zur Durchsetzung von Sozialansprüchen nur in Ausnahmefällen zulässig (*Nr. 362*).

[484] SIEGWART, Vorbem. zu Art. 530-551 N 93.

[485] SIEGWART, Vorbem. zu Art. 530-551 N 93 ff.

[486] SIEGWART, Vorbem. zu Art. 530-551 N 98.

3. Eine Minderheitsmeinung schliesslich verneint die Zulässigkeit 307
der Gesellschaftsklage[487]. Nach GUHL/DRUEY kann die einfache
Gesellschaft, da sie keine eigene Rechtsfähigkeit habe, die ihr geschuldeten Beiträge nicht selbst einfordern[488]. Das Recht, die Beiträge einzufordern, falle vielmehr jedem einzelnen Gesellschafter
zu[489].

c) *Stellungnahme*

1. Der Gesellschaftsvertrag begründet nicht nur Beziehungen 308
zwischen den Gesellschaftern, sondern auch Beziehungen zwischen
der Gesamthand und den einzelnen Gesellschaftern (*Schuld- und
Organisationsvertrag Nr. 8 f.*). Aus diesem Grund muss die Gesamthand meines Erachtens Sozialansprüche auch selbst mit der
Gesellschaftsklage durchsetzen können. Von der *Zulässigkeit* der
Gesellschaftsklage ist indessen die Frage der *Aktivlegitimation* zur
Gesellschaftsklage zu trennen.

2. Vor dem Hintergrund der dargestellten Rechtsprechung (*Nr.* 309
*301 ff.*) und Lehre (*Nr. 305 ff.*) sind im Zusammenhang mit der
Gesellschaftsklage insbesondere folgende zwei für die vorliegende
Untersuchung wichtige Fragen nach wie vor nicht geklärt:

a. Wie ist innerhalb der Gesellschaft vorzugehen, um die Gesell- 310
schaftsklage gültig zu erheben? Dies ist die Frage nach dem Zustandekommen der Gesellschaftsklage, die ich im nachfolgenden Abschnitt sogleich behandeln werde (*Nr. 312 ff.*).

b. Können Sozialansprüche *ausschliesslich* von der Gesamthand 311
mit der Gesellschaftsklage durchgesetzt werden, oder kann ein
einzelner Gesellschafter auch alleine Sozialansprüche prozessual

---

[487] GUHL/DRUEY, 681 N 21. – Vgl. zum deutschen Recht eine ähnlich Meinung: BUCHNER, 504 ff.

[488] Im Bezug auf die Rechtsfähigkeit a.M. GUHL, 7 ff.

[489] GUHL/DRUEY, 681 N 21.

durchsetzen? Dies ist die Frage nach der Zulässigkeit der *actio pro socio*, welche Gegenstand des nächsten Abschnitts (*Nr. 342 ff., 362 ff.*) ist.

## C. Zustandekommen

312 Für das Zustandekommen der Gesellschaftsklage muss ein gültiger Gesellschaftsbeschluss vorliegen (a.), und ein vertretungsbefugter Gesellschafter muss die Klage beim zuständigen Gericht einreichen (b.).

### a) Gesellschaftsbeschluss

313 Im Folgenden spreche ich zunächst von der Notwendigkeit der Beschlussfassung (aa.), danach vom Recht und der Pflicht zur Beschlussfassung (bb.), und schliesslich von der Mangelhaftigkeit der Beschlussfassung (cc.).

#### aa) Notwendigkeit der Beschlussfassung

314 1. Die schweizerische Lehre ist sich nicht einig, ob das Erheben der Gesellschaftsklage eines vorgängigen Gesellschaftsbeschlusses bedarf. Folgenden Meinungen bestehen:

315 – Nach SIEGWART und VON STEIGER ist im Einzelfall auf Grund der konkreten Verhältnisse zu entscheiden, ob die Einleitung der Gesellschaftsklage eine aussergewöhnliche Rechtshandlung ist, was eine Ermessensfrage sei[490]. Nach JOB, TSCHUDI und HANDSCHIN hingegen sind Handlungen, die sich gegen einen Gesellschafter richten, aussergewöhnliche Handlungen[491]. Die Einleitung der Gesellschaftsklage wäre dieser Ansicht nach eine

---

[490] SIEGWART, Art. 535 N 7; VON STEIGER, 378 Fn 37 und vgl. auch 394 Fn 108. SIEGWART allerdings räumt an dieser Stelle ein, dass „ [...] zur Erfüllung der formellen Bedingungen des Prozessrechtes meist eine Mitwirkung Aller notwendig [...]" ist.

[491] JOB, 105 Fn 34 b; TSCHUDI, 94 f.; HANDSCHIN, Art. 534 N 2.

aussergewöhnliche Rechtshandlung. Ähnlicher Ansicht sind endlich auch FELLMANN/MÜLLER, nach denen die Prozessführung im Interesse der Gesellschaft eine aussergewöhnliche Handlung ist[492].

– Nach HARTMANN ist der Entscheid über die Einleitung der Gesellschaftsklage keine aussergewöhnliche Rechtshandlung, sondern eine Grundlagenhandlung, die der vorgängigen Zustimmung aller – bei Vorliegen des Mehrheitsprinzips der Mehrheit der Gesellschafter – bedarf[493]. 316

– Unklar ist schliesslich BECKER: Im Allgemeinen fehle dem Geschäftsführer die Befugnis zur Prozessführung[494], die Eintreibung von ausstehenden Gesellschaftsbeiträgen falle jedoch in den Kreis der Obliegenheiten des Geschäftsführers[495]. 317

2. Meines Erachtens muss die Frage der Notwendigkeit eines Gesellschaftsbeschlusses differenziert beantwortet werden. Soweit der Gesellschaftsvertrag keine abweichende Regel vorsieht, ist zu unterscheiden, ob die Gesellschaftsklage während werbender Gesellschaft (*vgl. Fn 182*) oder nach Auflösung der Gesellschaft erhoben werden soll. Im Einzelnen: 318

a. Im Zeitraum zwischen *gültigem Zustandekommen des Gesellschaftsvertrages und der Auflösung* der Gesellschaft (während werbender Gesellschaft) ist die Entscheidung über die Erhebung der Gesellschaftsklage keine Geschäftsführungshandlung, sondern ein Grundlagengeschäft (*Nr. 150*)[496]. Die gerichtliche Durchsetzung von 319

---

[492] FELLMANN/MÜLLER, Art. 535 N 4 mit Verweis auf BGE 79 II 393.

[493] HARTMANN, Art. 557 N 15.

[494] BECKER, Art. 535 N 6.

[495] BECKER, Art. 535 N 7.

[496] HARTMANN, Art. 557 N 15; HADDING, Actio pro socio, 27; HADDING, Einzelklagebefugnis, 163; SOERGEL-HADDING, § 705 N 48.

Sozialansprüchen ist nicht eine Angelegenheit, die zum normalen Geschehen im Betrieb einer Gesellschaft gehört, sondern *berührt das Gesellschaftsverhältnis* selbst. Die künftigen Beziehungen zwischen den Gesellschaftern werden beeinflusst; bisweilen kann sogar das Bestehen der Gesellschaft schlechthin von einer Klageeinleitung abhängen[497]. Deswegen bedarf der Entscheid über die Einleitung der Gesellschaftsklage *während werbender Gesellschaft* notwendigerweise eines vorgängigen Gesellschaftsbeschlusses[498].

320    b. Nach *Auflösung* der Gesellschaft erfolgt ihre Liquidation; einziger Zweck der aufgelösten Gesellschaft ist die Durchführung der Liquidation[499]. In diesem Stadium ist die prozessuale Durchsetzung eines Sozialanspruchs gegen einen Gesellschafter nicht mehr eine Grundlagenhandlung, sondern eine normale Geschäftsführungshandlung in der Liquidation, die keines Gesellschaftsbeschlusses mehr bedarf. Mit Auflösung der Gesellschaft fällt die gesetzliche oder vertragliche Geschäftsführungsbefugnis (*vgl. Nr. 148 ff.*) dahin, soweit nichts Abweichendes vereinbart ist[500]. Liquidationshandlungen wie die Erhebung der Gesellschaftsklage müssen alsdann nach Art. 550 Abs. 1 OR von allen Gesellschaftern gemeinsam vorgenommen werden[501]. Der einzelne Gesellschafter kann nach Auflösung der Gesellschaft bis zu ihrer Beendigung nach der hier vertretenen Auffassung (*Nr. 362 ff., 377 f.*) die *actio pro socio* erheben. Die Gesellschaftsklage wird deswegen in der aufgelösten Gesellschaft wohl etwas an praktischer Bedeutung einbüssen.

321    3. Schliesslich stellt sich noch die Frage, ob die Erhebung der Gesellschaftsklage eine *aussergewöhnlichen Handlung* im Sinne von

---

[497] HADDING, Einzelklagebefugnis, 163.

[498] HARTMANN, Art. 557 N 15; HADDING, Einzelklagebefugnis, 163; vgl. dazu § 113 Abs. 2 HGB.

[499] FELLMANN/MÜLLER, Art. 547 N 1.

[500] FELLMANN/MÜLLER, Art. 550 N 1.

[501] FELLMANN/MÜLLER, Art. 550 N 1.

Art. 535 Abs. 3 OR ist[502]. Aussergewöhnlichen Handlungen in diesem Sinne können bei Gefahr im Verzug ohne Einwilligung sämtlicher Gesellschafter vorgenommen werden[503]. Ich bin der Auffassung, dass die Erhebung der Gesellschaftsklage während werbender Gesellschaft eine Grundlagenhandlung und *keine aussergewöhnliche Handlung* im Sinne von Art. 535 Abs. 3 OR ist. Das hat zur Folge, dass der Geschäftsführer ohne einen gültigen Gesellschaftsbeschluss zur Erhebung der Gesellschaftsklage keine Schritte zur Wahrung einer allenfalls ablaufenden Frist unternehmen darf. Wurde hingegen ein Gesellschaftsbeschluss gefasst, aber die Gesellschaftsklage noch nicht eingereicht, darf und kann der Geschäftsführer bei Gefahr im Verzug, etwa bei der Wahrung von gesetzlichen und richterlichen Fristen[504], die notwendigen Schritte vornehmen.

*bb) Recht und Pflicht zur Beschlussfassung*

1. Gesellschaftsbeschlüsse werden nach Art. 534 Abs. 1 OR mit Zustimmung aller Gesellschafter gefasst[505]. Das Mehrheitsprinzip kann nach Art. 534 Abs. 2 OR für gewisse oder alle Beschlüsse vereinbart werden[506]. Grundsätzlich ist jeder Gesellschafter zur Stimmabgabe berechtigt (*Nr. 154 f.*), namentlich auch in Angelegenheiten, an denen der stimmende Gesellschafter mehr interessiert ist. Von diesem Grundsatz gibt es Ausnahmen[507]. Eine der Ausnahmen ist der Ausschluss des Stimmrechts bei der Beschlussfassung über die

322

---

[502] So zum Beispiel: JOB, 105 Fn 34 b; TSCHUDI, 94 f.; HANDSCHIN, Art. 534 N 2. Differenziert: SIEGWART, Art. 535 N 7; VON STEIGER, 378 Fn 37 und vgl. auch 394 Fn 108.

[503] SIEGWART, Art. 535 N 12.

[504] Vgl. SIEGWART, Art. 535 N 12.

[505] FELLMANN/MÜLLER, Art. 534 N 4.

[506] BECKER, Art. 534 N 5; VON STEIGER, 395; FELLMANN/MÜLLER, Art. 534 N 5.

[507] GRUNEWALD, Gesellschaftsrecht, 34.

Einleitung der Gesellschaftsklage[508]. Zur Begründung verweist die deutsche Lehre bisweilen auf § 34 BGB, nach welchem ein Vereinsmitglied nicht stimmberechtigt ist, wenn die Beschlussfassung die Einleitung eines Rechtsstreits zwischen ihm und dem Vereine betrifft[509]. Das schweizerische Recht kennt eine ähnliche Regel: Nach Art. 68 ZGB gilt, dass jedes Mitglied eines Vereins von Gesetzes wegen bei der Beschlussfassung über einen Rechtsstreit zwischen ihm und dem Verein vom Stimmrecht ausgeschlossen ist. Meines Erachtens ist der Stimmrechtsausschluss des Schuldners bei der Beschlussfassung über eine Gesellschaftsklage aus verschiedenen Gründen geboten. Der Verweis auf Art. 68 ZGB erscheint mir – insbesondere bei Gesellschaften mit vereinbartem Mehrheitsprinzip – zulässig, wenngleich nicht unbedingt notwendig. Ein Stimmrechtsausschluss ergibt sich jedenfalls schon aus einer einschränkenden Auslegung von Art. 534 Abs. 1 OR. Es kann nicht Sinn und Zweck von Art. 534 Abs. 1 OR sein, dass die Beschlussfassung bei Vorliegen des Einstimmigkeitsprinzips faktisch verunmöglicht wird[510].

323   2. Wie bereits ausgeführt (*Nr. 175 f.*), hat der Gesellschafter nicht nur das Recht auf Stimmabgabe, sondern er ist dazu auch *verpflichtet*[511]. Mit Ausnahme des vom Stimmrecht ausgeschlossenen Schuldners des Sozialanspruchs (*Nr. 322*) müssen alle Gesellschafter an der Beschlussfassung ihre Stimme abgeben. Deren Stimmabgabe ist für das Zustandekommen eines Gesellschaftsbeschlusses notwendig. Nehmen nicht alle dazu verpflichteten Gesellschafter teil,

---

[508] JOB, 24 Fn 119b mit Verweis auf HAFNER/GOLL, Art. 532 N 2 und Art. 529 N 1; SOERGEL-HADDING, § 705 N 48; GRUNEWALD, Gesellschaftsrecht, 35, m.w.H.

[509] Vgl. GRUNEWALD, Gesellschaftsrecht, 35.

[510] So auch CORRINTH, 51 f. – Im Ergebnis gleich BECKER, Art. 534 N 9, nach welchem das Einstimmigkeitsprinzip gewisse Schranken in sich selbst trägt.

[511] TSCHUDI, 88; HARTMANN, Art. 557 N 13; FELLMANN/MÜLLER, Art. 535 N 7.

kommt kein Beschluss zustande⁵¹². Bei Vorliegen des Mehrheitsprinzips ist für das Zustandekommen eines Beschlusses notwendig, dass die *Mehrheit* der zur Stimmabgabe *verpflichteten Gesellschafter* dem Beschluss zustimmt. Die blosse Mehrheit der anwesenden oder an der Abstimmung teilnehmenden Gesellschafter genügt nicht, es sei denn, dass dies im Gesellschaftsvertrag vorgesehen ist⁵¹³.

3. Nimmt ein Gesellschafter an der Beschlussfassung nicht teil, obwohl er dazu verpflichtet ist, so kann die Gesamthand wählen, ob sie *Schadenersatz* oder *Realerfüllung* will: 324

a. *Schadenersatz*: Entsteht durch die (pflichtwidrige und verschuldete) Nichtteilnahme an der Beschlussfassung ein Gesamthandsschaden (*Nr. 219*), kann die Gesamthand vom Gesellschafter wegen Nichterfüllung einer Gesellschafterpflicht Ersatz für den dadurch verursachten Schaden verlangen⁵¹⁴. Der Weg über eine Schadenersatzklage dürfte in der Praxis wohl im Vordergrund stehen, zumal die Klage auf Realerfüllung beschwerlich sein kann (*dazu: Nr. 326*). 325

b. *Realerfüllung*: Die Gesamthand kann auf Realerfüllung der Stimmabgabepflicht (*Nr. 175 f.*) klagen⁵¹⁵. Die prozessuale Durchsetzung der Stimmabgabepflicht macht in der Praxis oftmals wenig Sinn, zumal der renitente Gesellschafter, wenn er prozessual zur Stimmabgabe verpflichtet wurde, kaum zustimmen wird. Bisweilen hat der Gesellschafter jedoch eine Pflicht, in einem *bestimmten Sinne* zu stimmen⁵¹⁶; etwa wenn die Durchführung eines bestimmten 326

---

⁵¹² FELLMANN/MÜLLER, Art. 534 N 5.

⁵¹³ FELLMANN/MÜLLER, Art. 534 N 5.

⁵¹⁴ BECKER, Art. 534 N 4; HARTMANN, Art. 557 N 13.

⁵¹⁵ HARTMANN, Art. 557 N 13; vgl. auch BGE 110 II 291.

⁵¹⁶ Nach SIEGWART, Art. 534 N 6 und FELLMANN/MÜLLER, Art. 534 N 4 können Gesellschafter unter Umständen sogar klageweise gezwungen werden, zur Schaffung einer vernünftigen Lösung Hand zu bieten (*vgl. Nr. 175*).

Geschäfts für die Gesellschaft essentiell ist und ein Gesellschafter ohne vernünftigen Grund seine Zustimmung verweigert[517]. Aus der Treupflicht (gegenüber der Gesamthand und den Mitgesellschaftern) kann sich ergeben, dass ein Gesellschafter nicht nur zur schlichten Abgabe seiner Stimme verpflichtet ist, sondern nachgerade der Klageeinreichung zustimmen muss[518]. Ob im Einzelfall die Treupflicht eine Zustimmung zur Klageeinreichung erheischt, bestimmt sich nach dem Inhalt des konkreten Gesellschaftsverhältnisses und ist Auslegungsfrage.

327 Beispiel: In einer Gesellschaft mit den Gesellschaftern A, B, C, D und E leistet E den Beitrag nicht. A, B, C und D müssen nun einen Beschluss fassen, ob sie den Sozialanspruch auf Beiträge gegen E prozessual durchsetzen wollen. D nimmt bei der Beschlussfassung nicht teil. A, B und C

---

[517] GRUNEWALD, Gesellschaftsrecht, 38. – Nach dem deutschen Bundesgerichtshof kann sich eine Verpflichtung des Gesellschafters zur Zustimmung (in casu zur Änderung des Gesellschaftsvertrages einer deutschen Publikumskommanditgesellschaft) dann ergeben, wenn „die rechtsbeeinträchtigende Vertragsänderung einerseits mit Rücksicht auf das Gesellschaftsverhältnis, insbesondere zur Erhaltung des im Rahmen des Gesellschaftsverhältnisses Geschaffenen, erforderlich und andererseits für den Gesellschafter bei Berücksichtigung der Belange des Ganzen zumutbar ist" (BGH in WM 1985, 257). – Vgl. auch FELLMANN/MÜLLER, Art. 534 N 6, nach welchen bei der Stimmabgabe gewisse Verhaltensgebote (*Nr. 257 f.*) zu beachten sind.

[518] Besteht eine Zustimmungspflicht zur Klageeinleitung, so mag es formalistisch erscheinen, wenn die Gesellschafter, trotz bestehender Zustimmungspflicht, einen Gesellschaftsbeschluss fällen müssen. In solchen Fällen könnte man auf eine Beschlussfassung verzichten, zumal ja schon das Ergebnis des Beschlusses feststeht. Dem ist zu entgegnen, dass die Frage der Einleitung der Gesellschaftsklage eben eine Grundlagenfrage ist, weswegen eine vorgängige Beschlussfassung darüber nötig ist (*Nr. 319*). Insbesondere kann sich im Rahmen der Beschlussfassung erst ergeben, dass die Treuepflicht eine Zustimmung zur Klage erheischt, oder aber Gesellschafter können in der Diskussion aufgrund neuer Tatsachen umgestimmt werden.

müssten nun einen (anderen) Beschluss darüber fällen, ob sie den Sozialanspruch auf Stimmabgabe (*Nr. 175 ff.*) gegen D durchsetzen wollen. Sowohl D als auch E sind bei dieser Beschlussfassung vom Stimmrecht ausgeschlossen. Ist D aufgrund seiner Treuepflicht zur Zustimmung zur Klageeinleitung verpflichtet, kann die Gesamthand auf Verpflichtung zur Zustimmung klagen. Nach § 308 Abs. 1 ZPO ZH wird bei der Vollstreckung des Urteils im Weigerungsfall die Willenserklärung des Beklagten (die Stimmabgabe) durch richterlichen Entscheid ersetzt.

*cc) Mangelhafte Beschlussfassung*

1. Kommt ein Gesellschaftsbeschluss zustande, kann dieser mit Mängeln behaftet sein[519]. Beispielsweise kann das gesellschaftsvertraglich vereinbarte Verfahren nicht eingehalten worden sein, die Gesellschafter können bei ihrer Entscheidung einem Willensmangel unterlegen sein, ein Beschluss kann gegen das Gleichbehandlungsgebot oder die Treuepflicht verstossen, oder das Abstimmungsergebnis kann falsch festgestellt worden sein. Nehmen hingegen nicht alle zur Stimmabgabe verpflichteten Gesellschafter (*Nr. 322 ff.*) an der Beschlussfassung teil, ist der Beschluss nicht mangelhaft, sondern es kommt gar kein Beschluss zustande[520]. 328

2. Die Rechtsfolgen eines *mangelhaften* Beschlusses unterscheiden sich je nachdem, ob bei der Beschlussfassung die Erhebung der Gesellschaftsklage *angenommen* oder *verworfen* worden ist. Im ersten Fall darf keine Gesellschaftsklage durchgeführt werden. Im 329

---

[519] Vgl. etwa JOB, 25, für die Verletzung der Vorschriften über das Recht auf Teilnahme am Gesellschaftsbeschluss (Anspruch auf Mitwirkung); BECKER, Art. 534 N 2, bei Vorliegen eines Willensmangels (allerdings spricht BECKER von einem anfechtbaren Beschluss).

[520] FELLMANN/MÜLLER, Art. 534 N 4.

zweiten Fall ist nach meiner Ansicht ausnahmsweise die *actio pro socio* eines einzelnen Gesellschafters zulässig (*Nr. 375 f.*). Die Mangelhaftigkeit eines Gesellschaftsbeschlusses ist jedoch nur dann von Bedeutung, wenn bei Fehlen der Mangelhaftigkeit der Beschluss anders ausgefallen wäre. Steht im Einzelfall fest, dass bei Fehlen des Mangels ein anderslautender Beschluss zustandegekommen wäre, darf keine Gesellschaftsklage durchgeführt werden, bzw. kann jeder einzelne Gesellschafter die *actio pro socio* erheben.

330 Beispiel: Gesellschafter A, B, C und D wollen mit der Gesellschaftsklage gegen E den Anspruch auf Beiträge durchsetzen. Im Vorfeld der Gesellschafterversammlung setzt E den Gesellschafter D unter Androhung von Gewalt unter Druck, so dass D an der Beschlussfassung als einziger gegen die Einleitung der Gesellschaftsklage stimmt. Aufgrund des geltenden Einstimmigkeitsprinzips kommt deswegen ein die Klageeinleitung ablehnender Beschluss zustande. Die Mangelhaftigkeit des Gesellschaftsbeschlusses ist in diesem Fall von Bedeutung, denn ein der Klageeinleitung zustimmender Beschluss wäre zustande gekommen, wenn D seine Stimme aus freiem Entscheid hätte abgeben können.

*b) Klageeinreichung*

331 Erst wenn ein (mängelfreier) Gesellschaftsbeschluss (*Nr. 328 f.*) vorliegt, darf die Gesamthand die Gesellschaftsklage einreichen. Da die Klageeinreichung eine Handlung im Aussenverhältnis ist, wird die Gesamthand durch die Klageeinreichung nach Art. 543 Abs. 2 OR nur soweit verpflichtet, als es die Bestimmungen über die Stellvertretung mit sich bringen[521]. Hierzu folgende Bemerkungen:

332 1. Nur ein zur Vertretung *ermächtigter* Gesellschafter oder Dritter kann die Klage im Namen der Gesamthand wirksam einreichen. Die

---

[521] Vgl. FELLMANN/MÜLLER, Art. 543 N 5 und N 7.

*Ermächtigung* zur Einreichung der Gesellschaftsklage beruht entweder auf *Gesetz* oder auf *Rechtsgeschäft*. Auf *Gesetz* beruht die Ermächtigung der zur Geschäftsführung befugten Gesellschafter (aber nicht Dritter). Sobald ihnen die Geschäftsführung überlassen worden ist, vermutet[522] das Gesetz in Art. 543 Abs. 3 OR, dass sie (auch) ermächtigt sind, die Gesellschaft Dritten gegenüber zu vertreten[523]. Die Vermutung ist (durch den Beweis des Gegenteils) widerlegbar und damit eine *praesumptio iuris*[524]. Auf *Rechtsgeschäft* beruht die Ermächtigung, wenn sie einem Gesellschafter oder Dritten (z.b. Rechtsanwalt) eingeräumt worden ist. Dies kann ausdrücklich oder stillschweigend geschehen[525]. Die Gesellschaftsklage kann demnach vermutungsweise von allen geschäftsführungsbefugten Gesellschaftern und von allen dazu rechtsgeschäftlich ermächtigten Gesellschaftern und Dritten eingereicht werden.

2. Richtet sich die Gesellschaftsklage gegen den nach Gesellschaftsvertrag einzigen vertretungsberechtigten Gesellschafter, kann jeder Gesellschafter nach Art. 539 Abs. 2 OR dem vertretungsberechtigten Gesellschafter die Geschäftsführungsbefugnis entziehen[526]. Dies hat zur Folge, dass der Schuldner des Sozialanspruchs

---

[522] Nach herrschender Lehre besteht die gesetzliche Vermutung in Art. 543 Abs. 3 OR nicht nur, wenn einem oder mehreren Gesellschaftern durch Vereinbarung oder Beschluss die Geschäftsführung überlassen (bzw. ausschliesslich übertragen) worden ist, sondern auch wenn sie allen Gesellschaftern aufgrund der dispositiven gesetzlichen Regel von Art. 535 Abs. 1 OR zusteht (VON STEIGER, 432 f.; SIEGWART, Art. 543 N 10; **A.M.** BECKER, Art. 543 N 5). Vgl. auch FELLMANN/MÜLLER, Art. 543 N 8.

[523] Vgl. SOERGEL-HADDING, § 709 N 9; VON STEIGER, 377; JOB, 100, (insbesondere Fn 779).

[524] BECKER, Art. 543 N 5; VON STEIGER, 432 Fn 8. – Differenziert BGE 124 III 359: gegenüber gutgläubigen Dritten liegt eine *praesumptio iuris et de iure* vor. **A.M.** MÜLLER/FELLMANN, Art. 543 N 8 (m.w.H.).

[525] BECKER, Art. 543 N 5.

[526] FELLMANN/MÜLLER, Art. 539 N 7.

auch nicht mehr vertretungsberechtigt ist[527]. Da die Gesellschaft handlungsfähig sein muss, tritt die gesetzlich vorgesehene Ordnung in Kraft, nach welcher jeder Gesellschafter nach Art. 535 Abs. 1 OR geschäftsführungsbefugt ist und damit nach Art. 543 Abs. 3 OR die Gesellschaftsklage im Namen der Gesamthand einreichen kann[528].

### D. Prozessuale Besonderheiten

334 Dieser Abschnitt handelt von den Parteien (a.) und dem Gerichtsstand (b.) der Gesellschaftsklage.

#### a) Parteien

335 1. Nach hier vertretener Ansicht ist die Gesamthand (*Nr. 60*) rechtsfähig und somit auch parteifähig (*Nr. 95 ff., 104 ff.*). Klägerin im Prozess ist deswegen die Gesamthand, die durch den vertretungsberechtigten Geschäftsführer vertreten werden kann[529].

336 2. Nach herrschender schweizerischer Auffassung hingegen ist die Gesamthand nicht rechtsfähig (*Nr. 76 ff.*), weswegen zur Erhebung der Gesellschaftsklage alle Gesellschafter gemeinsam klagen müssen (*Nr. 79 ff.*)[530]. Das heisst alle Gesellschafter ausser dem Beklagten müssen als Kläger im Prozess auftreten. Selbst wenn die Gesamthand zur Einreichung der Gesellschaftsklage einen Vertreter bestellt, sind prozessual alle Gesellschafter ausser dem Beklagten als Kläger

---

[527] FELLMANN/MÜLLER, Art. 539 N 8.

[528] A.M. HADDING, Actio pro socio, 62 ff.

[529] GESMANN-NUISSL, 976. – So auch Art. 2266 Abs. 1 CO: „La società acquista diritti e assume obbligazioni per mezzo dei soci che ne hanno la rappresentanza e sta in giudizio nella persona dei medesimi", das heisst die einfache Gesellschaft tritt in Italien durch die zu ihrer Vertretung befugten Gesellschafter vor Gericht auf (GALGANO, 280; vgl. zur Gesellschaftsklage GHIDINI, 166).

[530] VON STEIGER, 378 Fn 36, m.w.H.; TSCHUDI, 84; JOB, 92 ff.; MÜLLER, 37, m.w.H.

Parteien im Verfahren. Aus diesem Grund kann jeder Gesellschafter
– trotz allfälligem Gesellschaftsbeschluss – jederzeit vom Prozess
Abstand nehmen (Art. 34 Abs. 1 OR) und damit eine Klageabweisung wegen fehlender Aktivlegitimation provozieren.

3. Beklagter ist regelmässig ein Gesellschafter. Richtet sich der 337
Sozialanspruch gegen mehrere Gesellschafter (*Nr. 50*), sind sie
entweder einfache oder notwendige Streitgenossen. Notwendige
Streitgenossen sind sie, wenn der Sozialanspruch ihnen gegenüber
nur einheitlich festgestellt werden kann[531]. Dies ist beispielsweise
dann der Fall, wenn zwei Geschäftsführer durch eine gemeinsame
Handlung der Gesamthand Schaden zugefügt haben.

Beispiel: Gesellschafter A und B eines Theater- 338
Ensembles in der Form der einfachen Gesellschaft müssen als Gesellschafterbeitrag ein
Theaterstück aufführen. A und B weigern sich
aufzutreten, weil ihnen der letztjährige Gewinn
noch nicht ausbezahlt wurde. Die Gesamthand
klagt gegen A und B auf richtige (Real-)Erfüllung der Beitragspflicht. Der Entscheid kann
A und B gegenüber nur einheitlich getroffen
werden.

*b) Gerichtsstand*

1. Richtet sich die Gesellschaftsklage gegen einen Gesellschafter 339
oder eine Gesellschafterin (z.B. eine Aktiengesellschaft), kann die
Gesamthand im Binnenverhältnis die Gesellschaftsklage am Wohnsitz (Art. 3 Abs. 1 lit. a GestG) oder am Sitz (Art. 3 Abs. 1 lit. b
GestG) des oder der Beklagten einreichen. Richtet sich die Gesellschaftsklage gegen mehrere Gesellschafter, kann die Gesamthand am
für einen beklagten Gesellschafter zuständigen Gericht klagen (Art. 7
Abs. 1 GestG) (*vgl. Nr. 286*).

---

[531] Vgl. VOGEL/SPÜHLER, 143 N 47.

340  2. Im allgemein internationalen Verhältnis kann die Gesamthand bei Gesellschaften mit Organisation bei den schweizerischen Gerichten am Sitz der Gesellschaft gegen einen oder auch mehrere Gesellschafter klagen (Art. 151 Abs. 1 IPRG, *vgl. Nr. 279*). Bei Gesellschaften ohne Organisation kann die Gesamthand die Gesellschaftsklage am Wohnsitz[532] des Beklagten einreichen. Richtet sich die Klage gegen mehrere Gesellschafter, gilt *mutatis mutandis* das zur Individualklage in einer organisationslosen Gesellschaft gegen mehrere Gesellschafter im allgemein internationalen Verhältnis Ausgeführte (*Nr. 287*).

341  3. Im eurointernationalen Verhältnis kann die Gesamthand die Gesellschaftsklage am Wohnsitz des Beklagten erheben (Art. 2 LugÜ). Die Gesellschaftsklage gegen mehrere Gesellschafter kann am Wohnsitz (im Hoheitsgebiet eines Vertragsstaates) eines Gesellschafters erhoben werden (Art. 6 Nr. 1 LugÜ)[533]. Soweit vom Sachbereich her die Voraussetzungen von Art. 16 Nr. 2 LugÜ gegeben sind (*Nr. 283*), kann die Gesellschaftsklage auch bei den Gerichten, in deren Hoheitsgebiet die Gesellschaft ihren Sitz (*vgl. Nr. 276, 284*) hat, eingereicht werden[534].

*2. Ausnahme: Actio pro socio*

342  1. Im Vorangehenden (*Nr. 296 ff.*) habe ich dargelegt, dass Sozialansprüche *grundsätzlich* nur von der Gesamthand (*Nr. 60*) mit der Gesellschaftsklage durchgesetzt werden können. Nun wende ich mich den *Ausnahmen* von diesem Grundsatz zu. Diese Ausnahmen

---

[532] Bei Gesellschaften gilt der Sitz als Wohnsitz (Art. 21 Abs. 1 IPRG).

[533] VOGEL/SPÜHLER, 127 N 88; WALTER, 191 f.; MÜLLER, Art. 7 N 51.

[534] Die Beitragsklage sollte nach Art. 5 Nr. 1 am Vertragserfüllungsort erhoben werden können, denn der EuGH hat entschieden, dass Beitragsklagen einer *juristischen Person* gegen ihre Mitglieder am Vertragserfüllungsort erhoben werden können (EuGH 22.3.1983 Rs 34/82–Peters/Zuid Nederlandse Aannemers Vereniging–Slg. 1983, 987, 1002 Nr. 9 und 10).

betreffen Fälle, in denen ein einzelner Gesellschafter im eigenen Namen anstelle der Gesamthand mit der *actio pro socio* einen Sozialanspruch einklagen darf und kann.

2. Nachfolgend spreche ich vorab vom Begriff der *actio pro socio* (A.) und von ihrer Zulässigkeit nach schweizerischer Auffassung (B.). Hernach behandle ich die Zulässigkeit nach hier vertretener Auffassung (C.) und zum Schluss prozessuale Besonderheiten der *actio pro socio* (D.).

343

## A. Begriff

Im folgenden gehe ich auf die Herkunft des Begriffs der *actio pro socio* ein (a.), um hernach den Begriff der *actio pro socio*, wie ich ihn in der vorliegenden Arbeit verstehe, zu definieren (b.).

344

### a) Herkunft

1. Die Bezeichnung *actio pro socio* stammt aus dem römischen Recht[535]. Sie bezeichnete die Klage eines Gesellschafters einer *societas*, mit welcher dieser Verpflichtungen aus der *societas* einklagen konnte. Die Verwendung der römischrechtlichen Bezeichnung für die *actio pro socio*, wie ich sie in der vorliegenden Arbeit verstehe (*Nr. 347, 362*), ist nicht ganz treffend. Die römischrechtliche *societas* kann nicht mit der einfachen Gesellschaft des schweizerischen Rechts verglichen werden: Jene war ein Miteigentumsverhältnis, diese regelmässig ein gesamthänderisches Verhältnis[536]. Zudem war im römischen Recht die *actio pro socio* (wohl)

345

---

[535] Dazu KASER, 205 ff.; WIEACKER, Societas, 9 ff.; WIEACKER, Gesellschaftsverhältnis, 302, 308 ff. und WIEACKER, Besprechung, 488, 503 ff.; JÖRS-KUNKEL, 243; WEISS, 390; RABEL, 112, SCHARR, 1144 N 1; SEIDL, N 413; GOGOS, 28. – Vgl. neuerdings PICHONNAZ, Compensation, Nr. 146 187, 209.

[536] Vgl. dazu auch CRANE, Criticism, 764.

nur bei Auflösung der Gesellschaft gegeben[537]. Ansprüche während bestehender Gesellschaft konnten nur ausnahmsweise mit der *actio pro socio* durchgesetzt werden[538].

346 2. In der Lehre wurde vorgebracht, dass es aus sprachlichen Gründen unsinnig ist, bei der Klage des einzelnen Gesellschafters zur Durchsetzung eines Sozialanspruchs von einer *actio pro socio* zu sprechen[539]. Aus Gründen der terminologischen Klarheit müsse man von einer *actio socii pro societate* sprechen, weil der einzelne Gesellschafter einen Anspruch der Gesamthand geltend macht und nur Leistung an die Gesellschaft verlangen kann[540]. Diese Ansicht ist zwar überzeugend, allerdings hat sich der Begriff *actio pro socio* mittlerweile in Lehre und Rechtsprechung – zwar mit unterschiedlichen Bedeutungen (*Nr. 351 ff.*) – durchgesetzt, weswegen er auch in der vorliegenden Arbeit verwendet wird (*zur Definition: Nr. 347 f.*).

*b) Definition*

347 1. Ich bezeichne als *actio pro socio* die Klage des einzelnen Gesellschafters im eigenen Namen und auf eigenes Risiko zur Durchsetzung von Sozialansprüchen (*Nr. 50*), wobei der Gesell-

---

[537] HADDING, Actio pro socio, 18; vgl. die Ähnlichkeit im amerikanischen Recht: GREGORY, 308 f.

[538] KASER, 207; **A.M.** GOGOS, 28. Ganz anders: HADDING, Actio pro socio, 18 f.

[539] Beispielsweise NITSCHKE, 50.

[540] NITSCHKE, 50; ähnlich GUHL/DRUEY, 681 N 21. **A.M.** FLUME, AT II, 300. Nach Meinung von FLUME ist der Terminus *actio pro socio* als *Klage als Gesellschafter* zu verstehen. Das Partikel *pro* bezeichne den Klagegrund (und das Substantiv *socio* [im Ablativ wegen *pro*] den Kläger). Verstehe man *pro* im Sinne von *zugunsten* sei dies dogmatisch ohne Aussagewert, denn weder Kläger noch Klagegrund würden angegeben.

schafter Leistung an die Gesamthand verlangt[541]. Die *actio pro socio* ermöglicht es dem einzelnen Gesellschafter, Sozialansprüche ausnahmsweise alleine durchzusetzen (*vgl. Nr. 342*).

2. Mit der *actio pro socio* kann der Gesellschafter alle Sozialansprüche einklagen; ihr Gegenstand ist nicht auf geldwerte Leistungen beschränkt[542]. Mit der *actio pro socio* können keine gesellschaftsbezogenen Ansprüche gegen Dritte (oder Mitgesellschafter) im Aussenverhältnis (*Nr. 28 f.*) durchgesetzt werden, da solche Ansprüche ihren Entstehungsgrund nicht im Gesellschaftsverhältnis (*Nr. 11 ff.*) haben[543]. Mit der *actio pro socio* können auch keine Individualansprüche (*Nr. 46 ff.*) durchgesetzt werden[544].

348

---

[541] STAUDINGER-KESSLER, § 705 N 56; HADDING, Actio pro socio, 1; SOERGEL-HADDING, § 705 N 48; MÜNCHKOMM-ULMER, § 705 N 169; HASSOLD, 32; SCHMIDT, Gesellschaftsrecht, 631; a.M. GRUNEWALD, Gesellschaftsrecht, 631. Oftmals wird in der Doktrin und Rechtsprechung – leicht unterschiedlich zur hier verwendeten Definition – mit der *actio pro socio* nicht nur die Klage, sondern (auch) die *Befugnis* zur Klage bezeichnet.

[542] Gemäss MÜNCHKOMM-ULMER, § 705 N 169, hat die *actio pro socio* im deutschen Recht vor allem praktische Bedeutung für Beitragspflichten und Schadenersatzpflichten gegenüber der Gesellschaft aus der Verletzung von Pflichten aus dem Gesellschaftsverhältnis (so auch JOB, 105 f.). Unterlassungsansprüche gegen Geschäftsführer in Bezug auf Massnahmen der Geschäftsführung hingegen können nach ULMER nicht mit der *actio pro socio* durchgesetzt werden, da ein solches Vorgehen auf einen Eingriff in das Geschäftsführungsrecht hinausliefe. Für eine solche Einschränkung sehe ich keine sachlichen Gründe, weshalb meiner Ansicht nach auch Unterlassungsansprüche der Gesamthand – zum Beispiel nach ausgeübtem Vetorecht (*Nr. 179 ff.*) – vom einzelnen Gesellschafter auf dem Wege der *actio pro socio* durchgesetzt werden können (soweit die Voraussetzungen für ihre Zulässigkeit (*Nr. 362 ff.*) gegeben sind).

[543] HASSOLD, 32. Gelegentlich wird auch bei Klagen im Aussenverhältnis gegen Dritte von actio pro socio gesprochen, was jedoch aus Gründen der terminologischen Klarheit nicht angebracht ist (vgl. NITSCHKE, 50).

[544] A.M. JOB, 108 ff.

Individualansprüche muss der einzelne Gesellschafter mit der Individualklage einklagen (*Nr. 261 ff.*). Im Unterschied zur *actio pro socio* macht der klagende Gesellschafter bei der Individualklage einen eigenen Anspruch geltend, während er bei der *actio pro socio* einen fremden Anspruch der Gesamthand einklagt.

349   3. Im Unterschied zur Gesellschaftsklage (*Nr. 296 ff., 318 ff.*) bedarf es zur Erhebung der *actio pro socio* keines Gesellschaftsbeschlusses. Soweit die Voraussetzungen ihrer Zulässigkeit gegeben sind, kann der Gesellschafter alleine entscheiden, wann, ob und wie lange er klagen will.

*B. Zulässigkeit nach schweizerischer Auffassung*

350   Im Zusammenhang mit der schweizerischen Auffassung der Zulässigkeit der *actio pro socio* muss vor Augen gehalten werden, dass der Begriff „*actio pro socio*" in verschiedenen Bedeutungen verwendet wird[545]. Im Folgenden gehe ich deswegen zunächst auf verschiedene Bedeutungen des Begriffs *actio pro socio* ein (a.), um danach von den verschiedenen Meinungen zur Zulässigkeit zu handeln (b.).

*a) Verschiedene Bedeutungen des Begriffs „actio pro socio"*

351   Die schweizerische Rechtsprechung und Lehre verwenden den Begriff der *actio pro socio* nicht einheitlich. Ein kurzer Überblick verdeutlicht dies:

352   – Das Bundesgericht definierte, soweit in seiner Rechtsprechung ersichtlich, die *actio pro socio* erstmals in BGE 4, 500 unpräzis als „[...] die Klage, mit welcher die Ansprüche aus dem Gesellschaftsverhältnisse geltend gemacht werden, [...]." Diese Definition ist ungenau, weil der Gegenstand der *actio pro socio* zu weit gefasst wird. Mit der *actio pro socio* können nicht Ansprüche aus dem Gesellschaftsverhältnis schlechthin, sondern

---

[545]   Vgl. etwa RAISER, Gesellschafterklagen, 1 ff.

ausschliesslich Sozialansprüche eingeklagt werden. Individualansprüche hingegen werden mit der Individualklage (*Nr. 261 ff.*) durchgesetzt. Auch in BGE 24 II 736 wurde der weite Anwendungsbereich der *actio*[n] *pro socio* beibehalten[546].

- JOB[547] definiert die *actio pro socio* als die Klage, durch die der einzelne Gesellschafter an Stelle der Gesellschaft die Erfüllung der vertraglichen Verbindlichkeiten, soweit sie vermögensrechtlicher Art sind, von seinen Mitgesellschaftern verlangt. JOB beschränkt den Gegenstand der *actio pro socio* auf vermögensrechtliche Ansprüche. Zudem werden nach JOB nicht nur Sozialansprüche, sondern auch Individualansprüche mit der *actio pro socio* durchgesetzt[548]. Nach FELLMANN/MÜLLER, steht die *actio pro socio* jedem einzelnen Gesellschafter zur Einforderung der Beiträge zur Verfügung[549]. Nach VON STEIGER ist die *actio pro socio* die Klage des einzelnen Gesellschafters im eigenen Namen und auf eigenes Risiko zur Durchsetzung von Sozialansprüchen[550]. Der Begriff der *actio pro socio*, den VON STEIGER verwendet, deckt sich mit dem in der vorliegenden Arbeit verwendeten Begriff hinsichtlich des Klagegegenstandes. Unterschiedlich ist die Auffassung dieses Autors zum *Verhältnis* zwischen Gesellschaftsklage (*Nr. 296 ff.*) und *actio pro socio* (*zur hier vertretenen Ansicht: Nr. 362 ff.*)[551].

353

*b)   Verschiedene Meinungen zur Zulässigkeit*

In der schweizerischen Lehre und Rechtsprechung wird grundsätzlich anerkannt, dass der einzelne Gesellschafter *Sozialansprüche*

354

---

| | |
|---|---|
| 546 | BGE 24 II 736. |
| 547 | JOB, 11. |
| 548 | JOB, 102 ff. und 108 ff. |
| 549 | FELLMANN/MÜLLER, Art. 531 N 6. |
| 550 | VON STEIGER, 378 f. und 377 Fn 33. |
| 551 | VON STEIGER, 380. |

gegen einen anderen Gesellschafter im eigenen Namen einklagen kann[552]. Unklar ist jedoch das Verhältnis der *actio pro socio* zur Gesellschaftsklage. Damit meine ich die Frage, ob die *actio pro socio* immer (neben der Gesellschaftsklage) oder nur in gewissen

---

[552] VON STEIGER, 378, insbesondere Fn 39 (m.w.H.). – Zur Rechtslage in Deutschland: Nach *älterer*, wohl aber immer noch überwiegender deutscher Lehre folgt die Zulässigkeit der *actio pro socio* aus der Natur des Gesellschaftsvertrages (vgl. MÜNCHKOMM-ULMER, § 705 N 171 m.w.H. und FLUME, AT II, 301 m.w.H.). Nach dieser Auffassung macht der Gesellschafter ein eigenes Recht, das ihm aus dem Gesellschaftsvertrag zusteht, geltend. Die Gesellschafter verpflichten sich im Gesellschaftsvertrag (gegenseitig) zur Erfüllung ihrer Pflichten. Die These wird durch den Wortlaut von § 705 BGB gestützt. Diese Ansicht basiert auf der Annahme der rein schuldrechtlichen Natur des Gesellschaftsvertrages im gemeinen Recht (FLUME, AT II, 301). Nach *neuerer* deutscher Lehre ist die Befugnis des einzelnen Gesellschafters zur *actio pro socio* ein Mitverwaltungsrecht des einzelnen Gesellschafters, das im Rahmen der Zuständigkeitenverteilung in der Gesellschaft zur grundsätzlich massgeblichen Gesamtwillensbildung unter bestimmten Voraussetzungen ergänzend hinzutritt (HADDING, Actio pro socio, 58; HASSOLD, 32). Nach wieder einer anderen Lehrmeinung macht der Gesellschafter ein fremdes Recht geltend, das auf gewohnheitsrechtlicher Anerkennung als Minderheitsrecht beruht (MÜNCHKOMM-ULMER, § 705 N 172). ULMER spricht deswegen von einem Fall von *nicht gewillkürter* (also sich gerade nicht aus konkludent vereinbartem Gesellschaftsvertrag oder im Rahmen von ergänzender Vertragsauslegung sich ergebender), sondern *gesetzlicher* Prozessstandschaft. Einigkeit besteht darüber, dass die *actio pro socio* ein aus der Mitgliedschaft fliessendes Recht des Gesellschafters ist (MÜNCHKOMM-ULMER, § 705 N 171; vgl. zur Mitgliedschaft ausführlich HADDING, FS Steindorff, 38 ff. und HADDING, FS Reinhardt, 249 ff.). Anerkennt man die *actio pro socio* als ein Mitgliedschaftsrecht, ist nach Meinung von verschiedenen Autoren der Weg frei, die *actio pro socio* auch im Recht der juristischen Personen anzuwenden, ohne dass unmittelbare Rechtsbeziehungen, wie sie zwischen den Gesellschaftern in der bürgerlichen Gesellschaft aufgrund des Gesellschaftsvertrages bestehen, auch zwischen den Mitgliedern der juristischen Person (hypothetisch) angenommen werden müssen (so FLUME, AT II, 301; vgl. auch NENNINGER, 117).

Fällen zulässig ist[553]. Weder Lehre noch Rechtsprechung beantworten diese Frage abschliessend:

1. Zwar haben sich verschiedene Autoren in der schweizerischen Lehre mit dem Verhältnis beider Klagen befasst, doch besteht nach wie vor keine hinreichende Klarheit. Ein Überblick: 355

a. Nach VON STEIGER ist die *actio pro socio* grundsätzlich zulässig, und zwar *neben* der Gesellschaftsklage – dieser gegenüber also nicht subsidiär[554]. Ihre Zulässigkeit *neben* der Gesellschaftsklage folge aus der Natur des Gesellschaftsvertrages. Für den Fall, dass die Gesellschaftsklage und eine *actio pro socio* gleichzeitig hängig sind, müsse der Richter über das prozessrechtliche Schicksal der beiden Klagen entscheiden[555]. Diese Ansicht überzeugt nicht, weil sie praktisch keine taugliche Abgrenzung der *actio pro socio* von der Gesellschaftsklage zulässt. VON STEIGER empfiehlt zur Vermeidung von Kompetenzkonflikten, im Gesellschaftsvertrag eine entsprechende Ordnung zu treffen[556]. Dem ist zuzustimmen; fehlt indessen eine hinreichende Ordnung, führt das *Nebeneinander* beider Klagen zu Konflikten. Treffen beispielsweise die Gesellschafter den Beschluss, einen Sozialanspruch nicht einzuklagen, geht es nicht an, dass ein in der Beschlussfassung unterlegener Gesellschafter die *actio pro socio* gleichwohl erhebt. 356

b. Nach BECKER ist die Erhebung der *actio pro socio* durch einen einzelnen Gesellschafter mit folgender Begründung *jederzeit* zulässig: Sozialansprüche seien von jedem geschäftsführenden 357

---

[553] So auch im deutschen Recht: vgl. MÜNCHKOMM-ULMER, § 705 N 170; HADDING, Actio pro socio, 1 f.; SOERGEL-HADDING, § 705 N 50; SCHMIDT, Gesellschaftsrecht, 632.

[554] VON STEIGER, 379; EGLI, 50.

[555] VON STEIGER, 380.

[556] VON STEIGER, 380.

Gesellschafter geltend zu machen[557]. Deswegen sei es dem geschäftsführenden Gesellschafter überlassen, ob er den Sozialanspruch durchsetzen wolle. Da nun aber der geschäftsführende Gesellschafter nicht berechtigt sei, einen Gesellschafter von seinen Verpflichtungen aus dem Gesellschaftsvertrag zu befreien und damit die Grundlagen des Gesellschaftsverhältnisses zu ändern, müsse bei Säumnis auch der von der Geschäftsführung ausgeschlossene Gesellschafter befugt sein, auf Leistung an die Gesellschaft zu klagen. Gegen die Ansicht von BECKER spricht, dass die prozessuale Durchsetzung eines Sozialanspruches keine Geschäftsführungshandlung, sondern eine Grundlagenhandlung ist (*Nr. 150*), weswegen eine vorgängige Beschlussfassung über die Frage der prozessualen Durchsetzung erforderlich ist.

358   c. JOB will diese Frage in erster Linie unter Würdigung des gesellschaftlichen Treugebotes beantworten: Die *actio pro socio* sei nur dann zulässig, wenn die Funktionen des (die Gesellschaft vertretenden) Geschäftsführers aus irgendwelchen Gründen nicht zur Geltung kommen können[558]. Die Ansicht von JOB ist insofern richtig, als dass die gerichtliche Geltendmachung Aufgabe der Gesellschaft ist. Richtigerweise erkennt sie auch, dass die *actio pro socio* deshalb nur eine ausnahmsweise Befugnis – bei Vorliegen von Sonderfällen – des Gesellschafters sein kann. In dieser Hinsicht ist die Meinung von JOB zwar richtig, sie macht aber nicht hinreichend klar, dass das die Gesellschaft vertretende Organ nur dann Gesellschaftsklage erheben darf, wenn intern ein Beschluss darüber gefasst worden ist.

359   d. MEIER-HAYOZ/FORSTMOSER halten die *actio pro socio* (in allen personenbezogenen, aber nicht in den kapitalbezogenen Gesellschaften) für zulässig[559]. Jeder einzelne Gesellschafter könne aufgrund des unter den Gesellschaftern bestehenden Vertragsverhältnisses gegen einen anderen auf Erbringung der vertragsgemässen

---

[557] BECKER, Art. 530 N 14.
[558] JOB, 94 f.
[559] MEIER-HAYOZ/FORSTMOSER, 84 N 35, 37 und 261 N 39.

Leistung klagen[560]. In Bezug auf das Verhältnis der Gesellschaftsklage zur *actio pro socio* schliessen sie sich der Ansicht VON STEIGERS (*Nr. 356*) an[561].

e. Nach GUHL/DRUEY ist die *actio pro socio* die einzige Klage, mit welcher Beiträge in der einfachen Gesellschaft eingeklagt werden können. Da die Gesellschaft keine eigene Rechtsfähigkeit habe, könne sie die ihr geschuldeten Beiträge nicht selbst (mit der Gesellschaftsklage) einfordern[562]. Die Ansicht von GUHL/DRUEY überzeugt ebenfalls nicht. Wenn die Beiträge der Gesellschaft geschuldet sind, dann müssen sie (auch) von der Gesellschaft eingeklagt werden können. Ob die Gesellschaft rechtsfähig ist oder nicht, spielt hiefür keine Rolle.

360

2. Die schweizerische Rechtsprechung liess die *actio pro socio* (*zur Bedeutung nach Bundesgericht: Nr. 352* ) schon früh zu[563]. Das Bundesgericht äusserte sich bislang – soweit in seiner Rechtsprechung ersichtlich – allerdings nicht zur Frage, ob die *actio pro socio immer* oder nur *in gewissen Fällen* zulässig ist. Das Zürcher Obergericht schränkte die Zulässigkeit der *actio pro socio* ein[564]. Nach diesem Entscheid ist zur Durchsetzung von Sozialansprüchen *in erster Linie* die Gesellschaftsklage vorgesehen[565]. Daraus folgt, dass die *actio pro socio* nur *in zweiter Linie* gegeben ist. Der Entscheid schweigt sich indes darüber aus, wann bzw. in welchen Fällen die *actio pro socio* zulässig ist, was nicht zur Klärung der Frage beiträgt.

361

---

[560] MEIER-HAYOZ/FORSTMOSER, 84 N 35 und 37.

[561] MEIER-HAYOZ/FORSTMOSER, 261 N 39 mit Verweis auf VON STEIGER, 379.

[562] GUHL/DRUEY, 681 N 21.

[563] BGE 4, 500; BGE 24 II 736; Entscheid des bernischen Appellationshofs in ZBJV 50, 544.

[564] BlZR 25, 1926, S. 68 ff.

[565] BlZR 25, 1926, S. 70.

## C. Zulässigkeit nach hier vertretener Auffassung

362 Die hier vertretene Ansicht der Zulässigkeit der *actio pro socio* weicht von der schweizerischen Auffassung *(Nr. 354)* ab. Meiner Ansicht nach ist die *actio pro socio* grundsätzlich unzulässig (a.). Von diesem Grundsatz gibt es Ausnahmen (b.).

### a) Grundsatz: Unzulässigkeit der actio pro socio

363 1. Die gerichtliche Durchsetzung von Sozialansprüchen *(Nr. 50)* mit der Gesellschaftsklage bedarf vorab eines gutheissenden Gesellschaftsbeschlusses, weil sie eine Grundlagenhandlung *(Nr. 150)* ist. Dieses Vorgehen entspricht der gesetzlichen Ordnung für Willensbildung und Handeln in der Gesellschaft. Die *actio pro socio* eines einzelnen Gesellschafters würde die gesetzliche Ordnung für Willensbildung und Handeln der Gesellschaft durchbrechen. Aus diesem Grund bin ich der Ansicht, dass die *actio pro socio* des einzelnen Gesellschafters zur Durchsetzung von Sozialansprüchen *grundsätzlich unzulässig* ist[566].

364 2. Nach dem Gesagten *(Nr. 363)* kann die *actio pro socio* nur dann zulässig sein, wenn die gesetzliche Ordnung für Willensbildung und Handeln in der Gesellschaft durch eine *actio pro socio* aufgrund besonderer Voraussetzungen *ausnahmsweise* nicht durchbrochen wird[567]. Welche Voraussetzungen im Einzelnen vorliegen müssen, ist Gegenstand des nächsten Abschnitts *(Nr. 365 ff.)*.

### b) Ausnahmen

365 Die gesetzliche Ordnung für Willensbildung und Handeln in der Gesellschaft wird *insbesondere* dann nicht durchbrochen, wenn die

---

[566] So auch HADDING, Einzelklagebefugnis, 164.

[567] Ähnlich HADDING, nach welchem zusammenfassend gesagt werden kann, dass die *actio pro socio* nur dann zulässig ist, „[...] wenn die prinzipiell massgebliche Gesamtwillensbildung für Grundlagengeschäfte nicht funktioniert" (HADDING, Einzelklagebefugnis, 164).

Gesellschafter eine abweichende Regel vereinbart haben (aa.) oder wenn wegen besonderer Umstände in der Gesellschaft die Beschlussfassung unmöglich (bb.) oder ein ablehnender Beschluss mangelhaft ist (cc.). Schliesslich ist bei der Liquidation der Gesellschaft eine Beschlussfassung gar nicht nötig (dd.).

*aa) Abweichende Vereinbarung*

1. Die gesetzlichen Regeln für Willensbildung und Handeln in der Gesellschaft sind dispositiver Natur[568]. Die Gesellschafter können nach Art. 19 OR im Gesellschaftsvertrag eine abweichende Ordnung vorsehen. In einer solchen Vereinbarung können die Gesellschafter bestimmen, in welchen Fällen der einzelne Gesellschafter die *actio pro socio* erheben darf. Für solche abweichende Vereinbarungen besteht aufgrund der unsicheren Rechtslage (*Nr. 254 ff.*) ein erhebliches praktisches Bedürfnis.

366

2. Von der *Vereinbarung* der Befugnis zur *actio pro socio* muss die im Einzelfall von der Gesamthand erteilte Ermächtigung, einen Sozialanspruch prozessual durchzusetzen, unterschieden werden. Im Unterschied zur *actio pro socio* ist der Gesellschafter in diesem Fall nicht Partei, sondern nur Vertreter. Gleich wie bei der Gesellschaftsklage (*Nr. 296 ff.*) ist die Gesamthand Partei (vertreten durch den ermächtigten Gesellschafter). Im Unterschied zur Gesellschaftsklage kann die Ermächtigung nach Art. 34 Abs. 1 OR widerrufen werden, was zur Folge hat, dass die Klage wegen fehlender Aktivlegitimation abzuweisen ist[569].

367

---

[568] FELLMANN/MÜLLER, Art. 535 N 2 und N 9.

[569] Folgt man der hier vertretenen Ansicht der Rechtsnatur der einfachen Gesellschaft (*Nr. 94 ff.*), kann die Ermächtigung nur von der Gesamthand widerrufen werden. Folgt man hingegen der herrschenden schweizerischen Auffassung (*Nr. 76 ff.*), kann die Ermächtigung auch nur von einem Gesellschafter widerrufen werden (vgl. zum Widerruf der Ermächtigung: VON TUHR/PETER, § 42 S. 366).

368  3. Die Befugnis zur *actio pro socio* kann im Gesellschaftsvertrag oder durch nachträgliche Vereinbarung *ausgeschlossen* werden. *Wieweit* ein solcher Auschluss zulässig ist, hängt davon ab, ob die *actio pro socio* während werbender Gesellschaft oder im Liquidationsstadium ausgeschlossen wird. Im Einzelnen:

369  a. Da die *actio pro socio* während werbender Gesellschaft nach hier vertretener Ansicht nur dann zulässig ist, wenn keine Gesellschaftsklage erhoben werden kann (weil die Beschlussfassung unmöglich ist: *Nr. 371 ff.*, oder weil ein ablehnender mangelhafter Beschluss nicht zu berücksichtigen ist: *Nr. 375 f.*), kommt der vertragliche Ausschluss einer Wegbedingung der Haftung für die Erfüllung des betreffenden Sozialanspruchs gleich. Die Zulässigkeit eines Ausschlusses beurteilt sich mithin nach Art. 100 OR[570]. Für Haftung aus rechtswidriger Absicht oder grober Fahrlässigkeit (bei der Nichterfüllung von Innenansprüchen oder sonstigen Verletzung von Pflichten aus dem Gesellschaftsverhältnis) kann die *actio pro socio* deswegen nicht ausgeschlossen werden.

370  b. Im Liquidationsstadium kann ein Gesellschafter Sozialansprüche jederzeit mit der *actio pro socio* einklagen (*Nr. 377 f.*). Zudem besteht nach wie vor die Möglichkeit zur Gesellschaftsklage. Ein Ausschluss der *actio pro socio* kommt deswegen – im Unterschied zum Ausschluss während werbender Gesellschaft (*Nr. 369*) – nicht in jedem Fall einer Wegbedingung der Haftung gleich. Folglich können die Gesellschafter in all jenen Fällen, in denen eine Gesellschaftsklage möglich ist, die Befugnis zur *actio pro socio* auch für rechtswidrige Absicht oder grobe Fahrlässigkeit ausschliessen (*vgl.* Art. 100 Abs. 1 OR).

*bb)  Unmöglichkeit der Beschlussfassung*

371  1. Gesellschaften können von ihrer Mitgliederzahl her so beschaffen sein, dass die Beschlussfassung über die Anhebung der Gesellschaftsklage (*vgl. Nr. 318 ff.*) unmöglich ist. Die *actio pro*

---

[570] Dazu GAUCH/SCHLUEP/REY, Nr. 2809.

*socio* des einzelnen Gesellschafters durchbricht in diesem Fall die gesetzlich vorgesehene Ordnung für Willensbildung und Handeln nicht. Die so verstandene Unmöglichkeit der Beschlussfassung kommt in folgenden Fällen vor:

- In einer *zweigliedrigen* Gesellschaft ist eine Beschlussfassung schlechthin unmöglich, da der Gesellschafter, gegen den sich der Sozialanspruch richtet, von der Beschlussfassung ausgeschlossen ist (*Nr. 322*)[571]. Also wäre der Einzelwille des anderen Gesellschafters alleine massgebend. Da kein Gesamtwille[572] über die Durchsetzung des Sozialanspruchs gegen den anderen Gesellschafter gefasst werden *kann*, ist die Gesellschaft in diesem Bereich handlungsunfähig. 372

- Hat eine Gesellschaft drei oder mehr Gesellschafter und richtet sich ein Sozialanspruch gegen mehrere davon, so dass zur Beschlussfassung nurmehr ein Gesellschafter übrig bleibt, ist eine Beschlussfassung wiederum unmöglich. Solche Fälle sind deshalb wie die zweigliedrige Gesellschaft (*Nr. 372*) zu behandeln. 373

2. Nach einer Lehrmeinung ist auch in der *dreigliedrigen* Gesellschaft die Beschlussfassung unmöglich, da aufgrund des Stimmrechtsausschlusses des Schuldners des Sozialanspruchs (*Nr. 322*) nur die zwei übrigen Gesellschafter einen Beschluss zu fassen hätten[573]. Sind sich die zwei Gesellschafter uneinig, ob die Gesellschaftsklage einzureichen ist, könne die Gesellschaft zu keinem Ergebnis gelangen[574]. Sowohl die Beschlussfassung über die 374

---

[571] Vgl. auch BGE 110 II 291.

[572] Dazu GIERKE, DPR, 664.

[573] HADDING, Actio pro socio, 59 f.; DIEDERICHSEN, 294.

[574] Vgl. demgegenüber die Regelung im Aktienrecht: Nach Art. 713 Abs. 1 Satz 2 OR hat der Vorsitzende des Verwaltungsrates in der Aktiengesellschaft, sofern die Statuten nichts anderes vorsehen, bei Stimmengleichheit den Stichentscheid (dazu HOMBURGER, Art. 713 N 317 ff.; FORSTMOSER/MEIER-HAYOZ/NOBEL, 359 f. N 29 ff.). Das

Geltendmachung als auch die Beschlussfassung über die Nichtgeltendmachung ende bei Uneinigkeit ohne einen Beschluss. Nun könne man – so die Lehrmeinung – nicht einwenden, dass bei Uneinigkeit der zwei Gesellschafter ein negativer Beschluss, den Sozialanspruch nicht einzuklagen, gefasst worden ist[575]. Auch für einen negativen Beschluss fehle eine Mehrheit bzw. liege keine Einstimmigkeit vor. Dieser Sachverhalt sei von den Fällen zu unterscheiden, in denen bei vereinbartem Mehrheitsprinzip die Abstimmung über die prozessuale Durchsetzung des Sozialanspruchs mit einer gleichen Zahl von zustimmenden und ablehnenden Stimmen endet (Pattsituation[576]). Wollen beispielsweise in einer fünfgliedrigen Gesellschaft von den zur Abstimmung zuständigen vier Gesellschaftern zwei den Anspruch einklagen, zwei hingegen nicht, würde zwar ebenfalls kein Gesamtwille gebildet werden; im Unterschied zur dreigliedrigen Gesellschaft sei aber die *Möglichkeit der Beschlussfassung bei Uneinigkeit* trotz der Stimmengleichheit nicht ausgeschlossen, so dass es sich nicht rechtfertige, den Willen des einzelnen Gesellschafters als massgebend zu betrachten[577]. Diese Begründung überzeugt nicht. Es ist wertungsmässig nicht einzusehen, weswegen die Pattsituation in der dreigliedrigen Gesellschaft anders zu behandeln ist als in der fünfgliedrigen (oder sonst einer mehrgliedrigen Gesellschaft). Das Kriterium, dass bei Uneinigkeit der abstimmenden Gesellschafter die Möglichkeit der Beschlussfassung ausgeschlossen ist, ist rein formaler Natur und von Wertungsgesichtspunkten her inhaltsleer.

---

Gesetz will verhindern, dass bei Uneinigkeit der Stimmenden kein Beschluss zustande kommt.

[575] HADDING, Actio pro socio, 60.

[576] Vgl. zum Begriff (für das Aktienrecht) etwa VON DER CRONE, Pattsituationen, 37 f.

[577] HADDING, Actio pro socio, 61.

*cc) Mangelhafter ablehnender Beschluss*

Beschliessen die zuständigen Gesellschafter (*Nr. 322 ff.*), den Sozial- 375
anspruch nicht einzuklagen, kann die Gesellschaftsklage grundsätzlich nicht erhoben werden. Ist der ablehnende Beschluss indessen mangelhaft und ist die Mangelhaftigkeit für den Ausgang der Abstimmung von Bedeutung (*Nr. 328 ff.*), muss der Beschluss meines Erachtens nicht berücksichtigt werden, und der Weg für eine *actio pro socio* eines einzelnen Gesellschafters ist frei[578].

Beispiel[579]: In einer Gesellschaft von A, B, C und D ist 376 vertraglich geregelt, dass bei Fragen, die die Grundlagen der Gesellschaft betreffen, die Mehrheit der Stimmen entscheiden soll. C ist der Auffassung, dass die Durchsetzung eines Sozialanspruchs gegen D dem Gesellschaftszweck mehr diene als eine Stundung oder ein Erlass des Sozialanspruchs. A und B stimmen jedoch gegen die gerichtliche Geltendmachung. A hält im Hinblick auf die Erreichung des Gesellschaftszwecks den Frieden innerhalb der Gesellschaft für wichtiger als die Eintreibung der Forderung. B hingegen spricht sich nur deshalb gegen eine Geltendmachung aus, weil er den D aus verwandtschaftlichen Gründen begünstigen will.

*dd) In der Liquidation*

1. Die aufgelöste Gesellschaft muss liquidiert werden[580]. Während 377 der Liquidation findet die Auseinandersetzung unter den Gesellschaftern statt, also auch die gerichtliche Durchsetzung von Sozialansprüchen. Nach Auflösung der Gesellschaft ist die gerichtliche

---

[578] In diese Richtung auch HADDING, Actio pro socio, 61 f.
[579] HADDING, Actio pro socio, 62.
[580] VON STEIGER, 461; FELLMANN/MÜLLER, Art. 547 N 1.

Durchsetzung von Sozialansprüchen keine Grundlagenhandlung (*Nr. 150*) mehr, sondern normale Liquidationshandlung (*Nr. 320*)[581]. Die *actio pro socio* des einzelnen Gesellschafters durchbricht somit nicht mehr die Ordnung für Willensbildung in der Gesellschaft. Da mit Auflösung der Gesellschaft das die Gesellschaft beherrschende Vertrauensverhältnis „[...] nicht mehr als vorhanden vorausgesetzt werden [...]"[582] kann, wird die bisher geltende Einzelgeschäftsführungs- und Vertretungsbefugnis nach Art. 550 Abs. 1 OR durch die Gesamtgeschäftsführung, bei der sämtliche Gesellschafter mitzuwirken haben, ersetzt[583]. Diese Ordnung wird durch die *actio pro socio* eines einzelnen Gesellschafters zwar durchbrochen. Allerdings ist dies angesichts des neuen Zwecks der aufgelösten Gesellschaft, nämlich deren Liquidation, gerechtfertigt. Die *actio pro socio* während der Liquidation ist also zulässig[584].

378  2. Die Gesamthand kann nach Auflösung der Gesellschaft nach wie vor die Gesellschaftsklage erheben (*Nr. 320*). Aufgrund der Befugnis zur *actio pro socio* (*vgl. Nr. 320*) verliert die Gesellschaftsklage nach Auflösung der Gesellschaft wohl aber an praktischer Bedeutung. Das Nebeneinander beider Klagen im Liquidationsstadium stört nicht. Findet ein Gesellschafter entgegen der Mehrheit der übrigen Gesellschafter, dass der Gesamthand noch Sozialansprüche zustehen, ist die prozessuale Klarstellung jedenfalls im Interesse der vollständigen Abwicklung der Gesellschaft.

---

[581] HADDING, Einzelklagebefugnis, 164; HADDING, Actio pro socio, 84.

[582] BECKER, Art. 550 N 1.

[583] VON STEIGER, 462; BECKER, Art. 550 N 1; FELLMANN/MÜLLER, Art. 550 N 1.

[584] HADDING, Einzelklagebefugnis, 164. – Für die gerichtliche Einforderung von Nachschüssen (*vgl. Nr. 173*) auch anerkannt von FELLMANN/MÜLLER, Art. 549 N 8.

## D. Prozessuale Besonderheiten

Bei der Erhebung der *actio pro socio* sind verschiedene prozessuale Besonderheiten zu beachten. Davon behandle ich die Parteien (a.), den Gerichtsstand (b.), die besonderen Prozessvoraussetzungen (c.), ausgewählte Befugnisse des Klägers während Hängigkeit des Prozesses (d.), den fehlenden Einwand der Rechtshängigkeit (e.) und schliesslich die Rechtskraft eines Urteils der *actio pro socio* (f.). 379

### a) Parteien

Kläger der *actio pro socio* ist ein einzelner Gesellschafter, der im eigenen Namen und auf eigenes Risiko einen fremden Anspruch (*einen Sozialanspruch: Nr. 50*) geltend macht[585]. Das ist eine Ausnahme vom Grundsatz, dass nur der materiell Berechtigte den Prozess im eigenen Namen und als Partei führen kann. In der deutschen Lehre wird deswegen die Meinung vertreten, dass der Kläger Prozessstandschafter ist[586]. Nach herrschender schweizerischer Lehre und Rechtsprechung ist die gewillkürte, vom Gläubiger gewählte Prozessstandschaft, unzulässig[587]. Ein Gläubiger kann keine andere Person berechtigen, im *eigenen* Namen sein Recht geltend zu machen[588]. Der Kläger bei der *actio pro socio* ist meines 380

---

[585] VON STEIGER, 379.

[586] SCHÜTZ, 188; SOERGEL-HADDING, § 705 N 50.

[587] VOGEL/SPÜHLER, 142 N 41 mit Verweis auf BGE 78 II 274. – Nach herrschender deutscher Lehre hingegen ist eine gewillkürte Prozessstandschaft zulässig, wenn der zur Prozessführung Ermächtigte ein eigenes schutzwürdiges Interesse an der Rechtsverfolgung im eigenen Namen hat (JAUERNIG, 72 f.; SCHMIDT, Gesellschaftsrecht, 1754 m.w.H.).

[588] BGE 78 II 274: „D'une façon générale, la créance ne peut pas être scindée en une prétention de fond et un droit d'action (Klagerecht). Le droit suisse ne connaît pas une cession portant sur la seule faculté de déduire une créance en justice, il connaît seulement la cession de la créance comme telle, qui fait passer au concessionaire la qualité pour

Erachtens kein *gewillkürter* Prozessstandschafter im Sinne der herrschenden Ansicht. Der Gesellschafter wird nicht von der Gesamthand berechtigt, den Anspruch im eigenen Namen einzuklagen. Vielmehr kommt es in Ausnahmesituationen zu keiner Gesamtwillensbildung, denn: (a) der Gesamthand ist es verunmöglicht, einen gültigen Gesellschaftsbeschluss zur Erhebung der Gesellschaftsklage zu fassen (*Nr. 371 ff.*); oder (b) ein Gesellschaftsbeschluss ist mangelhaft und deswegen unbeachtlich (*Nr. 375 f.*); oder (c) ein Gesellschaftsbeschluss ist nicht notwendig, weil die Gesellschaft sich in Liquidation befindet (*Nr. 377 f.*); oder (d) die Befugnis zur *actio pro socio* ist vereinbart (*Nr. 366 ff.*). Überdies ist es begriffsjuristisch, allein vom Verbot der gewillkürten Prozessstandschaft konkrete Rechtsfolgen abzuleiten.

*b) Gerichtsstand*

381 Die örtliche Zuständigkeit zur Erhebung der *actio pro socio* folgt den Grundsätzen über den Gerichtsstand bei der Gesellschaftsklage (*Nr. 339 ff.*). Im Einzelnen:

382 1. Richtet sich die *actio pro socio* gegen einen Gesellschafter, kann im Binnenverhältnis am Wohnsitz (Art. 3 Abs. 1 lit. a GestG) oder am Sitz (Art. 3 Abs. 1 lit. b GestG) des oder der Beklagten geklagt werden. Richtet sich die Klage gegen mehrere Gesellschafter, ist das für einen beklagten Gesellschafter zuständige Gericht für alle Gesellschafter zuständig (Art. 7 GestG) (*Nr. 339*).

383 2. Im allgemein internationalen Verhältnis kann der Kläger bei Gesellschaften mit Organisation bei den schweizerischen Gerichten am Sitz der Gesellschaft gegen einen oder auch mehrere Gesellschafter klagen (Art. 151 Abs. 1 IPRG; *vgl. Nr. 340*). Bei Gesellschaften ohne Organisation ist die *actio pro socio* am Wohnsitz[589] des Beklagten einzureichen. Richtet sich die Klage

---

intenter action. En conséquence, une personne ne peut pas être chargée de faire valoir en son propre nom le droit d'autrui."

[589] Bei Gesellschaften gilt der Sitz als Wohnsitz (Art. 21 Abs. 1 IPRG).

gegen mehrere Gesellschafter, gilt *mutatis mutandis* das zur Individualklage in einer organisationslosen Gesellschaft gegen mehrere Gesellschafter im allgemein internationalen Verhältnis Ausgeführte (*Nr. 287*).

3. Im eurointernationalen Verhältnis kann die *actio pro socio* am Wohnsitz des Beklagten erhoben werden (Art. 2 LugÜ). Für gewisse Gegenstände kann die Klage bei den Gerichten des Vertragsstaates, in dessen Hoheitsgebiet die einfache Gesellschaft ihren Sitz hat, erhoben werden (Art. 16 Nr. 2 LugÜ) (*vgl. Nr. 283*). Die Klage gegen mehrere Gesellschafter kann am Wohnsitz (im Hoheitsgebiet eines Vertragsstaates) eines Gesellschafters erhoben werden (Art. 6 Nr. 1 LugÜ)[590]. Soweit vom Sachbereich her die Voraussetzungen von Art. 16 Nr. 2 LugÜ gegeben sind, sind schliesslich auch die Gerichte, in deren Hoheitsgebiet die Gesellschaft ihren Sitz hat, örtlich zuständig.

384

*c)  Ausnahmesituation als besondere Prozessvoraussetzung*

Der Gesellschafter kann die *actio pro socio* nach der hier vertretenen Auffassung nur in Ausnahmefällen (*Nr. 362 ff.*) erheben. Im Prozess sind diese Ausnahmesituationen als besondere Prozessvoraussetzungen zu behandeln, die von Amtes wegen zu prüfen sind (vgl. § 108 ZPO ZH). Nach gewissen Autoren sind diese besonderen Voraussetzungen die Gründe für die Notwendigkeit der Klageeinreichung, die der Kläger darzulegen hat[591]. Fehlt es an diesen Voraussetzungen, darf der Richter auf die Klage nicht eintreten[592].

385

---

[590] VOGEL/SPÜHLER, 127 N 88; WALTER, 191 f.; MÜLLER, Art. 7 N 51.

[591] MÜNCHKOMM-ULMER, § 705 N 173; GRUNEWALD, Gesellschafterklage, 14 f. und 21. **A.M.** die herrschende deutsche Lehre (vgl. MÜNCHKOMM-ULMER, § 705 N 173 m.w.H.), nach welcher der Gesellschafter nur, aber immerhin den Treuepflichtverstoss behaupten und beweisen muss.

[592] Gleich verhält es sich im deutschen Recht, wo bei fehlendem Prozessführungsrecht die Klage als *unzulässig* abgewiesen wird, damit aber ein Prozessurteil ergeht (JAUERNIG, 71; vgl. die unterschiedliche

*d) Ausschluss materiellrechtlicher Verfügungen*

386 Der Kläger kann alle Prozesshandlungen vornehmen, die nicht zu einer *materiellrechtlichen Verfügung über den Sozialanspruch* führen[593]. Der klagende Gesellschafter kann also beispielsweise nicht die Schuld erlassen und keinen Vergleich abschliessen[594]. Die materiellrechtliche Verfügungsbefugnis über den Sozialanspruch bleibt vielmehr bei der Gesamthand. Verfügt die Gesamthand während Hängigkeit des Prozesses über den Sozialanspruch, wird die *actio pro socio* gegenstandslos[595]. Als Folge wird der Prozess durch Gegenstandslosigkeit erledigt[596]. Allfällige Kostenfolgen treffen alsdann nur den klagenden Gesellschafter und nicht die Gesamthand[597].

*e) Kein Einwand der Rechtshängigkeit gegenüber der Gesellschaftsklage*

387 1. Reicht die Gesamthand die Gesellschaftsklage ein, obwohl bereits eine *actio pro socio* eines Gesellschafters zur Durchsetzung desselben Sozialanspruchs hängig ist, dann fehlt der Gesellschaftsklage – jedenfalls aufgrund der hängigen *actio pro socio* – das Rechtsschutzinteresse nicht; die hängige *actio pro socio* bildet kein Hindernis für das Eintreten auf die Gesellschaftsklage.

---

Terminologie im schweizerischen Recht, wo die Klageabweisung ein Sachurteil ist).

[593] MÜNCHKOMM-ULMER, § 705 N 175.

[594] HASSOLD, 33; SOERGEL-HADDING, § 705 N 50.

[595] SOERGEL-HADDING, § 705 N 50.

[596] Erwirbt etwa der Schuldner von der Gesamthand den Sozialanspruch, dann geht der Anspruch durch Konfusion unter, was zur Erledigung des Prozesses durch Gegenstandslosigkeit führt (VOGEL/SPÜHLER, 209 N 100b). Wird die Forderung hingegen nach Rechtshängigkeit des Prozesses (beispielsweise vom Schuldner) bezahlt, dann liegt keine Gegenstandslosigkeit, sondern eine Klageanerkennung durch Parteihandlung vor (VOGEL/SPÜHLER, 209 N 100c).

[597] MÜNCHKOMM-ULMER, § 705 N 175.

2. Tritt das Gericht bei Hängigkeit der *actio pro socio* auf eine 388
später eingereichte Gesellschaftsklage ein, fallen damit in der Regel
die besonderen Prozessvoraussetzungen der Ausnahmesituation (*Nr.
362 ff.*) nachträglich weg[598]. Da Prozessvoraussetzungen grundsätzlich zum Zeitpunkt der Fällung des Sachurteils noch gegeben
sein müssen[599], wird das Gericht in der *actio pro socio* einen
Nichteintretensentscheid fällen.

*f)   Rechtskraft des Urteils*

1. Die Rechtskraft eines Sachurteils der *actio pro socio* wirkt 389
unterschiedlich[600]: Es wirkt nach herrschender Lehre nicht *zulasten*
der Gesamthand. Wird die *actio pro socio* des Gesellschafters
abgewiesen, hat das Urteil keine materielle Rechtskraft, welche der
Gesamthand die spätere prozessuale Durchsetzung oder die
Verrechnung verunmöglichen würde[601]. Ist hingegen die Klage des
Gesellschafters gutgeheissen worden, darf auf eine spätere Gesellschaftsklage der Gesamthand nicht eingetreten werden, da wegen des
rechtskräftigen Urteils ein Rechtsschutzinteresse fehlt[602].

---

[598]   Ähnlich MÜNCHKOMM-ULMER, § 705 N 175.

[599]   VOGEL/SPÜHLER, 205 N 85.

[600]   Zu wenig differenzierend deshalb VON STEIGER, 379, nach welchem ein
Urteil der *actio pro socio* nur (aber in allen Fällen) unter den
Prozessparteien, also zwischen dem einzelnen Gesellschafter als Kläger
und dem beklagten Gesellschafter, Rechtskraft entfaltet.

[601]   MÜNCHKOMM-ULMER, § 705 N 175; **a.M.** (für Rechtskraftwirkung des
die *actio pro socio* abweisenden Urteils gegenüber der Gesamthand)
BERGER, 277 ff.; HADDING, Actio pro socio, 104 ff.; SOERGEL-
HADDING, § 705 N 50; WIEDEMANN, Gesellschaftsrecht, 461 f. So wohl
auch VOGEL/SPÜHLER, 231 N 83.

[602]   Vgl. VOGEL/SPÜHLER, 231 N 83, nach welchen die in Prozessstandschaft erstrittenen Urteile auch für die Berechtigten und Verpflichteten
verbindlich sind. Nach MÜNCHKOMM-ULMER, § 705 N 175, hat die
Frage der Rechtskraft bei einem die *actio pro socio* gutheissenden Urteil
keine praktische Bedeutung, da die Gesamthand bei erfolgreicher *actio*

390    2. Das Sachurteil der Gesellschaftsklage hingegen hat materielle Rechtskraft. Wird die Gesellschaftsklage der Gesamthand abgewiesen, fehlt einer späteren *actio pro socio* eines Gesellschafters das Rechtsschutzinteresse[603]. Wird die Gesellschaftsklage der Gesamthand gutgeheissen, wird auf eine spätere *actio pro socio* wegen fehlendem Rechtsschutzinteresse zufolge materieller Rechtskraft nicht eingetreten.

---

*pro socio* das Urteil genehmigen kann und dadurch Rechtskrafterstreckung erreichen kann.

[603] BERGER, 280 ff.

# 4. Kapitel:
# ZUSAMMENFASSUNG

Im ersten Kapitel (*Nr. 1 ff.*) habe ich vom Begriff, den Abgrenzungen, den Arten und den Trägern des Innenanspruchs gesprochen. Das zweite Kapitel (*Nr. 133 ff.*) hat die Innenansprüche im Einzelnen behandelt. Das dritte Kapitel (*Nr. 259 ff.*) schliesslich war der Durchsetzung der Innenansprüche gewidmet. Im vierten und letzten Kapitel fasse ich nun die wichtigsten Erkenntnisse der drei vorangegangenen Kapitel zusammen:

*1. Kapitel*

**Begriff, Abgrenzungen, Arten und Träger des Innenanspruchs**

### I.

1. Der **Innenanspruch** ist ein schuldrechtlicher Anspruch (*Nr. 6 f.*), der nur dann überhaupt entstehen kann, wenn ein Gesellschaftsvertrag gültig zustande gekommen ist (*Nr. 8 ff.*), und der seinen Entstehungsgrund im Gesellschaftsverhältnis der einfachen Gesellschaft hat (*Nr. 11 ff.*).

2. Innenansprüche sind erstens von gesellschaftsbezogenen Rechten **ohne Anspruchscharakter** abzugrenzen (*Nr. 22*). Des Weiteren sind Innenansprüche von gesellschaftsbezogenen Ansprüchen **ausserhalb des Gesellschaftsverhältnisses** abzugrenzen (*Nr. 23 ff.*). Solche gesellschaftsbezogenen Ansprüche ausserhalb des Gesellschaftsverhältnisses können vertraglicher (*Nr. 27 ff.*) oder ausservertraglicher Art sein (*Nr. 32 ff.*)

## II.

394 In der vorliegenden Untersuchung werden zwei **Arten** von Innenansprüchen unterschieden: Je nach der Trägerschaft sind Innenansprüche **Individualansprüche** (*Nr. 46 ff.*) oder **Sozialansprüche** (*Nr. 50*). Des Weiteren lassen sich **primäre Innenansprüche** (*Nr. 52*) und **Schadenersatzansprüche** (*Nr. 53*) unterscheiden.

## III.

395 1. **Träger** eines Individualanspruchs ist der **einzelne Gesellschafter** (*Nr. 55 ff.*). Trägerin eines Sozialanspruchs ist die (gesellschaftliche) **Gesamthand** (*Nr. 60 ff.*). Ein Individualanspruch richtet sich entweder gegen einen (oder mehrere) Gesellschafter oder gegen die Gesamthand. Ein Sozialanspruch richtet sich immer nur gegen einen (oder mehrere) Gesellschafter.

396 2. Die Rechtsnatur der Gesamthand ist in der Schweiz umstritten: Während langer Zeit herrschte im Sachenrecht die **Theorie der ungeteilten Gesamtberechtigung** vor, nach welcher die Gesamthand als solche Rechtsträgerin war (*Nr. 66 ff.*). Diese Auffassung wurde aber von der **Theorie der Trägerschaft der Gesamthänder** verdrängt (*Nr. 70 ff.*), welche in der neueren sachenrechtlichen Literatur fast einhellig vertreten wird (*Nr. 72*). Die schweizerische Auffassung der Rechtsnatur hatte Einfluss auf das Verständnis der einfachen Gesellschaft: Obwohl die Gesamthand nach der früher herrschenden Theorie der ungeteilten Gesamtberechtigung (*Nr. 66 ff.*) als rechtsfähig erachtet worden war und dementsprechend frühe Autoren (*Nr. 74*) und einige kantonale Gerichte (*Nr. 75*) der einfachen Gesellschaft in gewissem Masse Rechtsfähigkeit zuerkannten, verneinen heute neuere Lehre und Bundesgericht (*Nr. 76*) die Rechtsfähigkeit der einfachen Gesellschaft. – Dagegen vertrete ich die Meinung, dass die (gesellschaftliche) **Gesamthand** sowohl **rechtsfähig** als auch **parteifähig** ist (*Nr. 94 ff., 104 ff.*). Daraus ergeben sich verschiedene **Vorteile**. Die Rechtsfähigkeit der Gesamthand führt erstens zu besserer Durchsetzbarkeit von Innenansprüchen (*Nr. 108 ff.*), zweitens bedeutet sie höhere Rechtsicherheit bei kaufmännischen einfachen Gesellschaften (*Nr. 119 ff.*), drittens

bestehen die Rechte der Gesamthand im Aussenverhältnis auch bei Mitgliederwechsel fort (*Nr. 122 ff.*) und viertens wird die dogmatische Ungereimtheit der gleichzeitigen Berechtigung und Verpflichtung durch die Rechtsfähigkeit der Gesamthand aufgelöst (*Nr. 130 ff.*).

## 2. Kapitel

### Die Innenansprüche im Einzelnen

#### I.

1. Aus Gesetzesrecht ergeben sich verschiedene **Individual-** **ansprüche gegen die Gesamthand**. Dazu gehören der Gewinnanspruch (*Nr. 137 f.*), der Anspruch auf Aufwendungsersatz (*Nr. 139 f.*), der Abfindungsanspruch bei Ausschliessung (*Nr. 141 f.*), der Anspruch auf Rückerstattung der Vermögensbeiträge (*Nr. 143*), der Anspruch auf den Überschuss (*Nr. 144*), der Ersatzanspruch aus Solidarhaftung im Aussenverhältnis (*Nr. 145 f.*), der Anspruch auf Aufnahme und Verwertung der Beitragsleistung (*Nr. 147*), der Anspruch auf Ausübung der Geschäftsführung (*Nr. 148 ff.*), der Anspruch auf Mitwirkung bei der Beschlussfassung (*Nr. 154 f.*), der Anspruch auf Einsicht (*Nr. 156 ff.*) und schliesslich der Anspruch auf Liquidation (*Nr. 159 f.*). Ein gesetzlicher **Individualanspruch gegen einen oder mehrere Gesellschafter** ist beispielsweise der Regressanspruch aus Art. 148 Abs. 2 OR wegen Inanspruchnahme aus solidarischer Haftung im Aussenverhältnis (*Nr. 161*). 397

2. Gesetzliche **Sozialansprüche der Gesamthand** sind der Anspruch auf Beiträge (*Nr. 164 ff.*), der Anspruch auf Übernahme des Verlustanteils (*Nr. 170 ff.*), der Anspruch auf Nachschüsse (*Nr. 173*), der Anspruch auf Vornahme von Geschäftsführungshandlungen (*Nr. 174*), der Anspruch auf Stimmabgabe (*Nr. 175 f.*), der Anspruch auf Unterlassung konkurrierender Tätigkeit (*Nr. 177*), der Anspruch auf Unterlassung der Geschäftsführung nach Entzug aus wichtigem Grund (*Nr. 178*) und der Anspruch auf Unterlassung der Handlung nach ausgeübtem Vetorecht (*Nr. 179 ff.*). 398

## II.

**399** 1. Wird ein fälliger Innenanspruch nicht erfüllt oder werden sonstige Pflichten aus dem Gesellschaftsverhältnis verletzt, können **Schadenersatzansprüche** entstehen (*Nr. 188 ff.*). Solche Innenansprüche auf Schadenersatz kommen in verschiedenen Erscheinungsformen daher. Sie können nach ihrem Entstehungsgrund in Schadenersatzansprüche infolge **Unmöglichkeit** (*Nr. 191 ff.*), infolge **positiver Forderungsverletzung** (*Nr. 202 ff.*) und infolge **Schuldnerverzugs** (*Nr. 207 ff.*) eingeteilt werden. Im Zusammenhang mit Leistungsstörungen werden in der vorliegenden Arbeit, **in Abweichung von der herrschenden Meinung**, folgende Ansichten vertreten: Wird die Leistung des **Beitrags** durch Zufall **unmöglich**, geht dieser Anspruch nicht unter, sondern wandelt sich in einen **Anspruch auf Wertersatz** (*Nr. 194 ff.*). Ist ein Gesellschafter mit der Leistung eines **Sozialanspruchs in Verzug**, kann die Gesamthand diesen Gesellschafter von Gesetzes wegen **ausschliessen** (*Nr. 210 ff.*). – Schadenersatzansprüche können, wie die primären Innenansprüche, des Weiteren nach ihrer Trägerschaft in **Individual- und Sozialansprüche** eingeteilt werden (*Nr. 216*).

**400** 2. In Bezug auf ihre Entstehung sind bei Schadenersatzansprüchen Besonderheiten zu beachten. Beim Schaden ist zu beachten, dass nur der **Gesamthandsschaden** (*Nr. 219*) und der **unmittelbare Gesellschafterschaden** (*Nr. 222*) eingeklagt werden können. Bei der Verantwortlichkeit ist zu beachten, dass die Gesamthand *in der Regel* für unmittelbare Gesellschafterschäden nach den Grundsätzen über die **Hilfspersonenhaftung** für das Verhalten von geschäftsführenden Gesellschaftern einzustehen hat (*Nr. 227 ff.*). Die Verantwortlichkeit der Gesellschafter hingegen hängt vom verletzten Innenanspruch bzw. von der verletzten Pflicht aus dem Gesellschaftsverhältnis ab (*Nr. 231 ff.*).

**401** 3. Für Individualansprüche gegen die Gesamthand haftet grundsätzlich nur diese (*Nr. 238*). Eine **Haftung der Gesellschafter für Individualansprüche gegen die Gesamthand** besteht in zwei Fällen: Erstens hat ein einzelner Gesellschafter ein Regressrecht gegen die übrigen Gesellschafter, wenn nach Inanspruchnahme im

Aussenverhältnis das Gesellschaftsvermögen nicht zur Deckung seines Ersatzanspruchs reicht (*Nr. 239*). Zweitens müssen die Gesellschafter im Rahmen der Liquidation zur Deckung der gemeinschaftlichen Schulden, die auch Individualansprüche gegen die Gesamthand umfassen, Nachschüsse einwerfen (*Nr. 240*). Für Individual- oder Sozialansprüche gegen einen einzelnen Gesellschafter haftet ausschliesslich dieser (*Nr. 241*).

## 3. Kapitel

## Die Durchsetzung der Innenansprüche

### I.

**Individualansprüche** kann der Träger des Anspruchs mit der Individualklage durchsetzen (*Nr. 261 ff.*). **Sozialansprüche** können regelmässig nur von der Gesamthand mit der **Gesellschaftsklage** durchgesetzt werden (*Nr. 296 ff.*). Ausnahmsweise kann ein **einzelner Gesellschafter** im eigenen Namen Sozialansprüche mit der *actio pro socio* (*Nr. 342 ff.*) durchsetzen.

402

### II.

Die **Individualklage** ist die Klage des einzelnen Gesellschafters zur Durchsetzung seines Individualanspruchs. Der Gesellschafter kann die Individualklage unabhängig von den übrigen Gesellschaftern erheben.

403

### III.

1. Sozialansprüche können als Regel nur von der Gesamthand mit der **Gesellschaftsklage** (*Nr. 296 ff.*) durchgesetzt werden. Für ihr Zustandekommen bedarf es eines **gültigen Gesellschaftsbeschlusses**, an welchem alle Gesellschafter mit Ausnahme des Schuldners des Sozialanspruchs teilnehmen müssen (*Nr. 312 ff., 318 ff., 322 ff.*).

404

2. **Ausnahmsweise** kann ein einzelner Gesellschafter anstelle der Gesamthand und im eigenen Namen einen Sozialanspruch mit der

405

*actio pro socio* durchsetzen (*Nr. 342 ff.*). Weil die *actio pro socio* die gesetzliche Ordnung für Willllensbildung und Handeln in der Gesellschaft durchbricht, ist sie nur in Ausnahmefällen zulässig. Sie ist insbesondere zulässig, wenn die Gesellschafter dies vereinbart haben (*Nr. 366 ff.*), wenn eine Beschlussfassung unmöglich ist (*Nr. 371 ff.*), bei einem mangelhaften ablehnenden Beschluss über die Anhebung der Gesellschaftsklage (*Nr. 375 f.*) und schliesslich in der Liquidation (*Nr. 377 f.*).

\* \* \*

# GESETZESREGISTER

Die Hauptfundstellen und Fussnotenverweisungen des Gesetzesregisters sind mit **Fettschrift** gekennzeichnet.

### A. *Schweizerische Erlasse*

### Schweizerisches Zivilgesetzbuch vom 10. Dezember 1907 (ZGB; SR 210)

| Art. | *Nr.* | Art. | *Nr.* |
|---|---|---|---|
| 1 Abs. 2 | *17* | 656 Abs. 1 | *126* |
| 11 Abs. 1 | *97* | 656 Abs. 2 | ***Fn:** 167* |
| 27 Abs. 2 | *160, 198* | 712l Abs. 1 | *97* |
| 31 Abs. 2 | *97* | 714 Abs. 1 | *126* |
| 53 | *97* | 922 | *126* |
| 68 | *322* | | |
| 539 Abs. 1 | *97* | | |
| 652 | ***Fn:** 74* | | |

### BG vom 30. März 1911 betreffend die Ergänzung des Schweizerischen Zivilgesetzbuches, Fünfter Teil: Obligationenrecht (OR; SR 220)

| Art. | *Nr.* | Art. | *Nr.* |
|---|---|---|---|
| 19 | *366* | 50 Abs. 1 | *230* |
| 34 Abs. 1 | *85, 336, 367* | 70 Abs. 2 | *91* |
| 34 Abs. 2 | *85* | 75 | *184, 187* |
| 41 | *35* | | |

| Art. | Nr. | Art. | Nr. |
|---|---|---|---|
| 97 | *191, 192, 201, 202, 232* | 535 Abs. 1 | *148, 174, 333* |
| | | 535 Abs. 2 | *148, 179, 251* |
| 99 Abs. 1 | *228, 235* | | |
| 100 | *369* | 535 Abs. 3 | *151, 321* |
| 100 Abs. 1 | *370* | 536 | *177* |
| 101 | *192* | 537 Abs. 1 | *139, 145* |
| 103 | *192, 214* | 537 Abs. 2 | *140, 187* |
| 107 | *206, 207* | 537 Abs. 3 | *169* |
| 107 Abs. 2 | ***207 ff.*** | 538 Abs. 1 | *228, 235* |
| 109 | *206, 207* | 538 Abs. 2 | *232* |
| 119 | *191, 201* | 538 Abs. 3 | *228, 234* |
| 119 Abs. 1 | ***193 ff.**, 199* | 539 Abs. 2 | *252, 333* |
| 119 Abs. 2 | *199* | 540 Abs. 1 | *19, 157* |
| 148 Abs. 2 | *146, 161, 239, 397* | 540 Abs. 2 | ***41 ff.**, 180, 181, 228, 233* |
| 195 Abs. 1 | *203* | | |
| 258 Abs. 1 | *206* | 541 Abs. 1 | *156, 157* |
| 321e | *234* | 541 Abs. 2 | *13, 156* |
| 398 Abs. 1 | *234* | 543 Abs. 2 | *331* |
| 400 Abs. 1 | *157* | 543 Abs. 3 | *332, 333* |
| 420 Abs. 3 | *233* | 544 Abs. 1 | *242* |
| 422 | *43* | 544 Abs. 2 | *247* |
| 530 Abs. 1 | *8* | 544 Abs. 3 | *89, 145, 238, 239* |
| 531 Abs. 1 | *13, 147, 164, 168, 169,* | 545 Abs. 1 | *160, 198, 200, 247* |
| 531 Abs. 3 | *196, 202, 232* | 545 Abs. 2 | *160, 198, 208, 209* |
| 533 Abs. 1 | *137, 144, 146, 170, 171* | 548 | *141* |
| | | 548 Abs. 2 | *143* |
| 534 Abs. 1 | *154, 322* | 549 | *240* |
| 534 Abs. 2 | *154, 322* | 549 Abs. 1 | *138, 141, 143, 144* |

| Art. | *Nr.* | Art. | *Nr.* |
|---|---|---|---|
| 549 Abs. 2 | *172, 173, 240* | 562 | *77, 97, 119* |
| 550 Abs. 1 | *320, 377* | 602 | *77, 97* |
| 559 Abs. 1, 2 | *138, 178, 186* | | |

## BG vom 18. Dezember 1987 über das Internationale Privatrecht (IPRG, SR 291)

| Art. | *Nr.* | Art. | *Nr.* |
|---|---|---|---|
| 3 | *287, 290* | 150 Abs. 2 | *274, 279, 280, 290* **Fn:** *422* |
| 21 Abs. 2 | *284,* **Fn:** *435* | | |
| 112 | *280* | | |
| 112 Abs. 1 | *280* | 151 | *279* |
| 150 | *274, 278, 280, 287, 290* | 151 Abs. 1 | *276, 279, 287, 340, 383* |
| 150 Abs. 1 | *279* | 151 Abs. 2 | *279* |

## BG vom 24. März 2000 über den Gerichtsstand in Zivilsachen (GestG, AS 2000 2355)

| Art. | *Nr.* | Art. | *Nr.* |
|---|---|---|---|
| 3 Abs. 1 | *272, 289, 339, 382* | 7 Abs. 1 | *286, 287, 339,* **Fn:** *451* |
| 7 | *382* | 29 | *272, 273, 274, 275, 277* |

## Übereinkommen vom 16. September 1988 über die gerichtliche Zuständigkeit und die Vollstreckung gerichtlicher Entscheidungen in Zivil- und Handelssachen (LugÜ, SR 0.275.11)

| Art. | Nr. | Art. | Nr. |
|---|---|---|---|
| 2 | *281, 291, 341, 384* | 53 Abs. 1 2612 ff. | *284, 291* **Fn: 428** |
| 6 Nr. 1 | *288, 341, 384* | | |
| 16 Nr. 2 | *281, 282, 283, 285, 288, 341, 384* | | |

## Gesetz über den Zivilprozess vom 13. Juni 1976 des Kantons Zürich (ZPO ZH, Ordnungs-Nr. 271)

| § | Nr. | § | Nr. |
|---|---|---|---|
| 39 Abs. 2 | *114* | 308 Abs. 1 | *327* |
| 108 | *385* | | |

## B. Ausländische Erlasse

### Deutsches Bürgerliches Gesetzbuch vom 18.8.1896 (BGB)

| § | Nr. | § | Nr. |
|---|---|---|---|
| 34 | 322 | 723 | **Fn:** *401* |
| 705 | **Fn:** *552* | 737 | **Fn:** *401* |
| 711 | **Fn:** *286* | 738 | **Fn:** *194* |
| 721 | **Fn:** *183* | | |

### Codice civile italiano vom 16. März 1942 (CCit.)

| art. | Nr. | art. | Nr. |
|---|---|---|---|
| 2267 | **Fn:** *203, 381* | 2612 ff. | **Fn:** *428* |
| 2286 | **Fn:** *401* | | |

# SACHREGISTER

Die Zahlen verweisen auf die Randnummern dieses Buches. Die Hauptfundstellen und die Fussnotenverweisungen sind mit **Fettschrift** gekennzeichnet.

## A

**Actio pro socio**
- Ausnahmesituation als Prozessvoraussetzung *385*
- Begriff ***342 ff., 344ff., 351 ff.***
- Gerichtsstand *381 ff.*
- Parteien *380*
- Zulässigkeit ***350 ff.****, 362 ff.*

**Anspruch**
- auf Aufwendungsersatz *139 f.*
- auf Abfindung *141 f.*
- auf Annahme und Verwertung der Beitragsleistung *147*
- auf Ausübung der Geschäftsführung *148 ff.*
- auf Beiträge *164 ff.*
- auf Einsicht *156 ff.*
- auf Ersatz aus Solidarhaftung im Aussenverhältnis s. Ersatzanspruch aus Solidarhaftung
- auf Liquidation *159 f.*
- auf Mitwirkung bei der Beschlussfassung *154 f.*
- auf Nachschüsse *173*
- auf Rückerstattung der Vermögensbeiträge *143*
- auf Stimmabgabe *175*
- auf Übernahme des Verlustanteils *170 ff.*
- auf den Überschuss *144*
- auf Unterlassung der Geschäftsführung nach Entzug aus wichtigem Grund *178*
- auf Unterlassung der Handlung nach ausgeübtem Vetorecht *179 ff.*
- auf Unterlassung von konkurrierender Tätigkeit *177*
- auf Vornahme von Geschäftsführungshandlungen *174*

**Ausschliessung** eines Gesellschafters *141, 211, 253, 255, 256*

**Aussenverhältnis** *28, 49, 86, 122, 144 f., 180, 229, 238 f.,*

242, 247, 298, 331, 348, 396,
*Fn:* 1, 4, 28, 31, 116, 126,
262, 345, 390, 543

**B**

**Beiträge** *164 ff.*, *143*, *147*
- Unmöglichkeit *166*, *194 ff.*
- Erhöhung *165*
**Beschlussfassung** s. Gesellschaftsbeschluss

**D**

**Durchsetzung**
- von Individualansprüchen *261 ff.*
- von Sozialansprüchen *295 ff.*, *342 ff.*
- von Aussenansprüchen *86 ff.*

**E**

**Einsicht** s. Anspruch auf Einsicht
**Entzug** der Geschäftsführung *178*, *252*
**Erfüllungsgehilfe** s. Hilfsperson

**Ersatzanspruch** aus Solidarhaftung im Aussenverhältnis *145 f.*
**Erscheinungsformen** der Schadenersatzansprüche *189 ff.*

**F**

**Fälligkeit**
- von primären Innenansprüchen *184 ff.*
- von Schadenersatzansprüchen *236*
**Forderungsverletzung** s. positive Forderungsverletzung

**G**

**Gesamthand** *60 ff.*
- Begriff *62 f.*
- Parteifähigkeit *105*
- Rechtsfähigkeit *95 ff.*, *107 ff.*
- Rechtsnatur *64 ff.*, *94 ff.*
- Schaden der Gesamthand *219*, *222*, *224 ff.*
**Gesamtwillen**, Bildung des Gesamtwillens *380*, *Fn:* *552*, *567*

**Geschäftsführung** s. Anspruch auf Geschäftsführung
– ohne Auftrag *39*, ***41 ff.***, *180, 233*, **Fn:** *188*
**Gesellschaft**, einfache *61 ff., 73, 93, 119, 200, 215, 270, 274, 276, 278 ff., 290, 301, 305, 307, 384*, **Fn:** *1, 29, 52, 53, 100, 105, 160, 167, 360, 401, 413, 414, 422, 431*
**Gesellschafter** *55 ff.*
**Gesellschafterschaden** *221, **222 ff.***
**Gesellschaftsbeschluss** *313 ff.*
– Mangelhaftigkeit der Beschlussfassung *328 ff.*
– Notwendigkeit der Beschlussfassung *314 ff.*
– Pflicht zur Beschlussfassung *323*
– Recht zur Beschlussfassung *322*
**Gesellschaftsklage** *296 ff.*
– Begriff *297 ff.*
– Gerichtsstand *329 ff.*
– Parteien *335 ff.*
– Zulässigkeit *300 ff.*
– Zustandekommen *312 ff.*
**Gesellschaftsschaden** s. Schaden der Gesamthand
**Gesellschaftsverhältnis** *11 ff., 23 ff.*
– Lücke *17*

**Gesellschaftsvertrag** *8 ff., 11, 13 ff., 18, 38, 48, 85, 142, 146, 150, 165, 169, 171, 184, 198, 208 ff., 264, 290, 302 ff., 308, 318, 356 f.*
**Gestaltungsrechte** *9, 22, **248 ff.***
**Gewinnanspruch** *137 ff.*
**Gruppentheorie** ***101, 102*,** **Fn:** *58*

**H**

**Haftpflicht** für Innenansprüche *238 ff.*
**Haftungssubstrat** für Innenansprüche *242 ff.*
**Hilfsperson** *34, 227, 229*

**I**

**Individualansprüche** ***46 ff.**, 135 ff., 261 ff.*
**Individualklage** ***261 ff.***
– Begriff *262 ff.*
– Gerichtsstand *271 ff.*
– Kostentragung *292 ff.*
– Parteien *266 ff.*
– Zulässigkeit *264 ff.*
– Zustandekommen *264 ff.*
**Innenansprüche**
– Arten *44 ff.*

- Begriff *3 ff.*
- Träger *54 ff.*
Innenverhältnis *38, 173, 242, 302, 306,* **Fn:** *4, 32, 116, 146*

**J**

**Juristische Person** *66, 74, 76 ff., 101*

**K**

**Kaufmännische** einfache **Gesellschaft** *107, 119 f.*
**Klageeinreichung** *326, 331, 385*
**Kostentragung** *265, 292*
**Kündigungsrecht** *22, 208, 253*

**L**

**Liquidation** s. Anspruch auf Liquidation
- Zulässigkeit der actio pro socio in der Liquidation *320*

**M**

**Mangelhaftigkeit** des Gesellschaftsbeschlusses *229, 375*
**Mitgliederwechsel** *122*

**N**

**Natürliche Personen** *119*
**Nichterfüllung** *191, 207, 218, 228, 230, 235, 294, 325, 369*

**O**

**Organisationsvertrag**
Gesellschaftsvertrag als Organisationsvertrag *8 f., 308*

**P**

**Parteifähigkeit** *74 f., 98, 103, 105, 305*
**Positive Forderungsverletzung** *202 ff., 257,* **Fn:** *297, 317*
**Positive Vertragsverletzung** s. positive Forderungsverletzung
**Prozessfähigkeit** **Fn:** *112*

Prozessvoraussetzung *385, 388*

**Q**

**Qualifiziertes Verschulden** *235*

**R**

**Rechtsfähigkeit** *61, 74, 93 ff.*, ***95 ff.***, ***104 ff.***, ***107 ff.***, *122, 307, 360,* **Fn:** *96, 98, 110, 482*
– der Gesamthand ***94 ff.***
**Rückabwicklung** *38,* **Fn:** *33*
**Rücktritt** *208 ff.*

**S**

**Schaden** s. Gesellschafterschaden
– der Gesamthand *219 f.*
**Schadenersatzansprüche** *42, 162,* ***188 ff.***, *216, 257*
**Schuldnerverzug** *22, 177, 201,* ***207 ff.***
**Schuldrechtlicher Anspruch** *4 ff., 25*
**Schuldverhältnis,** gesetzliches bei GoA *43*

**Schuldvertrag** *8 ff.*
**Solidarhaftung** s. Ersatzanspruch aus Solidarhaftung im Aussenverhältnis
**Sozialansprüche** ***50 ff.***, *163 ff.*
**Stimmabgabe** s. Anspruch auf Stimmabgabe
**Stimmrecht,** Ausschluss vom Stimmrecht *322 f. 374*

**T**

**Theorie** der ungeteilten Gesamtberechtigung ***66 ff.***, *302*
**Theorie** der Trägerschaft der Gesamthänder ***70 ff.***, *72, 73, 76*
**Träger** *207, 210, 213, 221, 244, 246, 259, 260, 264, 266, 302*
– von Individualansprüchen *46 ff.,* ***55 ff.***
– von Sozialansprüchen *50, 60 ff.*

**U**

**Übernahme** des Verlustanteils *137, 163,* ***170*** *ff.*
**Unmöglichkeit**

– der Beitragsleistung *194 ff.*
– der Leistung von Innenansprüchen *191 ff.*
– der Zweckerreichung *200*

**Unterlassung**
– der Geschäftsführung nach Entzug aus wichtigem Grund *178*
– der Handlung nach ausgeübtem Vetorecht *179 ff.*
– von konkurrierender Tätigkeit *177*

## V

**Verantwortlichkeit** *226 ff., 275, 279*
– der Gesamthand *227 ff.*
– des Gesellschafters *231 ff., 235*

**Verhaltensgebote** *257 ff.*
**Verschulden** *214, 228, 232 ff.*
**Vertrag** s. Gesellschaftsvertrag
**Vetorecht** *251, 179 ff.*
**Vornahme** von Geschäftsführungshandlungen *174*

## W

**Wertersatz** bei Unmöglichkeit der Beitragsleistung *166, 194 ff., 214*

*In der gleichen Reihe
sind in den letzten zehn Jahren erschienen:*
*Publiés ces dix dernières années
dans la même collection:*

121. *Peter Hänni:* Rechte und Pflichten im öffentlichen Dienstrecht. Eine Fallsammlung zur Gerichts- und Verwaltungspraxis in Bund und Kantonen. XXXIV–314 S. (1993) 2. Aufl. (1993)

122. *Josette Moullet Auberson:* La division des biens-fonds. Conditions, procédure et effets en droit privé et en droit public. XXXV–373 pp. (1993)

123. *Markus Kick:* Die verbotene juristische Person. Unter besonderer Berücksichtigung der Vermögensverwendung nach Art. 57 Abs. 3 ZGB. XLVI–266 S. (1993)

124. *Alexandra Rumo-Jungo:* Die Leistungskürzung oder -verweigerung gemäss Art. 37–39 UVG. LIX–487 S. (1993)

125. *Gabriel Rumo:* Die Liegenschaftsgewinn- und die Mehrwertsteuer des Kantons Freiburg. L–388 S. (1993)

126. *Hannes Zehnder:* Die Haftung des Architekten für die Überschreitung seines Kostenvoranschlages. XXX–160 S. (1993) 2. Aufl. (1994)

127. *Pierre Tercier/Paul Volken/Nicolas Michel* (Ed./Hrsg.): Aspects du droit européen / Beiträge zum europäischen Recht. Hommage offert à la Société suisse des juristes à l'occasion de son assemblée générale 1993 par la Faculté de droit de l'Université de Fribourg / Festgabe gewidmet dem schweizerischen Juristenverein anlässlich des Juristentages 1993, durch die rechtswissenschaftliche Fakultät der Universität Freiburg. XIV–358 S. (1993)                                              vergriffen

128. *Franz Werro:* Le mandat et ses effets. Une étude sur le contrat d'activité indépendante selon le Code suisse des obligations. Analyse critique et comparative. LXVIII–438 pp. (1993)                                                                            épuisé

129. *Walter A. Stoffel:* Wettbewerbsrecht und staatliche Wirtschaftstätigkeit. Die wettbewerbsrechtliche Stellung der öffentlichen Unternehmen im schweizerischen Recht, mit einer Darstellung des Rechtes Deutschlands und Frankreichs sowie des Europäischen Wirtschaftsraums. L–326 S. (1994)

130. *Jean-Baptiste Zufferey:* La réglementation des systèmes sur les marchés financiers secondaires. Contribution dogmatique et comparative à l'élaboration d'un droit suisse des marchés financiers. XLIV–476 pp. (1994)

131. *Silvio Venturi:* La réduction du prix de vente en cas de défaut ou de non-conformité de la chose. Le Code suisse des obligations et la Convention des Nations Unies sur les contrats de vente internationale de marchandises. LII–400 pp. (1994)

132. *Erwin Scherrer:* Nebenunternehmer beim Bauen. XL–190 S. (1994)

133. *Benoît Carron:* Le régime des ordres de marché du droit public en droit de la concurrence. Etude de droit suisse et de droit comparé. XLIV–440 pp. (1994)

134. *Luc Vollery:* Les relations entre rapports et réunions en droit successoral. L'art. 527 chap. 1 CC et le principe de la comptabilisation des rapports dans la masse de calcul des réserves. XXX–390 pp. (1994)

135. *Stéphane Spahr:* Valeur et valorisme en matière de liquidations successorales. XXXIV–378 pp. (1994)

136. *Philipp Gmür:* Die Vergütung des Beauftragten. Ein Beitrag zum Recht des einfachen Auftrages. XXVIII–192 S. (1994)

137. *Mario Cavigelli:* Entstehung und Bedeutung des Bündner Zivilgesetzbuches von 1861. Beitrag zur schweizerischen und bündnerischen Kodifikationsgeschichte. XXVI–306 S. (1994)

138. *Jean-Claude Werz:* Delay in Construction Contracts. A Comparative Study of Legal Issues under Swiss and Anglo-American Law. XLIV–380 p. (1994)

139. *Fabienne Hohl:* La réalisation du droit et les procédures rapides. Evolution et réformes. XIV–524 pp. (1994)

140. *Philippe Meier:* Le consentement des autorités de tutelle aux actes du tuteur. Théorie générale: commentaire de l'art. 421 ch. 1, ch. 6 et ch. 8 et de l'art. 422 ch. 3 et ch. 5 CC. LVI–568 pp. (1994)

141. *Markus F. Vollenweider:* Die Sicherungsübereignung von Schuldbriefen als Sicherungsmittel der Bank. XXXII–212 S. (1994) 2. Aufl. (1995)

142. *Caspar A. Hungerbühler:* Die Offenlegung aus der Sicht des Unternehmens. Ein Beitrag zum schweizerischen Aktienrecht. XLIV–174 S. (1994)

143. *Jean-Benoît Meuwly:* La durée de la couverture d'assurance privée. L'échéance du contrat d'assurance et la prescription de l'article 46 alinéa 1 LCA. LXIV–468 pp. (1994)

144. *Burkhard K. Gantenbein:* Die Fusion von juristischen Personen und Rechtsgemeinschaften im schweizerischen Recht. XLIV–308 S. (1995)     vergriffen

145. *Peter Omlin:* Die Invalidität in der obligatorischen Unfallversicherung. Mit besonderer Berücksichtigung der älteren Arbeitnehmerinnen und Arbeitnehmer. LIV–352 S. (1995) 2. Auflage (1999)

146. *Paul-Henri Moix:* La prévention ou la réduction d'un préjudice: les mesures prises par un tiers, l'Etat ou la victime. Aspects de la gestion d'affaires, de la responsabilité civile et du droit de l'environnement. LIX–494 pp. (1995)

147. *Philipp Dobler:* Recht auf demokratischen Ungehorsam. Widerstand in der demokratienahen Gesellschaft – basierend auf den Grundprinzipien des Kritischen Rationalismus. XLIV–244 S. (1995)

148. *Walter Grob:* Qualitätsmanagement. Sachverhalt und schuldrechtliche Aspekte. XL–218 S. (1995)

149. *Alois Rimle:* Der erfüllte Schuldvertrag. Vom Einfluss auf die Entstehung des Vertrages und weiteren Wirkungen der Vertragserfüllung. XXVI–178 S. (1995)

150. *Thomas Ender:* Die Verantwortlichkeit des Bauherrn für unvermeidbare übermässige Bauimmissionen. LXII–378 S. (1995)  vergriffen

151. *Yvo Biderbost:* Die Erziehungsbeistandschaft (Art. 308 ZGB). LXIX–503 S. (1996)

152. *Sandra Maissen:* Der Schenkungsvertrag im schweizerischen Recht. XXXII–196 S. (1996)

153. *Stefan Pfyl:* Die Wirkungen des öffentlichen Inventars (Art. 587–590 ZGB). XXVI–178 S. (1996)  vergriffen

154. *Hans Waltisberg:* Die Vereinigung von Liegenschaften im Privatrecht. XXXIV–258 S. (1996)

155. *Hanspeter Pfenninger:* Rechtliche Aspekte des informellen Verwaltungshandelns. Verwaltungshandeln durch informell-konsensuale Kooperation unter besonderer Berücksichtigung des Umweltschutzrechts. XLII–246 S. (1996)

156. *Alain Chablais:* Protection de l'environnement et droit cantonal des constructions. Compétences et coordination. XLVI–272 pp. (1996)

157. *Pierre-Alain Killias:* L'application de la législation cartellaire au droit des marques. Etude de droit suisse et de droit européen. XLVI–330 pp. (1996)

158. *Daniel Hunkeler:* Das Nachlassverfahren nach revidiertem SchKG. Mit einer Darstellung der Rechtsordnungen der USA, Frankreichs und Deutschlands. LXIV–332 S. (1996) 2. Auflage (1999)

159. *Roman Sieber:* Die bauliche Verdichtung aus rechtlicher Sicht. XLVI–372 S. (1996)

160. *Heinrich Henckel von Donnersmarck:* Die Kotierung von Effekten. Eine empirische und rechtsvergleichende Untersuchung der Kotierungsbestimmungen und der Kotierungspraxis in der Schweiz. XC–516 S. (1996)

161. *Isabelle Romy:* Litiges de masse. Des *class actions* aux solutions suisses dans les cas de pollutions et de toxiques. XXXIV-358 pp. (1997)

162. *Bernhard Waldmann:* Der Schutz von Mooren und Moorlandschaften nach schweizerischem Recht. Inhalt, Tragweite und Umsetzung des «Rothenthurmartikels» (Art. 24sexies Abs. 5 BV). LVI-388 S. (1997)

163. *Karine Siegwart:* Die Kantone und die Europapolitik des Bundes. LIV-298 S. (1997)

164. *Evelyne Clerc:* L'ouverture des marchés publics: Effectivité et protection juridique. Etude comparée des solutions au titre de l'accord OMC sur les marchés publics, du droit communautaire et des nouvelles réglementations suisses. LXIV-676 pp. (1997)

165. *Andres Büsser:* Einreden und Einwendungen der Bank als Garantin gegenüber dem Zahlungsanspruch des Begünstigten. Eine systematische Darstellung unter besonderer Berücksichtigung des Zwecks der Bankgarantie. LIV–538 S. (1997)

166. *Isabelle Romy:* Mise en œuvre de la protection de l'environnement. Des *citizen suits* aux solutions suisses. XVI–371 pp. (1997)

167. *Christoph Wildisen:* Das Erbrecht des überlebenden Ehegatten. XXXVI–476 S. (1997) 2. Auflage (1999)

168. *Pascal Pichonnaz:* Impossibilité et exorbitance. Etude analytique des obstacles à l'exécution des obligations en droit suisse (art. 119 CO et 79 CVIM) LX-456 pp. (1997)

169. *Adriano Previtali:* Handicap e diritto. XXX–300 pp. (1998)

170. *Thomas Frei:* Die Integritätsentschädigung nach Art. 24 und 25 des Bundesgesetzes über die Unfallversicherung. XXVIII–240 S. (1998) vergriffen

171. *Christoph Errass:* Katastrophenschutz. Materielle Vorgaben von Art. 10 Abs. 1 und 4 USG. XXXVIII–328 S. (1998)

172. *Robert Ettlin:* Die Hilflosigkeit als versichertes Risiko in der Sozialversicherung. Unter besonderer Berücksichtigung der Rechtsprechung des Eidgenössischen Versicherungsgerichts. LXVIII– 468 S. (1998)

173. *Heiner Eiholzer:* Die Streitbeilegungsabrede. Ein Beitrag zu alternativen Formen der Streitbeilegung, namentlich zur Mediation. XXXIV–278 S. (1998)

174. *Alexandra Rumo-Jungo:* Haftpflicht und Sozialversicherung. Begriffe, Wertungen und Schadenausgleich. XC–592 S. (1998) 2. Auflage (1998)

175. *Thiemo Sturny:* Mitwirkungsrechte der Kantone an der Aussenpolitik des Bundes. LVIII–322 S. (1998)

176. *Kuno Frick:* Die Gewährleistung der Handels- und Gewerbefreiheit nach Art. 36 der Verfassung des Fürstentums Liechtenstein. LII–372 S. (1998)

177. *Susan Emmenegger:* Feministische Kritik des Vertragsrechts. Eine Untersuchung zum schweizerischen Schuldvertrags- und Eherecht. LXXVI–292 S. (1999)

178. *Michael Iten:* Der private Versicherungsvertrag: Der Antrag und das Antragsverhältnis unter Ausschluss der Anzeigepflichtverletzung. LXXVI–268 S. (1999)

179. *Bettina Hürlimann-Kaup:* Die privatrechtliche Gefälligkeit und ihre Rechtsfolgen. LIV–274 S. (1999)

180. *Pierre Izzo:* Lebensversicherungsansprüche und -anwartschaften bei der güter- und erbrechtlichen Auseinandersetzung (unter Berücksichtigung der beruflichen Vorsorge). LIV–414 S. (1999)                                                                vergriffen

181. *Benedict F. Christ:* Die Submissionsabsprache. Rechtswirklichkeit und Rechtslage. XLIV–268 S. (1999)

182. *Hubert Stöckli:* Ansprüche aus Wettbewerbsbehinderung. Ein Beitrag zum Kartellzivilrecht. XXXVI–344 S. (1999)

183. *Samantha Besson:* L'égalité horizontale: l'égalité de traitement entre particuliers. 664 pp. (1999)

184. *Niklaus Lüchinger:* Schadenersatz im Vertragsrecht. Grundlagen und Einzelfragen der Schadensberechnung und Schadenersatzbemessung. LXII–424 S. (1999)

185. *Lukas Bühler:* Schweizerisches und internationales Urheberrecht im Internet. LXVII–440 S. (1999)

186. *Ursula Abderhalden:* Möglichkeiten und Grenzen der interkantonalen Zusammenarbeit. Unter besonderer Berücksichtigung der internationalen Integration der Schweiz. XLVIII–280 S. (1999)                                                             vergriffen

187. *Stéphane Blanc:* La procédure administrative en assurance-invalidité. La procédure administrative non contentieuse dans l'assurance-invalidité fédérale en matière d'octroi et de refus de prestations individuelles. XXXII–306 pp. (1999)

188. *Francine Defferrard:* Le transfert des actions nominatives liées non cotées. XLVI–218 pp. (1999)

189. *Gabriela Riemer-Kafka:* Die Pflicht zur Selbstverantwortung. Leistungskürzungen und Leistungsverweigerungen zufolge Verletzung der Schadensverhütungs- und Schadensminderungspflicht im schweizerischen Sozialversicherungsrecht. LIV–614 S. (1999)

190. *Patrick Krauskopf:* Der Vertrag zugunsten Dritter. LXVII–536 S. (2000)

191. *Silvia Bucher:* Soziale Sicherheit, beitragsunabhängige Sonderleistungen und soziale Vergünstigungen. Eine europarechtliche Untersuchung mit Blick auf schweizeische Ergänzungsleistungen und Arbeitslosenhilfen. XCIV–770 S. (2000)

192. *Thomas M. Mannsdorfer:* Pränatale Schädigung. Ausservertragliche Ansprüche pränatal geschädigter Personen. Unter Berücksichtigung der Rechtslage im Ausland, insbesondere in Deutschland und den Vereinigten Staaten von Amerika. LXXII–520 S. (2000)

193. *Alexandra Farine Fabbro:* L'usufruit immobilier. XL–310 pp. (2000) 2ᵉ édition (2001)

194. *Guillaume Vianin:* L'inscription au registre du commerce et ses effets. XLVIII–468 pp. (2000)

195. *Gaudenz Schwitter:* Die Privatisierung von Kantonalbanken als öffentliche Unternehmen. LVIII–342 S. (2000)

196. *Christian Roten:* Intempéries et droit privé. Etude de quelques aspects essentiels des problèmes posés par les phénomènes météorologiques et par leurs conséquences en matière de droits réels et de responsabilité civile. LIV–674 pp. (2000)

197. *Carole van de Sandt:* L'acte de disposition. Ca. 256 pp. (2000)

198. *Eva Maria Belser:* Freiheit und Gerechtigkeit im Vertragsrecht. LXXXIV–720 S. (2000)

199. *Flavia Giorgetti:* La recezione del turismo nell'ordinamento internazionale e svizzero con particolare riguardo alla tutela dei diritti culturali. LIV–410 pp. (2000)

200. *Bernhard Schnyder:* Das ZGB lehren. X–672 Seiten. (2001)

201. *Stephan Hartmann:* Die vorvertraglichen Informationspflichten und ihre Verletzung. Klassisches Vertragsrecht und modernes Konsumentenschutzrecht. LIV–254 S. (2001)

202. *Tiziano Balmelli:* Le financement des partis politiques et des campagnes électorales. Entre exigences démocratiques et corruption. XXXVI–420 pp. (2001)

203. *Alexandra Zeiter:* Die Erbstiftung (Art. 493 ZGB). LVIII–380 pp. (2001)

204. *Dominik Strub:* Wohlerworbene Rechte. Insbesondere im Bereich des Elektrizitätsrechts. XLVI–342 S. (2001)

205. *Gregor Wild:* Die künstlerische Darbietung und ihre Abgrenzung zum urheberrechtlichen Werkschaffen. VI–222 S. (2001)

206. *Antoine Eigenmann:* L'effectivité des sûretés mobilières. Etude critique en droit suisse au regard du droit américain et propositions législatives. LXXX–576 pp. (2001)

207. *Lukas Cotti:* Das vertragliche Konkurrenzverbot. Voraussetzungen, Wirkungen, Schranken. LXIV–436 S. (2001)

208. *Pascal Pichonnaz:* La compensation. Analyse historique et comparative des modes de compenser non conventionnels. LXXX–736 pp. (2001)

209. *Patrick Middendorf:* Nachwirkende Vertragspflichten. 248 S. (2002)

210. *Isabelle Chabloz:* L'autorisation exceptionnelle en droit de la concurrence. Etude de droit suisse et comparé. LIV–334 pp. (2002)

211. *Nicolas Schmitt:* L'émergence du régionalisme coopératif en Europe. Identité régionale et construction européenne. LX–512 pp. (2002)

212. *Jacques Fournier:* Vers un nouveau droit des concessions hydroélectriques. Ouverture – Marchés publics – Protection de l'environnement. LXIV–452 pp. (2002)

213. *Stefan Bilger:* Das Verwaltungsverfahren zur Untersuchung von Wettbewerbsbeschränkungen. Unter besonderer Berücksichtigung des Verhältnisses zwischen kartellrechtlichen Sonderverfahrensrecht und allgemeinem Verwaltungsverfahrensrecht. XLVIII–444 S. (2002)

214. *Olivier Schaller:* Les ententes à l'importation en droit de la concurrence. Etude de droit cartellaire suisse et de droit comparé. 584 pp. (2002)

215. *Felix B. J. Wubbe:* Ius vigilantibus scriptum. Ausgewählte Schriften/Œuvres choisies. Herausgegeben von/Edité par Pascal Pichonnaz. XXIV–568 S./pp. (2002)

216. *Alain Prêtre:* Eisenbahnverkehr als Ordnungs- und Gestaltungsaufgabe des jungen Bundesstaates. Zugleich eine historisch-kritische Analyse der Rechtsentstehung im Bereich technischer Innovation. XXXVI–322 S. (2002)

217. *Urs Müller:* Die materiellen Voraussetzungen der Rentenrevision in der Invalidenversicherung. Mit der Berücksichtigung von Abgrenzungsfragen gegenüber anderen Rückkommenstiteln und Tatbeständen. LIV–274 S. (2003)

218. *Urban Hulliger:* Die Haftungsverhältnisse nach Art. 60 und 6 SVG. XXXIV–254 S. (2003)

219. *Kaspar Sollberger:* Konvergenzen und Divergenzen im Landverkehrsrecht der Europäischen Gemeinschaft und der Schweiz. Unter besonderer Berücksichtigung des bilateralen Landverkehrsabkommens. 512 S. (2003)

220. *Andrea Taormina:* Innenansprüche in der einfachen Gesellschaft und deren Durchsetzung. LVIII–194 S. (2003)

UNIVERSITÄTSVERLAG FREIBURG SCHWEIZ
ÉDITIONS UNIVERSITAIRES FRIBOURG SUISSE